리액트 네이티브 인액션

실무 중심 예제로 배우는 크로스 플랫폼 앱 개발 실전 활용서

리액트 네이티브 인 액션

초판 1쇄 2019년 9월 27일
    2쇄 2020년 5월   7일

지은이 네이더 다빗
옮긴이 구멍가게 코딩단, 이현곤
발행인 최홍석

발행처 (주)프리렉
출판신고 2000년 3월 7일   제 13-634호
주소 경기도 부천시 원미구 길주로 77번길 19 세진프라자 201호
전화 032-326-7282(代)   **팩스** 032-326-5866
URL www.freelec.co.kr

편집 고대광
디자인 박경옥

ISBN 978-89-6540-256-5

REACT
NATI

실무 중심 예제로 배우는
크로스 플랫폼 앱 개발 실전 활용서

리액트 네이티브
인 액션

프리렉

목차

저는 늘 모바일 앱 개발 관련 생각에 사로잡혀 있었고 모바일 앱을 구축하고 싶었습니다. 그러려면 코딩을 알아야 했습니다. 이런 모바일 앱에 대한 흥미로 인해 오브젝티브 C에서 제이쿼리 모바일, 코르도바, 리액트 네이티브에 이르기까지 많은 것을 배울 수 있었습니다.

제 경력은 자바스크립트 작성에 맞추어져 있고 항상 기존의 기술 세트를 활용해 효율성을 높이는 기술에 이끌려서 웹 개발 이상의 것을 해낼 수 있었습니다. 더 효율적인 방법을 찾는 것은 경력에 있어 무언가에 이끌려 모험이나 도전하는 상황에 처하는 토끼굴 같은 선택처럼 핵심이었습니다. 리액트 네이티브가 처음 나왔을 때, 저는 그것이 왠지 중요한 것이 되겠다는 생각이 들었습니다. 개발 업계에는 이미 수천 명의 리액트와 자바스크립트 개발자들이 있는 상황이었습니다.

리액트 네이티브는 그런 개발자들에게 코르도바나 다른 대안 툴이 제공하지 못하던 개발 영역으로 기존 기술을 확장하는 방법을 제공해 주었으며, 프론트엔드 개발자 중 그 당시 가장 빠르게 성장하고 있던 분야인 리액트 개발자들로부터 상당히 흥미를 끌었습니다. 이러한 프레임워크는 같은 조건에서 사용할 수 있는 다른 옵션에 비하면 구축할 수 있는 애플리케이션 품질 또한 상당히 높았습니다.

저는 첫 애플리케이션을 작성해 앱 스토어에 올리고서 꽤 많은 것을 배웠으며 'Stack Overflow' 질문에 답해야겠다고 생각했습니다. 그러면서 저는 금세 공유할 가치가 있는 지식을 가지고 있다는 것을 알게 되었으며, 경력에도 그렇지만 개발 커뮤니티에 도움이 된다는 것을 느꼈습니다.

그래서 Stack Overflow에서 더 많은 질문에 답하며 더 많은 시간을 보내기 시작했습니다.

저는 여기 질문에 답을 하면서 많은 것을 배웠고, 결국 리액트 네이티브 프레임워크 분야에서 100퍼센트 전문화하기로 마음먹었습니다. 많은 성공한 개발자들과 컨설턴트들에게서도 전문화가 그들의 경력에 비추어 많은 도움이 되었다는 이야기를 전해 들었습니다.

그들은 생산성이 높아졌고, 사업 기회가 많아졌으며, 고율을 요구할 수 있었습니다. 그래서 저는 인생에서 처음으로 전문가가 되기로 했는데 이 결정은 정말 행운이었습니다. 저는 컨설팅, 나중에는 훈련까지 이끌게 되었습니다.

저는 리액트 네이티브 프레임워크가 초창기일 때부터 현재에 이르기까지 성장하는 과정을 지켜봐 왔으며, 많은 개발자와 기업들이 이 프레임워크가 제공하는 이점을 이용하여 효율성과 생산성을 빠르게 높이는 것 또한 봤습니다. 우리가 리액트 네이티브에 관심이 있는 시기라고 생각하며, 포춘지 선정 500대 기업과 많은 기업이 리액트 네이티브를 선택하고 있습니다.

결국, 리액트 네이티브는 개발자 툴킷 중에서 최고의 선택이라는 것을 확고히 해주며, 프레임워크에 소속 기업과 애플리케이션을 베팅하는 것을 고려하고 있는 독자들에게 더 자신에 차 있게 해줍니다. 프레임워크가 진화하는 과정을 목격하는 것과 리액트 네이티브로 개발해 배포 예정인 새로운 앱을 보는 것은 매우 흥미로울 것입니다.

책을 집필하기는 이번이 처음이며 학습에 좋은 경험이었지만, 예상했던 것보다 훨씬 더 많은 작업이 필요했습니다. 집필 중에 저의 직업은 몇 번 바뀌었으며 그에 따른 의무 또한 함께 바뀌어서 이 책에 전념할 수 있는 시간에도 영향을 미쳤습니다. Nickie Buckner와 Mariana Michaels 덕분에 이 책을 완성할 수 있었으며 그들이 아니었다면 무한 편집에 빠져서 헤어 나오지 못했을 것입니다. 시간 내에 몇몇 장을 완성할 수 없었는데, Nickie는 책을 완성하도록 많이 도와주었으며, Marina는 마감 시간에 제약이 있는 상황에서 출판이 잘 마무리될 수 있도록 많은 도움을 주었습니다.

이 책을 집필하기 위해 늦은 시간까지 사무실과 집에서 일해야 했기 때문에 집에서까지 초과 근무를 해야 했던 아내 Lilly에게 정말 감사합니다. 정말 멋진 아이들 Victor와 Eli에게도 감사합니다. 많은 것을 배울 수 있는 자리에 서게 해주시고 2, 3, 4번째 기회까지도 주신 부모님께 감사드립니다.

그 외에 많은 분과 팀에게 감사드립니다.

- 리액트 네이티브 커뮤니티와 팀(Jordan Walke, Christopher Chedeau, Adam Wolff 그리고 몇 년간 제가 언급하지 않은 페이스북의 모든 사람)

- 집필하는 동안 리액트 네이티브 요소들의 오픈 소스를 넘겨받은 Monte Thakkar 그리고 React Native Training 오픈 소스 기여자들

- Eric Vicenti, Brent Vatne 그리고 Navigation과 매일 사용하고 있는 수많은 다른 프로젝트를 함께 작업해 주신 분들

- Expo와 함께 많은 리액트 네이티브 프로젝트와 더 나아가 Expo 개발을 추진했으며 오픈 소스 프로젝트를 많이 도와주신 Charlie Cheever

- 수년 동안 리액트 네이티브 주변의 일에 전념해 왔으며 현재는 페이스북의 리액트 네이티브에서 일하고 있으며 항상 커뮤니티와 생태계에 큰 자산인 Parasharum N

- "React Native Radio" 팟캐스트를 꾸준히 도왔던 Peter Piekarczyk, Kevin Old, Lee Johnson, Gant Laborde, Spencer Carli

- 제게 직업상 처음으로 리액트 네이티브를 배울 기회를 제공해 준 Russ Davis와 SchoolStatus

- 대단한 블로그와 오픈소스로 리액트 네이티브 커뮤니티에 헌신한 Orta Throx와 Arty

- 리액트 네이티브에 공정한 기회를 주었으며 장기적으로는 Airbnb 체제에 맞지 않았음에도 광범위하게 기여해주신 Leland Richardson, Devin Abbott 그리고 Airbnb 팀

- 리액트 네이티브 오픈 소스 생태계에 많은 놀라운 프로젝트로 기여한 Wix 팀

- 리액트 네이티브 오픈 소스 출시를 담당했으며 리액트 네이티브 오픈 소스 생태계에 기여하고 수년 동안 나와 협력을 해주신 Callstack의 Mike Grabowski와 Anna Lankauf

- 대단한 블로그 게시물들을 포스팅해 주고 제게 이전에 애니메이션을 가르쳐 준 Jason Brown

이외에 많은 분을 언급하지 못한 것 같습니다. 만약 그중 한 분이 당신이라면 죄송하고 기여에 정말 감사드립니다. 마지막으로, 이 책의 출판을 가능하게 해주신 Manning 출판사의 Marjan Bace와 편집 및 제작팀 모두에게 감사의 말을 전합니다.

Aleksandar Dragosavelijevic가 이끄는 기술 분야의 동료 검토자들에게도 감사의 말을 전합니다(Alessandro Campeis, Andriy Kharchuk, Francesco Strazzullo, Gonzalo Barba López, Ian Lovell, Jason Rogers, Jose San Leandro, Joseph Tingsanchali, Markus Matzker, Matej Strašek, Mattias Lundell, Nickie Buckner, Olaoluwa Oluro, Owen Morris, Roger Sperberg, Stuart Rivero, Thomas Overby Hansen, Ubaldo Pescatore, and Zhuo Hong Wei).

기술 측면에서 편집 담당이었던 Michiel Trimpe와 교정 담당이었던 Jason Rogers에게 감사드립니다.

《리액트 네이티브 인 액션》은 가능한 한 빠르고 수월하게 리액트 네이티브 프레임워크를 배위 활용할 수 있도록 집필되었습니다. 실제 사례, API와 개발 기술에 관한 조합을 다루며 실제 상황으로 전환할 수 있는 것들을 배우는 데 초점을 두었습니다.

이 책은 1장에서 리액트 네이티브의 개요로 시작하고 이어서 2장에서는 리액트가 어떻게 작동하는지 설명합니다. 3장에서부터 마지막까지 당신은 애플리케이션 예제를 만들어 보면서, 실제 실무에서 사용 가능한 핵심 기능을 익힐 수 있습니다.

이 책은 데이터 아키텍처, 내비게이션 그리고 애니메이션과 같은 주제를 자세히 설명하며 리액트 네이티브를 사용하여 모바일 앱을 구축하는 방법과 폭넓은 이해를 제공합니다.

이 책의 구성

이 책은 4개의 파트 그리고 총 12개의 장으로 나누어졌습니다.

파트 1: 리액트 네이티브로 시작하기

- 1장에서는 리액트 네이티브가 무엇인지, 어떻게 동작하는지 리액트와의 관계를 살펴보고 리액트 네이티브를 어떤 상황에서 적절히 사용해야 하는지를 다룹니다.
  이 장에서는 리액트 네이티브의 핵심인 리액트 네이티브의 구성요소에 대한 개요가 포함되어 있으며 끝으로는 간단한 리액트 네이티브 프로젝트를 만들어 봅니다.
- 2장에서는 state와 props를 다루는데, 소개와 함께, 작동 방식, 앱 개발할 때 이들이 중요한 이유 등을 다루게 됩니다. 리액트의 컴포넌트 스펙과 생명주기 메서드들도 다룹니다.

■ 3장에서는 첫 리액트 네이티브(todo 앱)을 만들어 보고 iOS와 Android 개발자 메뉴를 사용하며 앱을 디버그하는 방법을 배웁니다.

파트 2 "리액트 네이티브로 앱 개발하기"에서는 기본적인 내용을 살펴보고, 리액트 네이티브 앱에 기능을 추가할 수 있습니다. 파트 2에서는 스타일, 내비게이션, 애니메이션, 데이터 아키텍처를 이용한 데이터 처리 방법을 리덕스에 초점을 맞춰서 다룹니다.

■ 4장과 5장에서는 컴포넌트 내의 인라인 스타일 또는 스타일시트를 이용해 컴포넌트에 스타일을 적용하는 방법을 배웁니다. 리액트 네이티브 컴포넌트는 여러분이 만들 앱 UI의 주요 조립 블록이 되므로 4장에서는 View 컴포넌트를 다룹니다. 5장에서는 4장에서 배운 내용을 기반으로 이를 이용해 앱을 빌드하도록 합니다. 플랫폼별 스타일을 적용하는 방법과 flexbox를 이용해 앱의 레이아웃을 쉽게 처리하는 방법 등, 좀 더 유용한 기술을 다룹니다.

■ 6장에서는 리액트 내비게이션(React Navigation)과 리액트 네이티브 내비게이션(React Native Navigation) 라이브러리를 이용하는 방법을 배웁니다. 이 두 가지 방법이 가장 많이 사용되고 추천되는 방법입니다. 세 가지 주요 내비게이터인 탭, 스택, 드로어(drawer)를 만드는 방법과 내비게이션의 상태를 통제하는 방법을 다룹니다.

■ 7장에서는 애니메이션을 만드는 데 필요한 4가지 요소, animated API와 함께 제공되는 4가지 형태의 애니메이션 적용이 가능한 컴포넌트와 사용자가 정의하는 애니메이션을 만드는 방법, 기타 애니메이션과 관련된 유용한 기술을 다룹니다.

■ 8장에서는 데이터 아키텍처로 데이터를 처리하는 방법을 배웁니다. 리액트 생태계에서 데이터를 처리할 때 가장 널리 채택된 방법이 Redux이므로, 데이터 처리 기술을 배우는 동안에 앱을 만들 때 Redux를 이용할 것입니다. Context API를 이용하는 방법과 리듀서를 이용해서 Redux 상태(state)를 유지하고, 항목을 삭제함으로써 리액트 네이티브 앱으로 Redux를 구현하는 방법을 배웁니다. providers를 이용해서 앱 전체에 전역 상태를 전달하는 방법, connect 함수를 이용해서 자식 컴포넌트에서 앱의 상태에 접근하는 방법, 액션을 이용해서 기능을 추가하는 방법을 다룹니다.

파트 3 "API 레퍼런스" 리액트 네이티브는 풍부한 API를 기본적으로 제공합니다. 이번 파트에서는 크로스 플랫폼 API와 iOS 또는 안드로이드에서만 동작하는 플랫폼별 API를 배웁니다.

- 9장에서는 iOS와 안드로이드에서 모두 동작하는 리액트 네이티브의 크로스 플랫폼 API를 다룹니다. 경고창(alerts)을 만들고, 포그라운드 상태 또는 백그라운드 상태 혹은 비활성화 상태에 있는지 확인하고, 데이터를 저장/조회/삭제하고, 디바이스 클립보드에 텍스트를 저장 및 업데이트하고, 다수의 유용한 작업을 수행하는 API를 배워 보도록 하겠습니다. 10장과 11장에서는 iOS 또는 안드로이드에서만 동작하는 리액트 네이티브의 플랫폼별 API를 배웁니다.

파트 4 "모든 기능을 모아 앱 개발하기" 이 파트에서는 스타일링, 내비게이션, 애니메이션, 크로스 플랫폼 컴포넌트 등의 이전 장에서 배운 모든 내용을 종합하여 하나의 앱으로 만들어 보겠습니다. 앱의 최종 디자인과 기본적인 기능을 먼저 살펴보기로 합니다.

- 12장에서는 새로운 리액트 네이티브 앱을 만들고 리액트 내비게이션 라이브러리(React Navigation library)를 설치합니다. 컴포넌트와 내비게이션 UI에 스타일을 적용하고 Fetch API를 이용해서 외부 네트워크의 리소스로부터 데이터를 가져오는 작업을 합니다. 최종으로 사용자가 자신이 좋아하는 스타워즈 캐릭터를 볼 수 있는 앱을 만들게 됩니다.

소스코드

이 책은 번호가 매겨진 목록과 일반 텍스트와 함께 많은 소스 코드가 수록되어 있습니다. 모든 소스 코드는 일반 텍스트와 구분하기 위해서 고정 폭의 글꼴(fixed-width font)로 적용했습니다. 원본 소스 코드가 다시 포맷된 경우도 많은데, 우리는 책의 페이지 여백을 맞추고자 줄 바꿈과 들여쓰기를 추가했습니다.

또한, 소스 코드의 주석은 중요한 개념을 강조하는 설명을 포함하고 있지만, 본문에서 코드를 설명한 경우는 소스 코드에서 제거했습니다. 이 책의 예제 소스는 다음 사이트에서 내려받을 수 있습니다.

원서에서 제공하는 소스 코드는 작동하지 않는 경우가 많아 수정한 소스 코드를 프리렉 홈페이지나 구멍가게 코딩단 카페에서 내려받을 수 있으며 출간 이후에 변경된 내용으로 진행에 어려움이 있으면 구멍가게 코딩단 카페를 방문해주세요..

- **원서 출판사의 웹사이트:** www.manning.com/books/react-native-in-action
- **GitHub:** https://github.com/dabit3/react-native-in-action
- **프리렉 자료실:** https://freelec.co.kr/datacenter/
- **구멍가게 코딩단:** http://cafe.naver.com/gugucoding

책 포럼

《리액트 네이티브 인 액션》을 구매한 독자들은 책에 대한 의견과 기술적인 질문을 할 수 있으며 저자와 다른 사용자들로부터 도움을 받을 수 있는 매닝 출판사가 운영하는 사설 웹 포럼에 무료로 접근할 수 있습니다. 이 포럼은 https://livebook.manning.com/#!/book/react-native-in-action/discussion이며, 또한 https://livebook.manning.com/#!/discussion에서 독자들은 매닝 포럼과 행동 규칙을 더 알아볼 수 있습니다. 매닝은 독자들과 저자 사이에 의미 있는 대화가 이루어질 수 있는 장소를 제공하고 싶었습니다. 저자는 보수 없이 자발적으로 참여하므로 구체적인 참여량이 확정되어있는 것은 아닙니다. 독자는 저자가 흥미를 잃지 않도록 몇 가지 도전적인 질문을 해보길 바랍니다. 토론과 이전 토론의 기록 보관소는 이 책이 인쇄되는 한 출판사의 웹사이트에서 열람할 수 있습니다.

표지 삽화

이 책의 표지에 있는 그림에는 "Insulaire D'Amboine" 또는 "Islander of Amboine"라고 제목이 쓰여 있습니다. 프랑스에서 출판된 Sylvain Maréchal의 4권짜리 지역 복장 풍속 요약본에서 발췌한 것입니다. 각각의 삽화는 손으로 세밀하게 그리고 색칠한 것입니다. 다양한 Maréchal의 소장품들은 불과 200년 전 세계 도시와 지역이 문화적으로 얼마나 차이가 있었는지를 생생하게 떠올리게 합니다. 사람들은 서로 분리되어 다른 방언과 언어를 사용했고,

도시의 거리든, 작은 마을이든, 시골이든, 그들이 살았던 곳과 상업, 신분 등이 무엇인지 단지 그들의 복장만으로 쉽게 파악할 수 있었다.

그 후 복장 규정이 바뀌었으며 당시 풍요로웠던 지역과 계층별 다양성이 사라져갔습니다. 이제는 다른 도시나 지역은 말할 것도 없고, 다른 대륙의 주민들과도 구별하기 어려워졌습니다. 아마도 우리는 문화적 다양성을 다양한 개인의 삶이나 더 다양하고 빠르게 진행되는 기술적인 삶을 위해 맞바꾼 것일 수도 있습니다.

컴퓨터 관련 책 분야에서도 다른 책과 구별하기 어려운 시기에 매닝은 Maréchal의 그림으로 되살아난 2세기의 전의 풍부한 다양성을 가진 지역 삶을 바탕으로 한 책의 표지와 함께 컴퓨터 비즈니스의 창의력과 결단력을 기념할 것입니다.

'리액트 네이티브에 대한 현실적인 안내서'

새로운 기술을 배우는 데 있어서 가장 효과적인 방법은 역시나 실습입니다. 이 책을 번역하면서 가장 마음에 들었던 부분은 현실적으로 실습이 필요한 예제들을 다루고 있다는 점입니다. 다른 책들이 기초적인 문법이나 API를 상세하게 다루었다면 이 책은 때로는 기존 구성을 따라가기도 하지만, 중간중간 현실적으로 필요한 예제들이 망라되어 있다는 점이 달랐습니다.

리액트 네이티브에 대한 관심이 높아졌고 크로스 플랫폼 개발에 대한 비즈니스 요구도 많아졌습니다. 학습에 투자할 시간이 턱없이 부족한 우리 개발자들에게 이 책은 현실적인 예제 중심으로 구성되어 빠르게 실습할 수 있고, 단순히 보여주는 기능에 그치지 않고, AsyncStorage나 Redux, Fetch API 등을 이용해서 좀 더 현실적으로 사용 가능한 앱들을 제작해 보는 좋은 기회가 될 것입니다.

리액트와 리액트 네이티브를 다루다 보면 폴더 구조나 네이밍, 개발 순서 등에 대해서 많이 고민하게 됩니다. 이 책에서 다루는 예제들이 좋았던 여러 이유 중에 참고할 만한 개발의 노하우가 스스럼없이 예제에 녹아 있었기 때문입니다. 책의 예제를 천천히 자기만의 속도로 공부한다면 많은 지식과 노하우를 얻을 수 있을 것입니다.

최대한 최신 API에 맞는 버전을 적용하는 것이 번역하는 동안 가장 중점을 둔 과제였습니다. 리액트와 리액트 네이티브 모두 버전업의 속도가 빠른 편이었기 때문에 출간 직전까지도 최신 버전을 적용하고자 때로는 책의 내용을 일부 수정해 가면서 코드를 작성하고 테스트해야만 하는 어려움이 있었습니다.

이 책은 리액트를 소개하지 않으므로 리액트에 대한 사전 지식이 어느 정도는 필요하지만, 저자의 설명은 핵심적인 부분들을 짚으면서 진행되기 때문에, 리액트에 대한 약간의 지식만으로도 학습할 수 있다는 점도 이 책의 장점으로 생각됩니다.

개인적으로 주변에 누군가 리액트 네이티브를 공부하고 싶다면, 이 책으로 시작하는 것이 좋겠다고 생각합니다. 처음 공부할 때 디버깅 환경과 사용법 등을 같이 소개하고, 주제별로 서로 연결된 핵심 개념들과 예제로 기존의 앱 개발보다는 확실히 더 빠른 학습이 가능할 것입니다.

2019년 여름의 끝에서

구멍가게 코딩단

Part 01

리액트 네이티브로 시작하기

1장에서는 리액트 네이티브에 대한 소개와 함께, 작동 방식, 리액트와의 관계, 리액트 네이티브를 선택하는 이유 등을 다루게 됩니다. 이 장에서는 리액트의 컴포넌트에 대해서 살펴보게 되는데 컴포넌트는 리액트 네이티브에서도 핵심이기 때문입니다. 이해를 돕기 위하여 간난한 리액트 네이티브 프로젝트도 하나 다룹니다.

2장에서는 state와 props를 다루는데, 소개와 함께, 작동 방식, 앱 개발할 때 이들이 중요한 이유 등을 다루게 됩니다. 리액트의 컴포넌트 스펙과 생명주기 메서드들도 다룹니다.

3장에서는 리액트 네이티브 앱(Todo 앱)을 처음부터 만들어 봅니다, 이를 통해서 iOS와 Android의 개발자 메뉴 사용방법 등을 배우고 디버깅하는 요령을 배우게 됩니다.

리액트 네이티브로 시작하기

네이티브 모바일 애플리케이션의 개발은 복잡할 수 있습니다. 복잡한 개발 환경과 번잡스러운 프레임워크들, 개발할 때 마주치는 긴 컴파일 시간 등 일정 수준의 네이티브 모바일 애플리케이션의 개발은 결코 쉬운 일이 아닙니다. 이 때문에 네이티브 모바일 앱 개발과 관련된 이러한 문제들을 해결하고 좀 더 쉽게 만들려는 노력이 특정한 솔루션의 형태로 나오고 시장에서도 일정한 점유율을 차지하고 있는 상황도 놀라운 것은 아닙니다.

이런 복잡함의 근원은 크로스 플랫폼 개발이라는 장애물에 기인합니다. 각각의 플랫폼들은 기본적으로 저마다 다르고 개발 환경과 API, 코드 등 대부분은 다른 플랫폼에서 공유할 수 없습니다. 각 플랫폼마다 작업하는 팀을 별도로 두어야 하므로 많은 비용뿐 아니라 효율적이

지도 않습니다.

하지만 이제 모바일 애플리케이션이 보다 즐거운 경험이 될 수 있습니다. 우리는 모바일 개발 환경에 새로운 패러다임이 도래하는 것을 목격하고 있습니다. 모바일 앱을 만들고 기술적으로 지원하는 패러다임 변화의 전면에 리액트 네이티브가 있습니다. 이제는 하나의 언어와 하나의 팀이 웹 애플리케이션을 개발하는 것과 마찬가지로 크로스 플랫폼에서 순수한 네이티브 방식으로 동작하는 앱을 제작하는 것이 가능해졌습니다.

모바일 기기들은 성장하고 있고, 역량 있는 개발자의 요구가 점차 증가하고 있는 상황에서 리액트 네이티브는 모든 플랫폼에서 시간과 비용을 적게 들이면서 고품질 앱을 제공하는 방법을 개발자들에게 제공합니다. 시간과 비용 말고도 앱에서의 사용자 경험을 탁월하게 해주고 앱 개발자들의 개발 경험도 정말 멋지게 해주면서 말입니다.

1.1 리액트와 리액트 네이티브 소개

리액트 네이티브는 리액트라는 자바스크립트 라이브러리를 사용해 자바스크립트를 이용해서 모바일 앱을 만드는 프레임워크입니다. 리액트 네이티브 코드는 해당 플랫폼의 네이티브 컴포넌트로 컴파일됩니다. 리액트는 페이스북이 만들어 내부에서 사용한 자바스크립트 라이브러리로 처음에는 웹 앱의 사용자 인터페이스를 만드는 데 사용했습니다. 그러다 개선을 거쳐 현재는 서버 사이드와 모바일 앱을 만드는 리액트 네이티브에까지 이르렀습니다.

리액트 네이티브는 장점이 많습니다. 페이스북이 지원하고 오픈 소스인 점 말고도 의욕적인 사람들이 이끄는 커뮤니티들이 뒤에서 받쳐 주고 있습니다. 수백만의 사용자를 가진 페이스북 그룹은 페이스북의 광고 관리자 플랫폼과 마찬가지로 리액트 네이티브의 도움을 받고 있습니다. Airbnb와 블룸버그, 테슬라, 인스타그램, 티켓마스터, 사운드클라우드, 우버, 월마트, 아마존, 마이크로소프트는 리액트 네이티브에 투자하거나 개발에 사용하는 기업들입니다.

리액트 네이티브를 사용하는 개발자는 자바스크립트를 사용해 네이티브 뷰를 만들 수 있고 네이티브 플랫폼별 컴포넌트에 접근할 수 있습니다. 이 때문에 코르도바Cordova와 아이오닉Ionic 같은 하이브리드 앱 프레임워크와 차별화가 됩니다. 두 프레임워크에서는 HTML과 CSS를 사용해 만든 웹 뷰Web View를 패키징해서 네이티브 앱을 만듭니다. 이에 반해서 리액트 네이티브는 자바스크립트를 컴파일해 해당 네이티브한 코드로 만들어 줍니다. 그래서 이런 네이티브 앱은 플랫폼별 API와 컴포넌트를 사용할 수 있습니다. 자마린Xamarin도 같은 방식을 취하지만 자마린 앱은 자바스크립트가 아니라 C#을 사용합니다. 웹 개발자 대부분은 자바스크립트를 사용한 경험이 있어서 그런 경험이 웹 개발에서 모바일 앱 개발로 전환할 때 쉽게 해줍니다.

모바일 앱 프레임워크로 리액트 네이티브를 선택하면 여러 이점이 있습니다. 네이티브 컴포넌트와 API를 바로 렌더링해 주고, 속도와 성능 면에서 코르도바와 아이오닉 같은 하이브리드 프레임워크와 비교해 훨씬 유리합니다. 리액트 네이티브를 사용하면 자바스크립트라는 하나의 언어만을 사용해 앱 전체를 만듭니다. 많은 코드를 재사용할 수 있고, 그래서 크로스 플랫폼 앱으로 전환하는 데 소요되는 시간을 줄여 줍니다. 역량 있는 자바스크립트 개발자를 구하는 것이 자바나 오브젝트 C, 스위프트 언어의 경우보다 훨씬 쉽고 전체 개발 프로세스 비용도 절감됩니다.

> 리액트 네이티브 앱은 자바스크립트와 JSX를 사용해 개발합니다. 이 책에서는 JSX를 자세히 다루지만, 지금은 HTML이나 XML처럼 보이는 자바스크립트 구문 확장쯤으로 생각하면 됩니다.

2장에서는 리액트를 좀더 자세히 다룰 예정인데, 그전에 몇 가지 중요한 개념을 소개할까 합니다.

리액트의 기본 클래스

컴포넌트component는 리액트나 리액트 네이티브 앱에서 조립 블록에 해당합니다. 애플리케이션을 실행할 때 진입점이 되는 컴포넌트가 있으며, 이 컴포넌트는 다른 컴포넌트들의 구성으로 이루어져 있습니다. 이러한 컴포넌트들은 또다시 여러 개의 컴포넌트가 필요한 구성의 반복적인 형태입니다.

리액트 컴포넌트에는 상태를 유지하는 stateful과 상태를 유지하지 않는 **stateless** 라는 두 가지 컴포넌트가 있습니다. 다음은 ES6 클래스를 사용한 stateful 컴포넌트입니다.

```
class HelloWorld extends React.Component {
  constructor() {
    super()
    this.state = { name: 'Chris' }
  }

  render () {
    return (
      <SomeComponent />
    )
  }
}
```

다음은 stateless 컴포넌트입니다.

```
const HelloWorld = () => (
  <SomeComponent />
)
```

둘의 차이는 stateless 컴포넌트는 생명주기 메서드에 연결되지 않고 자신만의 고유한 상태 state를 유지하지 않습니다. 그래서 화면에 보여지는 모든 데이터를 속성props으로 받아야 합니다. 이에 대한 자세한 설명은 2장에서 생명주기 메서드를 자세히 다룰 예정입니다. 지금은 간략히 살펴보면서 클래스를 확인하는 것에 그치기 바랍니다.

예제 1.1 | 기본 리액트 네이티브 클래스 만들기

```
import React from 'react'
import { View, Text, StyleSheet } from 'react-native'

class HelloWorld extends React.Component {
  constructor () {          ◄──────  생성자에서 name 속성을 가진
    this.state = {                   객체를 상태(state)로 지정
      name: 'React Native in Action'
    }
  }
  componentDidMount () {    ◄──────  라이프 사이클에서 최종으로 실행되는 메서드
      console.log('mounted..')
  }
  render () {   ◄──── 화면에 랜더링
    return (
      <View style={styles.container}>
        <Text>{this.state.name}</Text>
      </View>
    )
  }
}

const styles = StyleSheet.create({
  container: {
    marginTop: 100,
    flex: 1
  }
})
```

코드의 상단에는 react에서 가져오는 React가 필요로 합니다. View, Text, StyleSheet 들도 react-native에서 가져옵니다. View는 리액트 네이티브 컴포넌트와 UI를 생성할 때 가장 기본이 되는 조립 블록으로 HTML 태그에서 div 태그와 비슷하다고 생각하면 됩니다. Text는 텍스트 요소를 만들어 낼 수 있는 HTML의 span 태그와 비교할 수 있습니다. StyleSheet는 애플리케이션에서 사용하는 스타일을 만들 수 있는 객체입니다. react와 react-native 패키지는 npm 모듈을 이용해서 사용할 수 있습니다.

컴포넌트가 처음 로딩될 때 생성자를 통해서 name 속성을 가진 객체를 현재 컴포넌트의 상태state로 지정합니다. 컴포넌트의 데이터가 동적으로 변할 필요가 있는 경우에 데이터는 상태state로 지정되거나 속성props으로 전달받아야 합니다. 예제는 생성자에서 state를 지정하는데, 필요할 때 다음처럼 호출해서 해당 컴포넌트의 상태state를 변경할 수 있습니다.

```
this.setState({
  name: 'Some Other Name'
})
```

setState( )의 결과로는 render 메서드가 호출됩니다. setState( )로 지정된 변수들은 컴포넌트의 다른 위치에서 그 값을 변경할 수 있습니다. setState( )의 이후에는 render( )가 자동으로 호출됩니다. 이 과정에서 컴포넌트는 속성props과 상태state를 검사합니다. render 함수는 리액트 네이티브 요소를 하나 반환하거나, null 혹은 false를 반환해야 합니다. 자식(하위) 요소가 여럿 있는 경우 부모(상위) 요소로 감싸져야 합니다. 예제에서는 컴포넌트와 스타일, 데이터가 결합해 UI로 랜더링되는 것을 만들었습니다.

생명주기에서 최종 메서드는 componentDidMount입니다. API 호출이나 AJAX 요청으로 state를 재지정해야 하는 경우, 대개는 이 메서드에서 지정하는 것이 바람직합니다. 이제 UI가 기기에 랜더링되고 결과 화면이 보이게 됩니다.

리액트 생명주기

리액트 네이티브 클래스가 생성되면서 메서드들이 인스턴스화되고 이들에 연결할 수 있습니다. 이들 메서드는 **생명주기 메서드**lifecycle method라고 하며 2장에서 자세히 다룰 예정입니다. 예제 1.1에서는 메서드로 constructor와 componentDidMount, render가 있습니다. 이것들 말고도 몇 가지 더 있으며, 저마다의 쓰임새가 있습니다.

생명주기 메서드들은 동기화되며, 컴포넌트의 state 관리를 지원하고, 필요에 따라 단계별로 코드가 실행되도록 지원합니다. 생명주기 메서드 중 render는 꼭 있어야 합니다. 다른 생명주기 메서드는 선택적으로 필요합니다. 리액트 네이티브로 개발하면서 리액트에서 사용하던 동일한 생명주기 메서드들과 스펙을 가지고 개발하게 됩니다.

 ## 앞으로 배울 내용

이 책에는 리액트 네이티브 프레임워크를 사용해 iOS와 안드로이드용 모바일 앱을 만드는 데 반드시 알아야 하는 사항을 모두 담고 있습니다. 리액트 네이티브는 리액트 라이브러리를 사용해 개발하기 때문에 리액트가 작동하는 방식을 2장에서부터 시작해 철저하게 설명하려고 합니다.

그런 다음 스타일링을 다루는데 프레임워크에서 사용할 수 있는 스타일 속성 대부분을 다룹니다. 리액트 네이티브는 UI의 레이아웃을 지정할 때 flexbox를 사용합니다. 그래서 flexbox가 작동하는 방식을 자세히 다루어 보며 flexbox 속성 모두를 이야기하려고 합니다. 독자 중 웹에 레이아웃할 때 CSS에서 flexbox를 사용한 경험이 있다면 이런 내용이 익숙하겠지만 리액트 네이티브에서 사용하는 flexbox 구현 때와 완벽하게 같지는 않다는 것에 주의해야 합니다.

다음으로 프레임워크에 딸린 많은 네이티브 컴포넌트를 살펴보고 각각이 작동하는 방식을 찬찬히 설명하겠습니다. 리액트 네이티브에서 컴포넌트는 기본적으로 특정 기능이나 UI 요소를 제공하는 한 무더기 코드라고 하겠습니다. 이런 컴포넌트는 앱에서 쉽게 사용할 수 있습니다. 컴포넌트는 이 책 전체에 걸쳐 폭넓게 다루는데, 리액트 네이티브 앱에서 조립 블록으로 사용하기 때문입니다.

내비게이션을 구현하는 방법은 다양합니다. 방법마다 미묘한 차이가 있으며, 장단점이 있습니다. 이 책에서는 내비게이션을 자세히 다루는데, 중요한 내비게이션 API들을 사용해 내비게이션을 상당 수준으로 구현하는 방법까지 다룹니다. 리액트 네이티브에 딸린 네이티브 내비게이션 API들뿐만 아니라 npm 모듈로 사용할 수 있는 커뮤니티 프로젝트 몇 가지도 다루려고 합니다.

다음으로 리액트 네이티브에서 사용할 수 있는 크로스 플랫폼 API들과 플랫폼별 API들을 모두 살펴보며 작동 방식을 설명하겠습니다. 그런 다음 네트워크 요청과 AsyncStorage(로컬저장소)를 사용해 데이터를 다루는 것을 해보겠습니다. 다음에는 다양한 데이터 아키텍처들을 살펴보고 각각이 앱의 state를 어떻게 처리하는지 살펴봅니다. 마지막으로 테스트와 관련해서 리액트 네이티브에서 사용하는 테스트 방법들을 살펴봅니다.

알아야 할 내용

이 책을 최대한 활용하려면 초급에서 중급 정도 자바스크립트 지식을 갖추어야 합니다. 대부분의 작업이 CLI^{command line interface}에서 이루어지므로 사용 방식은 기본적으로 알아야 하며, npm이 무엇인지 어떻게 작동은 하는지 기본적인 내용은 알고 있어야 합니다. iOS에서 개발하려면 기본적으로 Xcode를 알고 있는 것이 유리합니다. 이해에 도움이 된다는 것이지 필수 사항은 아닙니다. 같은 맥락에서 안드로이드로 개발하려면 기본적으로 Android Studio를 알고 있는 것이 유리하지만 필수는 아닙니다. 자바스크립트 언어 ES2015 릴리즈에서 구현된 최신 기능을 기본적으로 알고 있으면 유리하지만, 필수적이지는 않습니다. MVC 프레임워크와 SPA^{single-page architecture}를 개념 정도는 알고 있으면 좋지만, 이 역시 필수는 아닙니다.

리액트 네이티브의 작동 방식 이해하기

이번 절에서는 JSX와 스레드 처리 모델, 리액트, 단방향 데이터 흐름 등을 이야기하면서 리액트 네이티브의 작동 방식을 알아보겠습니다.

JSX

리액트와 리액트 네이티브 모두 JSX를 사용하는 것이 좋습니다. JSX는 기본적으로 XML처럼 보이는 자바스크립트의 구문 확장입니다. 리액트 컴포넌트를 만들면서 JSX가 없어도 되지만, JSX를 사용하면 리액트와 리액트 네이티브는 훨씬 가독력이 높아지고 유지하기도 쉬워집니다. JSX가 낯설게 느껴질 수 있지만 상당히 강력해서 점점 더 많은 사람이 만족스럽게 사용하고 있습니다.

스레드 처리

네이티브 기기와 통신하는 모든 자바스크립트의 기능은 분리된 별도의 스레드로 처리됩니다. 때문에 사용자는 모든 자바스크립트의 동작은 네이티브 플랫폼과의 인터랙션에서 별도의 스레드로 처리됩니다. 이 때문에 사용자 인터페이스와 애니메이션 구동이 별도의 간섭없이 자연스럽게 보이게 됩니다. 리액트 네이티브 앱 내에서 실행되는 스레드는 API 호출과 터치 이벤트, 인터랙션을 처리합니다. 네이티브 안쪽의 변화가 필요할 때는 일괄처리해서 네이티브 쪽으로 전달하게 됩니다. 이러한 작업은 (리액트 네이티브의) 이벤트 루프의 마지막 단계에서 매번 이루어지게 됩니다. 이 때문에 대부분의 경우 리액트 네이티브 앱은 비즈니스 로직을 자바스크립트의 스레드 레벨에서 처리합니다.

리액트

리액트 네이티브의 가장 큰 특징은 리액트를 사용한다는 것입니다. 리액트는 오픈 소스 자바스크립트 라이브러리로 페이스북이 지원합니다. 리액트는 본래 웹 앱을 만들고 웹 문제를 해결하기 위해 만들었습니다. 리액트는 출시 이후 랜더링 속도와 유지, 선언적 UI 등 때문에 많은 개발자로부터 주목을 받았습니다.

기존의 DOM을 통한 조작은 느리고 성능이 떨어져서 최소화해야 했습니다. 리액트는 가상 virtual DOM을 사용해 기존 DOM을 대체합니다. 가상virtual DOM이란 메모리in memory에 있는 실제 DOM의 복사본입니다. 변경 전과 후의 가상 DOM을 비교해 차이만 실제 DOM에 적용하는 방식입니다. 이러한 방식으로 필요한 부분만 갱신하여 DOM의 연산을 줄이게 됩니다.

단방향 데이터 흐름

리액트와 리액트 네이티브에서는 단방향 데이터 흐름을 강조합니다. 단방향 데이터의 흐름은 (양방향 데이터 흐름 구조에 비해) 단순하므로 리액트 네이티브로 작성된 모든 애플리케이션에 사용됩니다.

디핑(코드 비교)

리액트는 코드를 비교하고, 이를 네이티브 컴포넌트에 반영합니다. 이 방식은 여러분의 UI와 네이티브 컴포넌트를 갱신하는 스레드에 최소한의 데이터를 전달할 때 사용합니다. UI는 컴포넌트의 상태에 기반을 두고 태그 등을 이용해서 선언적으로 랜더링되고, 리액트는 비교를 통해서 필요한 변화를 브리지를 통해서 전달합니다.

> 브리지(bridge) - 리액트 네이티브는 네이티브 계층과의 통신을 위해 각 플랫폼과의 중간 통로 역할을 하는 브리지라는 것을 이용합니다.

컴포넌트로 생각하기

리액트 네이티브에서 UI를 만들 때는 여러 컴포넌트를 조립해 앱을 만든다고 생각하면 편리합니다. 페이지를 어떤 식으로 구성할 것인가 생각해 보면 이미 개념적으로 익숙하게 해왔던 일들입니다. 개념적인 명사 혹은 이름을 사용하거나, **header, footer, body, sidebar** 등과 같은 클래스 이름을 사용해서 말입니다. 리액트 네이티브를 사용하면서 개발자는 이들 컴포넌트에 이름을 부여할 수 있습니다. 이들 이름은 개발자나 이 코드를 사용할지도 모르는 다른 개발자가 이해하기 쉬워야 합니다. 그래야 새로운 개발자가 프로젝트를 인수하기도 쉽고 프로젝트를 다른 개발자에게 넘기기도 수월합니다.

디자이너가 **그림 1.1**과 같은 목업을 개발자에게 보냈다고 가정하겠습니다. 이 목업을 어떻게 컴포넌트들로 개념화할지 생각해 보기 바랍니다.

먼저 표현 가능한 단위로 UI 요소를 머릿속에서 나누어야 합니다. 목업 예제의 경우 헤더바 header bar가 있고 타이틀과 메뉴 버튼이 있습니다. 헤더 아래에는 탭바tab bar가 있으며 3개의 개별 탭이 딸려 있습니다.

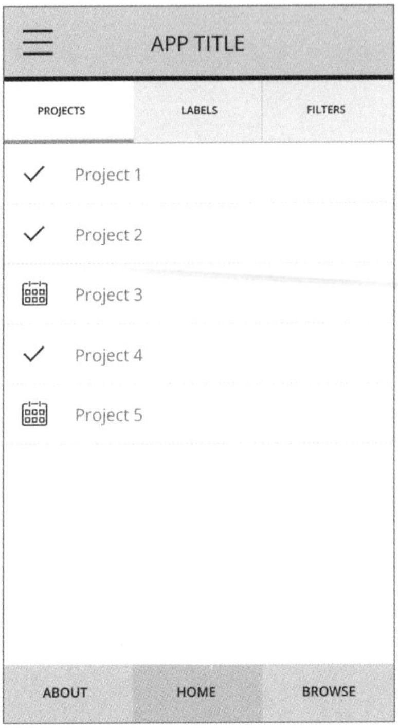

그림 1.1 앱 디자인 예

나머지 부분들을 계속해서 살펴보고 다른 항목들도 있는지 생각하기 바랍니다. 이렇게 규정한 항목들은 나중에 컴포넌트로 전환되어서 작성할 것들입니다. 리액트 네이티브로 작업하면서 UI를 만들 때는 UI에서 공통 요소들을 재사용 가능한 컴포넌트로 나누고 그에 따라 해당 인터페이스들을 정의하는 것이 좋습니다. 나중에 요소가 필요할 때 재사용할 수도 있습니다.

UI 요소들을 재사용 가능한 컴포넌트들로 나누면 코드 재사용에 유리하며 코드를 선언적이고 이해하기 쉽게 만들 수 있습니다. 예를 들어 화면 하단의 푸터footer를 구현한 코드 12줄 대신에 footer라고 부를 수 있는 요소(컴포넌트)를 만드는 방식입니다. 작성한 코드를 이런 식으로 부르게 되면 무엇인지 추론하기 더 쉽고 더 정확하게 이해하게 됩니다.

그림 1.2는 앞서 설명한 대로 **그림 1.1**의 디자인을 나눈 것입니다. 각각의 이름은 타당해 보일 것입니다. 일부 항목은 그룹으로 묶을 수 있습니다. 논리적으로는 개별 항목들로 나누었고 개념적으로는 컴포넌트로 그룹화했습니다.

이런 것이 실제 리액트 네이티브 코드로는 어떻게 구현되는지 보겠습니다. UI의 주요 요소부터 페이지에 표시되는 방식을 보도록 하겠습니다.

```
<Header />
<TabBar />
<ProjectList />
<Footer />
```

하위 요소들의 경우는 다음과 같은 방식입니다.

```
TabBar:
    <TabBarItem />
    <TabBarItem />
    <TabBarItem />
ProjectList:
    // Add a Project component for each project in the list:
    <Project />
```

그림 1.2에서 선언한 이름들을 사용했지만 적절한 의미가 있는 이름이면 됩니다.

그림 1.2 앱 구조를 개별 컴포넌트로 나눈 예

 ## 리액트 네이티브의 강점

앞서 리액트 네이티브는 리액트를 사용한다는 점이 강점이라고 했습니다. 리액트도 페이스북이 지원하는 오픈 소스 프로젝트입니다. 이 책을 집필하는 즈음에 깃허브에는 리액트와 관련해 10만 개 이상의 별이 달려 있고 1,100명 이상의 기여자^{contributor}들이 있습니다. 이는 그만큼 관심이 많고 프로젝트에 많은 커뮤니티가 참여하고 있다는 것입니다. 이로 인해 리액트 개발자나 프로젝트 관리자로 일하기가 쉽습니다. 리액트는 페이스북이 개발/관리/사용하기 때문에 세계적으로 유능한 엔지니어들이 감독/추진하고 기능을 추가하므로 금방 사라질 것 같지도 않습니다.

개발자 가용성

증가하는 개발 비용과 네이티브 모바일 개발자들의 낮은 가용성 등을 볼 때 리액트 네이티브는 네이티브 개발에 중요한 장점을 가지고 시장에 진출했습니다. 기존의 역량 있는 웹 개발자와 자바스크립트 개발자 풀을 활용할 수 있으면서 새로운 언어를 배우지 않아도 되는 개발 플랫폼입니다.

개발자 생산성

이전에는 모바일 앱을 개발할 때는 안드로이드와 iOS 팀 모두가 있어야 했습니다. 리액트 네이티브를 도입하면 자바스크립트 언어 하나로 안드로이드와 iOS, 윈도우 앱을 개발할 수 있습니다. 팀 하나로 가능하고 생산성을 높이면서도 개발 시간과 개발 비용을 상당히 줄일 수 있습니다. 네이티브 개발자로서 이와 같은 플랫폼을 도입하면서 얻는 이점은 안드로이드나 iOS 개발자 중 하나로 제한되지 않아도 된다는 것입니다. 그만큼 기회의 문이 넓어진다는 의미입니다. 자바스크립트 개발자에게는 무척 반가운 소식입니다. 웹과 모바일 프로젝트 사이에 전환하면서 빼앗긴 마음이나 시간을 하나에만 쏟게 해줍니다. 하나의 코드베이스에서 여럿이 공동으로 작업하기 때문에 안드로이드와 iOS 사이에 이전에는 나뉘었던 팀에게도 유리한 소식입니다. 이런 이점들을 좀더 활용하기 위해 12장에서 다루는 리덕스 같은 것을 사용하면 앱 전용 플랫폼만이 아니라 웹에서도 데이터 아키텍처를 공유할 수 있습니다.

성능

다른 크로스 플랫폼 솔루션을 사용하고 있다면 아마도 폰갭이나 코르도바, 아이오닉일 것입니다. 이런 솔루션들이 가능한 대안이지만 성능 면에서 네이티브 앱이 제공하는 사용자 경험을 따라잡지 못한다는 데에는 대부분 인정하고 있는 사항입니다. 리액트 네이티브는 오브젝트 C와 스위프트, 자바를 사용해 만든 네이티브 모바일 앱의 성능에 크게 뒤지지 않는다는 사실 때문에 주목받고 있습니다.

단방향 데이터 흐름

다른 자바스크립트 프레임워크나 MVC 프레임워크와 다르게 리액트 네이티브는 단방향 데이터 흐름을 채택했습니다. 리액트에서는 최상위 컴포넌트에서 아래 모든 방향으로 단방향 데이터 흐름이 만들어집니다. 이로 인해 앱은 이해하기 쉬워집니다. 애플리케이션에 대한 데이터가 여기저기 흩어진 형태가 아니라 데이터의 계층 구조가 하나의 방식이기 때문입니다. 이에 대한 자세한 내용은 뒤에서 다루겠습니다.

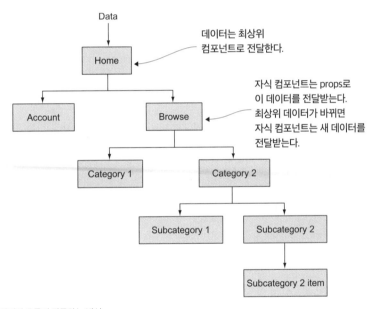

그림 1.3 단방향 데이터 흐름이 작동하는 방식

개발자 경험

개발자가 리액트 네이티브를 사용하며 겪는 개발자 경험은 다른 언어와 비교해 탁월합니다.

웹을 개발한 경험이 있다면 브라우저가 빠르게 다시 갱신되는 것을 보았을 것입니다. 웹 개발에서는 컴파일 단계가 없습니다. 화면을 새로 고침만 하면 변경 사항이 적용되어 보여집니다. 네이티브 개발에서 긴 컴파일 시간과는 대조가 되는 점입니다. 페이스북이 리액트 네이티브를 개발하기로 한 이유 중 하나가 페이스북 앱 개발에 네이티브 iOS와 안드로이드 개발 도구를 사용하면서 생기는 너무 긴 컴파일 시간을 줄였으면 해서입니다. 작은 UI 변경 등에도 페이스북 개발자들은 결과 화면을 보려고 프로그램이 컴파일되기를 오래 기다려야 했습니다. 이런 긴 컴파일 시간은 생산성 저하와 개발자 비용 증가로 이어집니다. 리액트 네이티브는 이런 문제를 웹 로딩 시간을 단축하고 크롬과 사파리 디버깅 도구를 제공해서 해결합니다. 그렇게 해서 웹과 같은 디버깅 경험을 개발자에게 제공합니다.

리액트 네이티브에는 **hot reloading**이라는 빌트인 기능도 있습니다. 앱 개발 중에 코드를 작성하면서 앱의 해당 위치로 이동하려면 얼마나 많이 클릭해야 하는지 생각하면 이 빌트인이 필요한 이유를 이해할 수 있을 것입니다. hot reloading을 사용하면 코드 변경 중에 다시 결과를 로딩하려고 클릭해서 현재 상태로 앱을 갱신하지 않아도 됩니다. 이 기능을 사용하는 경우 개발자가 파일을 저장하면 앱은 변경된 컴포넌트만 리로딩해 줍니다. 그래서 바로 피드백을 볼 수 있고 UI의 현재 상태를 확인할 수 있습니다.

트랜스파일링

트랜스파일링transpilation이란 **트랜스파일러**transpiler가 특정 프로그램 언어로 작성된 소스 코드를 받아서 다른 프로그램 언어로 코드를 변환해 주는 것입니다. 새로운 ECMA 스크립트의 표준과 기능들이 나오면서 아직은 새로운 기능들을 지원하지 못할 때 주로 사용됩니다. 자바스크립트 경우만 하더라도 트랜스파일링해서 표준 자바스크립트를 만들면 이전 버전만 처리할 수 있는 플랫폼에서도 새로운 기능의 코드들을 사용할 수 있습니다.

리액트 네이티브는 트랜스파일링 과정에서 기본적으로 내장된 바벨Babel을 사용합니다. 바벨은 트랜스파일링 오픈 소스 도구로 최신 자바스크립트 언어의 기능까지도 바로 사용할 수 있도록 코드를 변환해 줍니다. 그래서 개발자가 사용하기 전까지 거치는 기능의 지원 여부를 기다리지 않아도 됩니다(각 기능은 제안 상태, 승인 상태, 구현 상태와 같이 단계별로 진행됩니다.). 개발자가 바벨에 추가하기만 하면 즉시 원하는 기능을 사용할 수 있습니다. 예를 들어 자바스크립트 클래스와 화살표 함수^{arrow function}, 객체 구조 분해 할당(object destructuring, 객체 비구조화라고도 한다)은 강력한 ES2015의 기능들과 관련된 사항들인데 아직 브라우저와 런타임 모두에 적용되지 않았습니다. 하지만 바벨과 리액트 네이티브를 사용하면 개발자는 이런 기능들이 제대로 작동하는지 걱정하지 않으면서도 바로 사용할 수 있습니다. 언어의 최신 기능을 사용하고 싶다면 이와 같은 트랜스파일링 과정을 사용해 웹 개발을 하기 바랍니다.

생산성과 효율성

네이티브 모바일 개발에 점점 더 많은 비용이 소요되고 있습니다. 그래서 다양한 플랫폼과 스택에서 앱을 개발할 수 있는 엔지니어에 대한 몸값이 높아지고 구인도 그만큼 늘고 있습니다. 리액트 네이티브와 같은 것을 도입하면 프레임워크 메인스트림 하나를 사용해 데스크톱과 웹, 모바일 앱을 모두 개발할 수 있습니다. 그렇게 되면 개발팀 조직 방식을 다시 고려해 재구성해야 합니다. iOS나 웹 같이 특정 플랫폼에서 역량 있는 개발자가 아닌 다양한 플랫폼을 두루 다룰 수 있는 개발자여야 합니다. 크로스 플랫폼과 크로스 스택 개발팀이 각광받는 시대에 개발자들은 네이티브 모바일과 웹, 데스크톱 앱을 모두 만들어야 하고, 이로 인해 생산성이나 효율성이 개선되고, 결국 웹 개발만 하던 기존 웹 개발자보다 임금이 높아질 수 있습니다.

개발 회사들은 모바일 개발에 필요한 개발자를 구인하면서 최대한 리액트 네이티브의 이점을 활용하려고 합니다. 하나의 언어로 모든 것을 하게 되면 구인도 훨씬 쉬워지고 비용도 줄게 됩니다. 개발팀이 모두 동일한 페이지 하나에서 작업하면 생산성은 극대화됩니다. 단일 기술로 작업하면서 협업이나 지식 공유가 간편해지기 때문입니다.

커뮤니티

리액트 커뮤니티나 성장 중인 리액트 네이티브 커뮤니티는 지금까지 필자가 아는 그룹 중에서 가장 개방적이고 유용하다고 생각합니다. 온라인이나 StackOverflow등의 검색으로 해결하지 못하는 문제들을 커뮤니티의 팀원에게 직접 접촉했는데 피드백과 지원이 유용했습니다.

오픈 소스

리액트 네이티브는 오픈 소스입니다. 상당한 장점입니다. 먼저 페이스북 팀 말고도 수백 명의 개발자가 리액트 네이티브에 기여하고 있습니다. 버그는 훨씬 빠르게 알려지는데 비공개 소프트웨어에서는 버그 수정과 개선을 특정 팀만이 담당합니다. 오픈 소스는 실제 사용자가 개발에 관여해 소프트웨어를 원하는 대로 만들 수 있어서 사용자가 바라는 것에 근접합니다. 비공개 소프트웨어 구입비와 라이센스비, 지원 비용을 비교해 보면 오픈 소스는 가격 면에서 유리합니다.

빈번한 업데이트

기존에는 앱을 새로 출시하면서 개발자는 앱 스토어 승인 과정과 일정을 준수해야 했습니다. 길고 지루한 이 과정은 2주 정도 걸립니다. 아주 작은 경우에도 변경 작업은 성가시고 새 버전의 앱을 출시해야 했습니다.

리액트 네이티브나 하이브리드 앱 프레임워크를 사용하면 앱 스토어 승인을 거치지 않고도 사용자 기기에 직접 업데이트된 모바일 앱을 배포할 수 있습니다. 개발자가 웹에 익숙하고 짧은 출시 주기를 맞추어야 한다면 리액트 네이티브나 하이브리드 앱 프레임워크가 대안이 됩니다.

크로스 플랫폼 모바일 앱을 만드는 대안

크로스 플랫폼 모바일 앱을 개발하는 데 리액트 네이티브만이 대안은 아닙니다. 다양한 대안이 있으며, 코르도바와 자마린Xamarin, 플러터Flutter가 대표적입니다.

- **코르도바**는 기본적으로 개발자가 응용 프로그램에서 네이티브 API에 접근할 수 있게 하는 웹 앱에서의 네이티브 쉘(shell)이라 하겠습니다. 기존 웹 앱과 다르게 코르도바 앱은 애플 앱 스토어와 구글 플레이 스토어에 배포할 수 있습니다. 코르도바를 사용하면 웹 개발자로서 기존에 알고 있는 HTML과 자바스크립트, CSS, 자바 프레임워크 대안을 사용하기 때문에 추가로 배우지 않아도 된다는 장점이 있습니다. 단점이라면 리액트 네이티브가 제공하는 성능이나 멋진 UI를 구현하려면 시간이 오래 걸린다는 것입니다. 주로 개발자가 웹 기술을 사용하면서 DOM에 의존하기 때문입니다.
- **자마린**은 C#으로 작성한 하나의 코드베이스를 사용해 iOS와 안드로이드, 윈도우, 맥OS 앱을 개발할 수 있는 프레임워크입니다. 이 프레임워크는 대상 플랫폼에 따라 다양한 방식으로 네이티브 앱으로 컴파일해 줍니다. 무료 가격제가 있어서 개발자는 모바일 앱을 개발해 배포할 수 있으며, 대규모 회사는 유료 가격제를 사용하면 됩니다. 자마린은 리액트 네이티브와 코르도바가 사용한 웹 기술과는 달라서 네이티브 개발자들이 선호합니다.
- **플러터**는 구글의 오픈 소스 프레임워크로 iOS와 안드로이드 플랫폼에서 구동하는 앱을 만드는 데 다트(Dart)라는 언어를 사용합니다.

 # 리액트 네이티브의 약점

지금까지 리액트 네이티브의 강점을 살펴보았습니다. 이제는 선택하기 힘든 이유나 상황에 대해 이야기해 보겠습니다. 첫째로 리액트 네이티브는 네이티브 iOS와 안드로이드, 코르도바 같은 플랫폼과 비교해 아직 덜 성숙되었습니다. 기능적인 측면에서 순수한 iOS나 하이브리드 방식인 코르도바에 비해서도 부족한 부분이 있습니다. 현재 대부분의 기능이 내장되어 있지만 아직 리액트 네이티브에서 사용할 수 없는 네이티브 고유의 기능이 필요할 때가 있습니다. 이런 경우 개발자는 네이티브 코드를 탐색해 직접 코드를 작성해야만 합니다. 아니면 누군가를 고용해 의뢰하거나 그것도 아니면 관련 기능을 포기해야 합니다.

둘째로 개발자가 리액트를 다루어 보지 않았다면 완전히 새로운 기술을 습득해야 합니다. 대부분은 리액트를 쉽게 배웠다고 합니다. 하지만 앵귤러와 아이오닉에 능숙하고, 앱 개발 시한이 촉박하면 새 기술을 배우고 익히는 데 시간을 들이는 대신 기존 기술을 사용하는 것이 바람직합니다. 리액트와 리액트 네이티브를 배우면서 개발자는 Xcode와 안드로이드 개발 환경에도 익숙해져야 이런 것들을 그만큼 익숙하게 사용할 수 있습니다.

끝으로 리액트 네이티브는 기존 플랫폼 API에 하나의 추상화된 계층을 이용하는 형태입니다. iOS와 안드로이드, 향후 다른 플랫폼의 새 버전이 나오면 리액트 네이티브는 이러한 새로운 기능들을 지원하지 못할 수가 있습니다. 이로 인해 개발자는 새로운 API에 직접 연결해서 구현하거나 리액트 네이티브가 새로 배포되어 동일한 기능이 구현될 때까지 기다려야만 합니다.

 ## 기본 컴포넌트 만들어 사용하기

컴포넌트는 리액트 네이티브에서 기본이 되는 조립 블록으로 유형과 기능이 다양합니다. 자주 사용하는 컴포넌트에는 버튼과 헤더, 푸터, 내비게이션 요소가 있습니다. 자신의 상태 state와 기능이 갖추어진 완전한 뷰 컴포넌트부터, 부모로부터 자신의 속성props를 받는 단일 stateless 컴포넌트까지 유형이 다양합니다.

컴포넌트 개요

앞서 설명한 것처럼 리액트 네이티브에서는 컴포넌트 개념이 중요합니다. 컴포넌트는 데이터와 UI 요소의 집합체로 이를 통해 화면이 구성되고 결국 앱이 만들어집니다. 리액트 네이티브에는 내장 컴포넌트(이 책에서는 **네이티브 컴포넌트**라고 표현)가 있지만 프레임워크를 사용해 직접 컴포넌트를 만들 수도 있습니다. 예제를 통해서 직접 컴포넌트를 만들거나 내장 컴포넌트를 사용하는 방식을 다룹니다.

앞서 말했듯이 리액트 네이티브 컴포넌트는 JSX를 사용해 만듭니다. **표 1.1**에 몇 가지 기본 예제가 있으며, 리액트 네이티브의 JSX가 HTML에서는 어떤 요소와 비교되는지 보여줍니다. JSX가 HTML이나 XML처럼 보입니다.

표 1.1 JSX 컴포넌트 vs. HTML 요소

컴포넌트 유형	HTML	리액트 네이티브 JSX
Text	`<span>Hello World</span>`	`<Text>Hello World</Text>`

View	`<div>`
	    `<span>Hello World 2</span>`
	`</div>`
		`<View>`
		    `<Text>Hello World 2</Text>`
		`</View>`

Touchable highlight	`<button>`
	    `<span>Hello World 2</span>`
	`</button >`
		`<TouchableHighlight>`
		    `<Text>Hello World 2</Text>`
		`</TouchableHighlight>`

네이티브 컴포넌트

리액트 네이티브는 View와 Text, Image 등과 같은 네이티브 컴포넌트를 기본적으로 제공합니다. 개발자는 마치 조립 블록처럼 이들 네이티브 컴포넌트를 사용해 새로운 컴포넌트를 만들 수 있습니다. 예를 들어 개발자는 다음처럼 마크업을 사용해 Button 컴포넌트를 만들 때 리액트 네이티브의 TouchableHighlight와 Text 컴포넌트를 사용했습니다.

예제 1.4 | Button 컴포넌트 만들기

```
import { Text, TouchableHighlight } from 'react-native'
const Button = () => (
  <TouchableHighlight>
    <Text>Hello World</Text>
  </TouchableHighlight>
)
export default Button
```

그러면 새로 만든 Button 컴포넌트를 가져와 사용할 수 있습니다

```
import React from 'react'
import { Text, View } from 'react-native'
import Button from './components/Button'
const Home = () => (
  <View>
    <Text>Welcome to the Hello World Button!</Text>
    <Button />
  </View>
)
```

지금부터는 기본적으로 컴포넌트가 무엇인지와 컴포넌트가 작업 흐름에 어떤 방식으로 적용되는지, 컴포넌트를 사용할 때 대표적인 사용 사례와 디자인 패턴을 살펴보도록 하겠습니다.

컴포넌트 구성

컴포넌트는 일반적으로 JSX를 사용해 구성합니다. 하지만 자바스크립트를 사용해 구성하기도 합니다. 이 절에서는 가능한 옵션을 모두 사용해 여러 방식으로 컴포넌트를 만들어 보겠습니다. 만들 컴포넌트는 다음과 같습니다.

```
<MyComponent />
```

화면에 "Hello World""를 보여주는 컴포넌트입니다. 이제부터 이렇게 단순한 컴포넌트를 만드는 방법을 알아보겠습니다. 이런 사용자 정의custom 컴포넌트를 만들면서 기본 제공 컴포넌트인 View와 Text를 요소로 사용하게 됩니다. 앞서 View 컴포넌트는 HTML의 <div>와, Text 컴포넌트는 HTML의 <span>과 비교되었습니다.

컴포넌트를 만드는 방식 몇 가지를 살펴보겠습니다. 전체 앱은 컴포넌트 정의에 있어 일관될 필요는 없지만 앱 전체에 걸쳐 클래스를 정의하면서 일관성을 유지하고 동일한 패턴을 따르는 것이 좋습니다.

createClass 구문(ES5, JSX)

다음은 ES5 구문을 사용해 리액트 네이티브 컴포넌트를 만드는 방법입니다. 이런 구문은 과거에 작성된 문서나 예제에서 사용한 경우를 보게 됩니다. 하지만 새로운 문서에서는 사용한 경우가 없으며 더 이상 사용하지 않습니다. 오래된 코드에서 우연히 보게 되면 여기 createClass 구문을 참고하기 바라며, 여기 이후부터는 ES2015 클래스 구문만 다루겠습니다.

```
const React = require('react')
const ReactNative = require('react-native')
const { View, Text } = ReactNative

const MyComponent = React.createClass({
  render() {
    return (
      <View>
        <Text>Hello World</Text>
      </View>)
    }
})
```

class 구문(ES2015, JSX)

컴포넌트가 고유한 상태state를 유지하는 컴포넌트(이하 stateful 컴포넌트)때에는 ES2015 클래스를 사용하는 것이 일반적입니다. 여기 이후부터는 stateful 컴포넌트를 만들 때 이 방법을 사용하겠습니다. 이 방법은 리액트 네이티브 커뮤니티나 리액트 네이티브 개발자들이 추천하고 있습니다.

```
import React from 'react'
import { View, Text } from 'react-native'

class MyComponent extends React.Component {
  render() {
    return (
      <View>
        <Text>Hello World</Text>
      </View>)
    }
  }
}
```

stateless (재사용) 컴포넌트(JSX)

리액트 0.14 버전이 배포되고서 **stateless** 컴포넌트를 만들 수 있게 되었습니다. 아직 본격적으로 state에 대해 다루지 않았지만 stateless 컴포넌트는 기본적으로 유지하는 상태state가 없는 순수한 함수입니다. 이 구문은 **class** 구문이나 **createClass** 구문보다 훨씬 깔끔합니다.

```
import React from 'react'
import { View, Text } from 'react-native'

const MyComponent = () => (
  <View>
    <Text>Hello World</Text>
  </View>
)
```

또는

```
import React from 'react'
import { View, Text } from 'react-native'

function MyComponent () {
  return <View><Text>HELLO FROM STATELESS</Text></View>
}
```

createElement(자바스크립트)

React.createElement는 사용하는 경우가 드뭅니다. 이 구문을 사용해 리액트 네이티브 요소element를 만드는 일은 아마 없을 것입니다. 컴포넌트를 만드는 것을 어찌해야 할지 모르거나, 남들이 만들어 둔 컴포넌트를 읽는 경우에는 유용할지 모릅니다. 자바스크립트로 JSX를 컴파일하는 방식을 살펴보는데 React.createElement 메서드는 인수가 몇 개 있습니다.

```
React.createElement(type, props, children) {}
```

인수들을 살펴보겠습니다.

- type - 랜더링하려는 엘리먼트

- props - 컴포넌트가 가져야 하는 속성

- children - 자식 컴포넌트나 텍스트

다음 예제에서 React.createElement 메서드의 처음 인스턴스에서는 첫 번째 인수로 뷰를 전달합니다. 두 번째 인수는 빈 객체고, 세 번째 인수는 다른 요소입니다. 다음 인스턴스에서는 첫 번째 인수로 텍스트를 전달하고, 두 번째 인수로 빈 객체를, 세 번째 인수로 "Hello"를 전달합니다.

```
class MyComponent extends React.Component {
  render() {
    return (
      React.createElement(View, {},
        React.createElement(Text, {}, "Hello")
      )
    )
  }
}
```

이 코드는 다음처럼 컴포넌트를 선언하는 코드와 같습니다.

```
class MyComponent extends React.Component {
  render () {
    return (
      <View>
        <Text>Hello</Text>
      </View>
    )
  }
}
```

외부로 export 가능한 컴포넌트

좀더 깊게 리액트 네이티브 컴포넌트를 구현하는 다른 방법을 살펴보도록 하겠습니다. 컴포넌트를 작성하고 다른 파일에서 이를 사용하는 예입니다.

```
import React, { Component } from 'react'
import {
  Text,
  View
} from 'react-native'

class Home extends Component {
  render() {
    return (
      <View>
        <Text>Hello from Home</Text>
      </View>)
  }
}

export default Home
```

이 컴포넌트를 구성하는 요소들을 모두 살펴보면서 이것들이 무엇을 하는지 보겠습니다.

┃ import

다음 코드는 import를 이용해 리액트 네이티브의 변수들을 선언하고 있습니다.

```
import React, { Component } from 'react'
import {
  Text,
  View
} from 'react-native'
```

기본 import 구문으로 react 라이브러리에서 바로 React를 가져오고 있고, 이름을 지정해 Component 클래스를 가져오고 있습니다. react-native 라이브러리에서 Text와 View 클래스를 가져오려고 이름이 지정된 import 구문을 사용했습니다.

ES5에서라면 import 구문은 다음과 같이 사용했을 것입니다.

```
var React = require('react')
```

이름을 지정하지 않은 채로 이런 구문을 사용한다면 이런 코드일 것입니다.

```
import React = from 'react'
const Component = React.Component
import ReactNative from 'react-native'
const Text = ReactNative.Text
const View = ReactNative.View
```

import 구문을 사용하면 다른 모듈이나 파일 스크립트에서 내보내진 함수와 객체, 변수를 가져올 수 있습니다.

┃ 컴포넌트 선언

다음 코드는 컴포넌트를 선언하고 있습니다.

```
class Home extends Component { }
```

여기서는 리액트 네이티브 Component 클래스를 확장하고 Home이라는 이름으로 인스턴스를 새로 생성하였습니다. 앞에서는 React.Component와 같이 선언했지만, 코드에서는 Component 로만 선언하고 있습니다. 이는 객체 구조 분해 할당(비구조화)를 이용해서 처리된 것입니다. 이런 방식을 이용하면 React.Component를 줄여서 Component만으로도 사용할 수 있습니다.

▎render 메서드

다음으로 render 메서드를 보겠습니다.

```
render() {
  return (
    <View>
      <Text>Hello from Home</Text>
    </View>
  )
}
```

컴포넌트 코드는 render 메서드에서 실행됩니다. return 구문 뒤에 있는 내용을 화면이 다시 랜더링될 때 반환합니다. render 메서드를 호출하는 경우 반드시 하나의 자식요소를 반환합니다. render 함수 밖에 선언된 변수나 함수들은 이 위치에서 실행할 수 있습니다. 연산이 필요하다면 state나 props를 사용해 변수를 선언하거나 컴포넌트의 state를 조작하지 못하는 함수를 실행하면 되는데 render 메서드와 return 구문 사이에서 처리할 수 있습니다.

▎Exports

다음 코드는 컴포넌트를 내보내서 앱 다른 곳에서 사용할 수 있게 합니다.

```
export default Home
```

같은 파일에서 컴포넌트를 사용하려는 경우 컴포넌트를 내보내지 않아도 됩니다. 선언한 다음에는 해당 파일에서 컴포넌트를 사용할 수 있으며, 컴포넌트를 내보면 다른 파일에서도 사용할 수 있습니다. 다음처럼 ES5 구문을 사용해도 됩니다

```
module.exports = 'Home'
```

컴포넌트 조립하기

컴포넌트를 조립하는 방법을 알아보겠습니다. 먼저 파일 하나에 Home과 Header, Footer 컴포넌트를 만듭니다. Home 컴포넌트를 만들면서 시작해 보겠습니다.

```
import React, { Component } from 'react'
import {Text, View } from 'react-native'

class Home extends Component {
  render() {
    return (
      <View>

      </View>
  )
  }
}
```

같은 파일의 Home 클래스 선언 아래에 Header 컴포넌트를 만듭니다.

```
class Header extends Component {
  render() {
    return <View>
        <Text>HEADER</Text>
      </View>
  }
}
```

이 코드는 문제가 없어 보이지만 Header 컴포넌트를 stateless로 다시 작성하는 방법을 알아보도록 하겠습니다. 책 후반에 일반 리액트 네이티브 클래스와 비교해서 stateless 컴포넌트를 언제 그리고 왜 사용하는지 자세히 다루겠습니다. 보기에도 구문과 코드가 stateless 컴포넌트를 사용할 때가 훨씬 간결합니다.

```
const Header = () => (
  <View>
    <Text>HEADER</Text>
  </View>
)
```

이제 Header 컴포넌트를 Home 컴포넌트에 넣겠습니다.

```
class Home extends Component {
  render() {
    return (
      <View>
        <Header />
      </View>
    )
  }
}
```

계속해서 Footer 컴포넌트와 Main 뷰를 만들겠습니다.

```
const Footer = () => (
  <View>
    <Text>Footer</Text>
  </View>
)

const Main = () => (
  <View>
    <Text> Main </Text>
  </View>
)
```

이것들을 앱에 넣도록 하겠습니다.

```
class Home extends Component {
  render() {
    return (
      <View>
        <Header />
        <Main />
        <Footer />
      </View>
    )
  }
}
```

작성한 코드는 상당히 선언적입니다. 선언적이라는 의미는 코드를 보고 어떤 것을 하려는 지 알아보기 쉽다는 의미입니다.

이것이 리액트 네이티브에서 컴포넌트와 뷰를 만드는 방법에 대한 간단한 설명입니다. 이런 기본 작동 방식에 대한 개념은 여러분이 잡고 있어야 합니다.

시작 프로젝트 만들기

지금까지 리액트 네이티브를 살펴보았는데 코드에 대해 좀더 다루어 보겠습니다. 여기서는 [React Native CLI]를 사용해 앱을 만드는 방법을 주로 다루지만 [Create React Native App CLI]를 사용해 새 프로젝트를 만들 수도 있습니다

> 옮긴이- 리액트 네이티브의 버전에 따라 실습환경에 차이가 있을 수 있습니다. 가장 안전한 가이드는 https://facebook.github.io/react-native/docs/getting-started 를 참고하는게 좋습니다. 이 책의 예제의 경우 2019년 8월 현재 0.60버전이므로 차이가 있을 수 있습니다.

Create React Native App CLI

리액트 네이티브 프로젝트를 만들 때 Create React Native App CLI을 사용합니다. 이것은 주로 Expo 팀이 리액트 커뮤니티 깃허브 저장소에서 관리하는 프로젝트 생성기입니다. CLI를 사용하면 개발자로 하여금 리액트 네이티브 프로젝트를 실행하는 데 필요한 네이티브 SDK들을 설치하는 것에 신경쓰지 않도록 하면서 리액트 네이티브를 시작하고 실행하는 데 무리가 없게 리액트 네이티브 앱 프로젝트를 만들어 줍니다.

Create React Native App으로 새 프로젝트를 만들려면 먼저 CLI를 설치해야 합니다.

```
npm install -g create-react-native-app
```

다음처럼 CLI에 create-react-native-app을 사용해 새 프로젝트를 만들 수 있습니다.

> 옮긴이 -최근의 Node.js에서는 npm 버전이 올라가면서 npx를 이용하는 방식을 이용합니다. npx를 이용하면 필요한 모듈들을 별도로 설치할 필요없이 자동으로 설치하기 때문에 편리합니다. 다만 초기에 여러 필요한 모듈들을 설치하기 때문에 시간이 더 걸리긴 합니다.

```
npx create-react-native-app myProject (혹은 create-react-native-app
myProject)
```

React Native CLI

React Native CLI를 사용해 시작 프로젝트를 만들려면 CLI를 열어 빈 디렉토리를 만들고 그 곳으로 이동하도록 합니다. 그러고서는 다음처럼 입력해 React Native CLI를 설치하기 바랍니다.

> 옮긴이 - 이러한 설치는 npx를 이용하는 경우에는 자동으로 전역 라이브러리들을 설치하므로 필요하지 않습니다.

```
npm install -g react-native-cli
```

컴퓨터에 리액트 네이티브가 설치되었으면 CLI에서 react-native init 뒤에 프로젝트 이름을 입력해 해당 프로젝트를 만듭니다.

```
npx react-native init myProject (혹은 react-native init myProject)
```

myProject는 여러분이 원하는 이름으로 바꾸어도 됩니다. 현재 디렉토리에 상관없이 새 프로젝트가 만들어지게 되고, 텍스트 편집기 등에서 프로젝트를 열어보도록 하겠습니다.

먼저 이들 과정에서 만들어진 파일들과 폴더들이 무엇인지 몇 가지만 알아보겠습니다.

- **android** - 이 폴더에는 안드로이드 플랫폼용 코드와 의존성 라이브러리들이 있습니다. 안드로이드에 사용자 정의 브리지를 구현하거나 다양한 환경 설정을 세밀하게 하려고 플러그인을 설치하거나, 둘이 아니라면 이 폴더로 이동할 일은 없습니다.

- **ios** - 이 폴더에는 iOS 플랫폼용 코드와 의존성 라이브러리들이 있습니다. iOS에 사용자 정의 브리지를 구현하거나 다양한 환경 설정을 세밀하게 하려고 플러그인을 설치하거나, 둘이 아니라면 이 폴더로 이동할 일은 없습니다.

- **node_modules** - 리액트 네이티브는 **npm**(node package manager) 모듈을 사용해 의존성 라이브러리들을 관리합니다. .package.json 파일이 의존성 라이브러리들을 식별하고 버전을 관리합니다. 필요한 의존성 라이브러리들은 node_modules 폴더에 저장됩니다. npm/node 생태계에서 가져온 패키지를 새로 설치하면 이 폴더에 설치됩니다. npm이나 yarn 어느 쪽으로 설치하든 상관없습니다.

- **.flowconfig** - 페이스북이 오픈 소스로 만든 Flow는 자바스크립트용 타입(type) 검사기입니다. Flow는 (잘 알고 있을지도 모르지만) Typescript와 같은 종류입니다. 이 파일에는 Flow에 대한 환경 설정이 저장되어 있습니다(Flow를 사용하기로 한 경우).

- **.gitignore** - 버전 관리가 필요하지 않은 파일의 경로를 저장하는 파일입니다.

- **.watchmanconfig** - 페이스북이 오픈 소스로 만든 Watchman은 리액트 네이티브에서 사용하는 파일 감시 도구입니다. 이 파일에는 Watchman에 대한 환경 설정이 저장되어 있습니다. 특별한 경우가 아니라면 이 파일을 변경할 필요가 없습니다.

- **index.js** - 앱을 실행하면 먼저 이 파일에서 시작합니다. 이 파일에서는 App.js를 가져오고 AppRegistry.registerComponent를 호출하고 최종적으로 앱이 시작됩니다.

- **App.js** -index.js를 포함하고 있는 프로젝트에서 사용하는 메인이 되는 파일입니다. 필요하다면 이 파일을 삭제하거나 indx.js 파일의 import 구문을 변경해서 App.js가 아닌 다른 파일을 사용하게 할 수 있습니다.

- **package.json** - npm 모듈의 환경 설정이 들어 있습니다. npm으로 파일을 설치하면 종속 요소들이 여기에 기록됩니다. 다른 작업이 가능하도록 스크립트를 설정할 수도 있습니다.

다음 예제는 App.js 파일을 보여주고 있습니다

옮긴이 - 다음의 코드는 0.59버전의 경우입니다. 0.60이후에는 변경된 부분이 있습니다).

예제 1.6 **App.js (0.59버전)**

```js
/**
 * Sample React Native App
 * https://github.com/facebook/react-native
 * @flow
 */
import React, { Component } from 'react';
import {
  Platform,
  StyleSheet,
  Text,
  View
} from 'react-native';

const instructions = Platform.select({
  ios: 'Press Cmd+R to reload,\n' +
    'Cmd+D or shake for dev menu',
  android: 'Double tap R on your keyboard to reload,\n' +
    'Shake or press menu button for dev menu',
});

export default class App extends Component<{}> {
  render() {
    return (
      <View style={styles.container}>
        <Text style={styles.welcome}>
          Welcome to React Native!
        </Text>
        <Text style={styles.instructions}>
          To get started, edit App.js
        </Text>
        <Text style={styles.instructions}>
          {instructions}
        </Text>
```

```
      </View>
    );
  }
}

const styles = StyleSheet.create({
  container: {
    flex: 1,
    justifyContent: 'center',
    alignItems: 'center',
    backgroundColor: '#F5FCFF',
  },
  welcome: {
    fontSize: 20,
    textAlign: 'center',
    margin: 10,
  },
  instructions: {
    textAlign: 'center',
    color: '#333333',
    marginBottom: 5,
  },
});
```

이 코드는 앞 절에서 살펴본 것과 상당히 유사합니다만, 보지 못한 것들도 있습니다.

```
StyleSheet
Platform
```

Platform은 API로 현재 실행되는 운영체제가 웹과 iOS, 안드로이드, 어느 것인지 알려줍니다.

2019년 8월 현재 리액트 네이브트 0.60에서는 위의 import 부분은 다음과 같이 변경되었습니다.

```
import React, {Fragment} from 'react';
import {
  SafeAreaView,
  StyleSheet,
```

```
    ScrollView,
    View,
    Text,
    StatusBar,
  } from 'react-native';

  import {
    Header,
    LearnMoreLinks,
    Colors,
    DebugInstructions,
    ReloadInstructions,
  } from 'react-native/Libraries/NewAppScreen';
```

StyleSheet는 CSS를 추상화된 방식으로 작성하게 합니다. 리액트 네이티브에서는 인라인으
로나 스타일시트를 사용해서 스타일을 선언할 수 있습니다. 첫 번째 뷰에서 보았듯이 컨테이
너 스타일을 다음처럼 선언했습니다.

```
  <View style={styles.container}>
```

이 코드는 바로 다음 코드에 해당합니다.

```
  container: {
    flex: 1,
    justifyContent: 'center',
    alignItems: 'center',
    backgroundColor: '#F5FCFF',
  }
```

index.js 파일 맨아래에 다음과 같은 코드를 볼 수 있습니다.

```
  AppRegistry.registerComponent('myProject', () => App);
```

이것은 모든 리액트 네이티브 앱에서 자바스크립트 진입점enrty point입니다. index.js 파일에서
개발자가 이 함수를 호출할 수 있는 유일한 지점입니다. 앱의 루트 컴포넌트는 자체적으로

AppRegistry.registerComponent( )를 이용해서 등록해야 합니다. 그러면 네이티브 시스템은 앱 번들을 로드할 수 있으며 다 되었다면 앱을 실행할 수도 있습니다.

파일을 살펴봤으므로 이제 iOS나 안드로이드 시뮬레이터에서 프로젝트를 실행해 보겠습니다 (그림 1.4). "Welcome to React Native"가 있는 텍스트 엘리먼트에 "Welcome to Hello World!" 를 입력하거나 다른 텍스트를 입력해 보세요. 화면이 새로 바뀌면서 변경된 텍스트가 보일 것입니다.

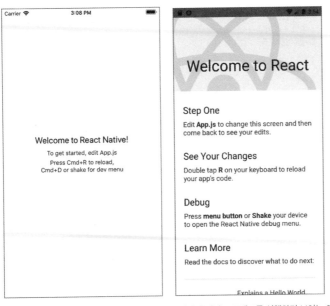

그림 1.4 리액트 네이티브 시작 프로젝트: 에뮬레이터에서 시작 프로젝트를 실행하면 보이는 화면(오른쪽이 0.60 버전)

⋮ 정리

- 리액트 네이티브는 자바스크립트 라이브러리를 사용해 자바스크립트에서 네이티브 모바일 앱을 만드는 프레임워크입니다.

- 리액트의 강점은 성능과 개발자 경험, 단일 언어 기반 크로스 플랫폼 앱 개발 능력, 단방향 데이터 흐름, 커뮤니티에 있습니다. 주로 기존의 하이브리드 방식보다는 빠른 성능을 제공하기 때문에 리액트 네이티브를 선택하게 되고, 개발자 경험 측면과 하나의 언어로 크로스 플랫폼에서 동작하는 앱을 개발할 수 있다는 점 때문에 네이티브 방식보다 리액트 네이티브를 선택하게 됩니다.

- JSX는 자바스크립트에 XML처럼 보이는 구문이 추가되어 전처리 단계에서 사용합니다. 개발자는 JSX를 사용해 리액트 네이티브에서 UI를 만들 수 있습니다.

- 컴포넌트는 리액트 네이티브에서 기본적인 조립 블록에 해당합니다. 기능과 유형이 다양합니다. 사용자 정의 컴포넌트를 만들어 일반적인 디자인 요소를 구현할 수 있습니다.

- state와 생명주기 메서드가 필요한 컴포넌트는 React.Component 클래스를 확장한 자바스크립트 클래스를 사용해서 만들어야 합니다.

- stateless 컴포넌트는 자신의 state를 유지할 필요가 없는 컴포넌트에 적용하며, 구문을 간결하게 만들 수 있습니다.

- 큰 컴포넌트는 좀더 작은 하위 컴포넌트를 조립해서 만듭니다.

2장

리액트 이해하기

이 장에서 다루는 내용

- ☑ state가 작동하는 방식과 중요성
- ☑ props가 작동하는 방식과 중요성
- ☑ 리액트 컴포넌트 스펙 이해하기
- ☑ 리액트 생명주기 메서드 구현하기

앞 장에서 리액트 네이티브에 필요한 배경들을 살펴보았으므로 이번 장에서는 리액트와 리액트 네이티브를 구성하는 항목들을 살펴보겠습니다. 이 장에서는 상태state와 데이터를 다루는 방식 그리고 앱에서 데이터가 어떻게 전달되는지를 살펴보겠습니다. 예제를 통해서 컴포넌트간에 속성props이 어떻게 전달되고, 계층 구조 내에서 어떻게 처리되는지를 살펴볼 것입니다.

상태state와 속성props에 대한 학습 뒤에는 내장된 리액트 생명주기 메서드를 사용하는 방법에 대해 자세히 살펴보겠습니다. 생명주기 메서드들은 컴포넌트가 생성되거나 소멸될 때 특정한 작업을 수행할 수 있습니다. 생명주기 메서드를 이해하는 것은 리액트와 리액트 네이티브가 어떻게 동작하는지 이해하는데 중요한 포인트가 됩니다. 또한, 리액트와 리액트 네이티브에서 생명주기 메서드는 개념적으로 큰 부분을 차지합니다.

> 이 책에서는 리액트와 리액트 네이티브 모두 다룹니다. 리액트라고 언급하고 리액트 네이티브라고 언급하지 않아도 양쪽 모두와 관련된 개념을 말하는 것입니다.
>
> 예를 들어, 리액트 생명주기와 리액트 컴포넌트가 그런 것처럼 상태(state)와 속성(props)은 리액트와 리액트 네이티브 모두에 동일하게 작동합니다.

state를 사용해 컴포넌트 데이터 다루기

리액트와 리액트 컴포넌트에서는 데이터를 만들고 다루는 방식 중 하나로 상태state를 사용합니다. 컴포넌트의 state는 컴포넌트가 생성될 때 선언됩니다. state는 실상 단순한 구조의 자바스크립트 객체일 뿐입니다. state는 앞으로 자세히 살펴보게 될 setState 함수 호출을 통해 컴포넌트 내에서 갱신됩니다.

데이터를 다루는 또 다른 방식으로는 속성props를 사용합니다. 컴포넌트가 생성될 때 매개변수로 props가 전달됩니다. state와 다르게 props는 컴포넌트 내에서 갱신되지 않습니다.

컴포넌트의 상태 제대로 조작하기

상태state는 컴포넌트가 다루는 값들의 집합체collection입니다. 리액트에서는 UI를 state를 다루는 기계장치(머신)로 봅니다. 컴포넌트가 setState 함수를 이용해서 state를 변경하게 되면 리액트는 컴포넌트를 다시 랜더링하게 됩니다. setState를 이용해서 컴포넌트의 상태state가 변경되면 리액트는 컴포넌트를 다시 렌더링하게 됩니다. 만일 자식 컴포넌트가 속성props으로 부모 컴포넌트 상태state를 받아서 사용하게 된다면 부모 컴포넌트의 상태state가 변경되어 자식 컴포넌트 역시 모두 다시 렌더링됩니다.

리액트 네이티브를 이용해서 앱을 만들 때 state의 작동 방식을 이해하는 것은 중요한데, state

에 의해서 상태를 유지하는 stateful 컴포넌트의 랜더링과 동작이 결정되기 때문입니다.

컴포넌트의 state는 컴포넌트로 하여금 동적이고 인터랙티브^{interactive}하게 해줍니다. 중요한 점은 상태^{state}는 변경 가능^{mutable}하고, 속성^{props}은 변경 불가능^{immutable}하다는 차이를 이해하는 것입니다.

▎초기 state 지정하기

컴포넌트의 상태^{state}는 컴포넌트가 생성될 때 생성자나 속성 초기화를 이용해서 초기화 됩니다. 한번 초기화된 state는 컴포넌트 내에서 `this.state.`를 통해서 사용할 수 있습니다. 다음 예제를 보겠습니다.

옮긴이 - property initializers는 공식적으로는 '속성 초기자'로 ES7에서 지원되는 기능입니다. '초기자'라는 표현이 아직은 어색하기 때문에 초기화라는 표현을 사용하였습니다.

| 예제 2.1 | 속성 초기화로 state 지정하기 |

```
import React from 'react'

class MyComponent extends React.Component {
  state = {
    year: 2016,
    name: 'Nader Dabit',
    colors: ['blue']
  }

  render() {
    return (
      <View>
        <Text>My name is: { this.state.name }</Text>
        <Text>The year is: { this.state.year }</Text>
        <Text>My colors are { this.state.colors[0] }</Text>
      </View>
    )
  }
}
```

생성자는 자바스크립트 클래스에서 인스턴스를 만들 때 호출되는데, state를 이용할 때에는 아래 예제와 같이 사용합니다. 생성자는 리액트 생명주기 메서드가 아니라 순수한 자바스크립트 메서드입니다.

| 예제 2.2 | 생성자로 state 지정하기 |

```
import React, {Component} from 'react'

class MyComponent extends Component {
  constructor(){
    super()
    this.state = {
      year: 2018,
      name: 'Nader Dabit',
      colors: ['blue']
    }
  }
  render() {
    return (
      <View>
        <Text>My name is: { this.state.name }</Text>
        <Text>The year is: { this.state.year }</Text>
        <Text>My colors are { this.state.colors[0] }</Text>
      </View>
    )
  }
}
export default MyComponent
```

생성자를 이용하거나 멤버 변수 초기화를 이용하는 방식에 차이는 없습니다. 어떤 방식을 사용하느냐는 선호의 문제입니다.

상태(state) 갱신하기

상태state는 this.setState( )의 호출을 통해서 갱신됩니다. 호출할 때는 새롭게 state로 사용하고자 하는 객체를 전달합니다.

setState 메서드는 이전 state의 내용과 새로운 state의 내용을 병합하는데, 단순히 새로운 key-value로 이루어진 객체를 전달하면 기존의 state가 유지하던 다른 내용들은 그대로 유지하고, 새로운 내용이 추가됩니다.

setState 메서드 사용법은 예제 2.3에서 알아보도록 하겠습니다. 그러기 전에 onPress라는 터치 핸들러인 새 메서드를 소개하려고 합니다. 이 메서드는 태핑tapping이 가능한 몇 가지 리액트 네이티브 컴포넌트에서 호출할 수 있습니다. 하지만 여기서는 Text 컴포넌트와 연결하는 기본 예제로부터 시작했습니다. 텍스트를 누르면 updateYear 메서드가 호출되고 setState로 state를 갱신합니다. updateYear 메서드는 render 메서드보다 먼저 정의합니다. 대개 render 메서드 앞에 사용자 정의 메서드를 정의하는 것이 좋기 때문인데 메서드를 정의하는 순서는 실제 동작에 영향을 미치지 않는다는 것을 알아 두어야 합니다.

예제 2.3 　　state 갱신하기

```
import React {Component} from 'react'

class MyComponent extends Component {
  constructor(){
    super()
    this.state = {
      year: 2018,
    }
  }
  updateYear() {
    this.setState({
      year: 2019
    })
  }
  render() {
```

```
      return (
        <View>
          <Text
            onPress={() => this.updateYear()}>
            The year is: { this.state.year }
          </Text>
        </View>
      )
    }
  }
```

그림 2.1은 예제 2.3에서 Text 엘리먼트를 누를 때마다 state가 어떻게 갱신되는지 보여줍니다.

```
state = {
  year: 2018
}
         ↓
this.setState({
  year: 2019
})
         ↓
state = {
  year: 2019
}
```

Text를 클릭했을 때 setState를 통한 흐름을 보여줍니다. year 속성을 가지는 state는 생성자에 의해 2018값으로 만들어지고, Text를 클릭할 때마다 2019값으로 지정됩니다

그림 2.1 Text 엘리먼트를 누르면 화살표대로 setState 객체의 흐름.

setState가 호출될 때마다 리액트는(render 메서드를 다시 호출해서) 컴포넌트와 자식 컴포넌트를 다시 랜더링합니다. 컴포넌트의 상태state를 변경하는 자체가 컴포넌트를 다시 랜더링하는 것을 의미하지는 않음으로 UI상에서 변화는 일어나지 않습니다. this.setState는 state를 변경하고 다시 render를 호출하게 되는 역할을 수행하게 됩니다.

초보자가 저지르는 일반적인 실수로 state 변수를 직접 갱신하는 경우가 있습니다. 예를 들어, state를 갱신하려고 하면서 다음과 같이 하면 의도대로 되지 않습니다(state 객체는 갱신됩니다).

setState 메서드가 호출되지 않고 그래서 컴포넌트가 다시 랜더링되지 않고 때문에 UI는 갱신되지 않기 때문입니다.

```
class MyComponent extends Component {
  constructor(){
    super()
    this.state = {
      year: 2018,
    }
  }
  updateYear() {
    this.state.year = 2019
  }
  render() {
    return (
      <View>
        <Text
          onPress={() => this.updateYear()}>
          The year is: { this.state.year }
        </Text>
      </View>
    )
  }
}
```

앞의 코드에서와 같이 state 자체를 변경하는 경우 리액트에서 강제로 갱신하는 방법이 있기는 합니다. 예제 2.4에서 나오는 forceUpdate입니다. 이 메서드를 호출하면 컴포넌트에서 render 메서드를 호출하게 해 UI를 다시 랜더링하게 만듭니다. forceUpdate 메서드를 사용하는 것은 일반적이지 않으며 권장하지도 않습니다. 하지만 예제나 참고 문서에서 사용하는 경우가 있기에 알아 두어야 합니다. 대부분 이런 재렌더링rerendering은 setState 메서드를 호출하거나 새로운 props를 전달하는 등의 다른 메서드를 사용해 다루게 됩니다.

```
class MyComponent extends Component {
  constructor(){
    super()
    this.state = {
      year: 2018
    }
  }
  updateYear() {
    this.state.year = 2019
  }
  update() {
    this.forceUpdate()
  }
  render() {
    return (
      <View>
        <Text onPress={ () => this.updateYear() }>
          The year is: { this.state.year }
        </Text>
        <Text
          onPress={ () => this. update () }>Force Update
        </Text>
      </View>
    )
  }
}
```

지금까지 데이터 타입이 문자열인 기본적인 경우에 대해 state로 작업하는 방식을 살펴보았습니다. 다른 데이터 타입들도 살펴보겠습니다. Boolean과 배열, 객체를 state에 연결해 컴포넌트에서 사용하는 경우입니다. 또 state의 Boolean에 기반해 컴포넌트를 조건부로 표시하도록 하겠습니다.

```
class MyComponent extends Component {
  constructor(){
    super()
    this.state = {
      year: 2018,
      leapYear: true,
      topics: ['React', 'React Native', 'JavaScript'],
      info: {
        paperback: true,
        length: '335 pages',
        type: 'programming'
      }
    }
  }
  render() {
    let leapyear = <Text>This is not a leapyear!</Text>
    if (this.state.leapYear) {
      leapyear = <Text>This is a leapyear!</Text>
    }
    return (
      <View>
        <Text>{ this.state.year }</Text>
        <Text>Length: { this.state.info.length }</Text>
        <Text>Type: { this.state.info.type }</Text>
        { leapyear }
      </View>
    )
  }
}
```

props를 사용해 컴포넌트 데이터 다루기

props(**properties**를 줄여서)는 부모 컴포넌트로부터 전달된 속성값이거나, 컴포넌트가 상속받은 값입니다. 컴포넌트가 선언될 때 고정된 값이나 동적인 값일 수 있지만, 컴포넌트에 상속되고 나면 props는 변경이 불가능합니다. 다시 말해서 최상위에서 선언되고 전달받은 초깃값을 변경해야만 props를 변경할 수 있습니다. 리액트 "Thinking in React" 문서(https://reactjs.org/docs/thinking-in-react.html)에 props가 '부모로부터 자식에게 데이터를 전달하는 방식'이 잘 설명되어 있습니다. **표 2.1**은 props와 state 간의 대표적인 차이점과 유사점을 보여줍니다.

표 2.1 props vs. state

props	state
외부 데이터	내부 데이터
변경 불가능	변경 가능
부모로부터 상속받는다.	컴포넌트에서 생성된다.
부모 컴포넌트가 변경할 수 있다.	컴포넌트에서만 갱신될 수 있다.
props로 전달받을 수 있다.	props로 전달받을 수 있다.
컴포넌트 내부에서 변경할 수 없다.	컴포넌트 내부에서 변경할 수 있다.

props가 작동하는 방식을 설명할 때는 예제를 보며 이해하는 게 유리합니다. 예제 2.6은 book에 대한 값을 선언하고 그 값을 자식 컴포넌트에게 정적 props로 전달하는 예입니다.

예제 2.6 | **정적 props**

```
class MyComponent extends Component {
  render() {
    return (
      <BookDisplay book="React Native in Action" />
    )
  }
}
class BookDisplay extends Component {
```

```
    render() {
      return (
        <View>
          <Text>{ this.props.book }</Text>
        </View>
      )
    }
  }
```

이 예제에서는 컴포넌트 `<MyComponent />`와 `<BookDisplay />` 두 개를 생성했습니다. `<BookDisplay />`를 생성하면서 book이라는 속성props을 전달하고 그 값을 문자열 "React Native in Action"으로 지정합니다. 이런 방법으로 props로 전달받은 값은 자식 컴포넌트에서 this.props로 사용할 수 있습니다.

다음 예제처럼 중괄호와 문자열 값을 사용하여 변수를 다룰 때처럼 리터럴을 전달할 수도 있습니다.

예제 2.7 | 정적 props 보여주기

```
class MyComponent extends Component {
  render() {
    return (
      <BookDisplay book={"React Native in Action"} />
    )
  }
}
class BookDisplay extends Component {
  render() {
    return (
      <View>
        <Text>{ this.props.book }</Text>
      </View>
    )
  }
}
```

동적 속성(props)

예제 2.8은 동적 속성props을 컴포넌트에 전달하는 예입니다. render 메서드에서 return 구문 앞에 변수 book을 선언하고 props로 전달합니다.

> 옮긴이 - 동적 속성(props)이라는 표현은 쉽게 말해서 외부를 통해서 변하는 속성이라고 이해하면 좋을듯 합니다.

예제 2.8 | 동적 props

```
class MyComponent extends Component {
  render() {
    let book = 'React Native in Action'
    return (
      <BookDisplay book={ book } />
    )
  }
}

class BookDisplay extends Component {
  render() {
    return (
      <View>
        <Text>{ this.props.book }</Text>
      </View>
    )
  }
}
```

이제 state를 사용해 동적 속성props을 컴포넌트에 전달하는 예입니다.

예제 2.9 **동적 props(state를 사용한 경우)**

```
class MyComponent extends Component {
  constructor() {
    super()
    this.state = {
      book: 'React Native in Action'
    }
  }
  render() {
    return (
      <BookDisplay book={this.state.book} />
    )
  }
}
class BookDisplay extends Component {
  render() {
    return (
      <View>
        <Text>{ this.props.book }</Text>
      </View>
    )
  }
}
```

이제 최종적으로 BookDisplay에 props로 전달된 state의 값이 state를 변경하면 어떻게 갱신되는지 살펴보겠습니다. props는 변경 불가능하다는 사실을 기억해야 합니다. 따라서 부모 컴포넌트인 MyComponent의 state를 변경해야 하는데, 이는 BookDisplay의 book props에 새로운 값을 제공하게 되어 부모 컴포넌트와 자식 컴포넌트 모드를 다시 랜더링하게 됩니다. 좀 더 잘게 나누어 설명하면 다음과 같은 작업들이 됩니다.

1. state 변수를 선언

```
this.state = {
    book: 'React Native in Action'
}
```

2. state 변수를 갱신하는 setState를 작성

```
updateBook() {
    this.setState({
        book: 'Express in Action'
    })
}
```

3. 메서드와 state를 props로 자식 컴포넌트에 전달

```
<BookDisplay
    updateBook={ () => this.updateBook() }
    book={ this.state.book } />
```

4. 메서드를 자식 컴포넌트에 있는 터치 핸들러에 연결

```
<Text onPress={ this.props.updateBook }>
```

이제 필요한 내용을 알았으므로 코드를 작성해서 실행해 보도록 하겠습니다. 앞 예제에서 나온 컴포넌트를 사용할 것이며 새로운 기능을 추가하려고 합니다.

| 예제 2.10 | 동적 props 갱신하기 |

```
class MyComponent extends Component {
  constructor(){
    super()
    this.state = {
      book: 'React Native in Action'
    }
  }
  updateBook() {
    this.setState({
```

```
      book: 'Express in Action'
    })
  }
  render() {
    return (
      <BookDisplay
      updateBook={ () => this.updateBook() }
      book={ this.state.book } />
    )
  }
}
class BookDisplay extends Component {
  render() {
    return (
      <View>
        <Text
          onPress={ this.props.updateBook }>
          { this.props.book }
        </Text>
      </View>
    )
  }
}
```

⏐ 속성(props)과 상태(state) 구조 분해 할당

계속해서 this.state와 this.props로 state와 props를 참조하면 반복적이 되면서 DRY 원칙
(Don't Repeat Yourself, 반복하지 마라!)을 위배하게 됩니다. 이것을 피하려면 구조 분해 할당이 필
요합니다. **구조 분해 할당**이란 자바스크립트의 새로운 특징으로 ES2015 스펙에 추가되었으며
리액트 네이티브 앱에서도 사용할 수 있습니다. 구조 분해 할당 개념은 간단히 말해서 객체
에서 속성들을 가져와서 앱에서 변수로 사용하라는 것입니다.

```
const person = { name: 'Jeff', age: 22 }
const { age } = person
console.log(age) #22
```

구조 분해 할당을 사용해 예제 2.11처럼 컴포넌트를 작성합니다.

```
class MyComponent extends Component {
  constructor(){
    super()
    this.state = {
      book: 'React Native in Action'
    }
  }
  updateBook() {
    this.setState({ book: 'Express in Action' })
  }
  render() {
    const { book } = this.state
    return (
      <BookDisplay
        updateBook={ () => this.updateBook() }
        book={ book } />
    )
  }
}
class BookDisplay extends Component {
  render() {
    const { book, updateBook } = this.props
    return (
      <View>
        <Text
          onPress={ updateBook }>
          { book }
        </Text>
      </View>
    )
  }
}
```

book을 참조할 때 컴포넌트에서 더이상 this.state와 this.props를 참조하지 않아도 됩니다.
대신에 state와 props에서 book 변수를 가져왔으며, 변수 그 차제를 참조할 수 있습니다. 이렇
게 함으로써 이해하기 쉬워지고, state와 props가 더 많아지고 복잡해도 코드가 간결해집니다.

상태가 없는(stateless) 컴포넌트에서의 속성(props)

stateless 컴포넌트는 속성props에 대해서만 신경쓰고 자신의 state가 없기 때문에, 이런 컴포넌트는 재사용해야 하는 컴포넌트를 만들 때 상당히 유용합니다. stateless 컴포넌트에서 props를 사용하는 방법을 살펴보겠습니다.

stateless 컴포넌트를 사용해 속성props에 접근하려면 메서드의 첫 번째 인수로 **props**를 전달합니다.

예제 2.12 | **stateless 컴포넌트에서의 속성(props)**

```
const BookDisplay = (props) => {
  const { book, updateBook } = props
  return (
    <View>
      <Text
        onPress={ updateBook }>
        { book }
      </Text>
    </View>
  )
}
```

메서드의 인수에서 props를 구조 분해 할당을 이용할 수 있습니다.

예제 2.13 | **stateless 컴포넌트에서 props 구조 분해 할당하기**

```
const BookDisplay = ({ updateBook, book }) => {
  return (
    <View>
      <Text
        onPress={ updateBook }>
        { book }
      </Text>
    </View>
  )
}
```

보기에 훨씬 깔끔해지고 필요 없는 코드가 많이 사라졌습니다. 가능한 한 stateless 컴포넌트를 사용해서 코드베이스와 로직을 단순하게 만드는 것이 좋습니다.

> stateless 컴포넌트는 **함수형**(functional) 컴포넌트라고도 하는데, 자바스크립트에서 함수로 작성할 수 있기 때문입니다.

▌배열과 개체를 속성(props)으로 전달하기

다른 데이터 타입에서도 props의 처리는 동일하게 작동합니다. 배열을 전달하는 경우 props로 배열을 전달할 수 있고 객체에 대해서도 마찬가지입니다. 기본 예제를 가지고 살펴보겠습니다.

예제 2.14 ┃ **props로 다른 데이터 타입을 전달하기**

```
class MyComponent extends Component {
  constructor(){
    super()
    this.state = {
      leapYear: true,
      info: {
        type: 'programming'
      }
    }
  }
  render() {
    return (
      <BookDisplay
        leapYear={ this.state.leapYear }
        info={ this.state.info }
        topics={['React', 'React Native', 'JavaScript']} />
    )
  }
}
const BookDisplay = (props) => {
  let leapyear
  let { topics } = props
```

```
const { info } = props
topics = topics.map((topic, i) => {
  return <Text>{ topic }</Text>
})
if (props.leapYear) {
  leapyear = <Text>This is a leapyear!</Text>
}
return (
  <View>
    { leapyear }
    <Text>Book type: { info.type }</Text>
    { topics }
  </View>
)
}
```

 ## 2.3 리액트 컴포넌트 스펙

리액트와 리액트 네이티브 컴포넌트를 만들 때 몇 가지 스펙과 생명주기를 연결해 컴포넌트가 수행하는 동작을 제어할 수 있습니다. 이 절에서는 스펙을 다루는데 각각이 무엇을 하고 언제 사용하는지 이해하기를 바랍니다.

컴포넌트 스펙의 기본부터 살피면서 시작하겠습니다. 컴포넌트 **스펙**specifcation은 기본적으로 컴포넌트의 생명주기 동안 일어나는 여러 상황에 대해 컴포넌트가 대응하는 방식을 제공합니다. 컴포넌트 스펙에는 다음과 같은 것이 있습니다.

- render 메서드

- constructor 메서드

- statics 객체(클래스에서 사용할 수 있는 메서드를 정의할 때 사용)

render 메서드로 UI 만들기

render 메서드는 컴포넌트가 생성될 때 필수적으로 필요한 유일한 메서드입니다. 이 메서드는 하나의 자식 요소나 null 혹은 false 만을 반환합니다. 반환하는 자식 요소는 View나 Text처럼 이미 선언된 컴포넌트이거나, 개발자가 만들어 파일로부터 가져온 사용자 정의 컴포넌트입니다(예를 들어 Button 컴포넌트를 만들어서 반환하는).

```
render() {
  return (
    <View>
      <Text>Hello</Text>
    </View>
  )
}
```

괄호가 있거나 없는 채로 render 메서드를 사용할 수 있습니다. 괄호를 사용하지 않으면 반환되는 요소는 당연히 return 문과 같은 줄에 있어야 합니다.

```
render() {
  return <View><Text>Hello</Text></View>
}
```

render 메서드는 다른 곳에서 정의한 컴포넌트를 반환할 수도 있습니다.

```
render() {
  return <SomeComponent />
}
#or
render() {
  return (
    <SomeComponent />
  )
}
```

render 메서드에서 조건문을 확인하고, 로직을 수행하고, 값에 따라 다른 컴포넌트를 반환할 수 있습니다.

```
render() {
  if(something === true) {
    return <SomeComponent />
  } else return
      <SomeOtherComponent />
}
```

속성 초기화와 생성자 사용하기

상태state는 생성자에서 만들 수도 있고 **속성 초기화**property initializer를 사용해서 만들 수도 있습니다. 속성 초기화는 자바스크립트 ES7 스펙입니다만 리액트 네이티브로 바로 사용할 수 있습니다. props 초기화는 리액트 클래스에서 state를 선언하는 간결한 방법을 제공합니다.

```
class MyComponent extends React.Component {
  state = {
    someNumber: 1,
    someBoolean: false
  }
```

클래스를 사용하면서 생성자를 사용해 초기 state를 지정할 수 있습니다.

클래스의 개념은 생성자와 마찬가지로 리액트나 리액트 네이티브에 한정된 것이 아니라 ES2015의 스펙일 뿐이고, 자바스크립트에서 클래스를 이용한 객체 생성과 초기화를 위한 기존의 프로토타입 기반의 상속과 관련해서 문법적으로 추가된 것입니다. 컴포넌트 클래스의 생성자에서 다른 속성들도 this.property(property는 지정하고자 하는 속성의 이름)과 같은 문법으로 설정할 수 있습니다. this 키워드는 사용하고 있는 클래스의 인스턴스를 참조합니다.

```
constructor(){
  super()
  this.state = {
    someOtherNumber: 19,
    someOtherBoolean: true
  }
  this.name = 'Hello World'
  this.type = 'class'
  this.loaded = false
}
```

리액트 클래스는 다른 클래스를 확장해서 만들어지기 때문에 생성자를 이용할 때에는 반드시 super 키워드를 this 키워드 전에 사용해야만 합니다. 마찬가지로 생성자 안에 있는 특정 속성에 접근해야 한다면 생성자와 super 호출 시에 인수(파라미터)로 전달되어야 합니다.

속성props를 이용해서 상태state를 지정하는 것은 의도적으로 컴포넌트의 내부에서 사용하는 기능들의 초기 데이터seed data를 지정하는 게 아니라면 일반적으로 좋은 방식은 아닙니다. 컴포넌트들 사이에서 데이터가 변경되면 더 이상 값이 유지되지 않기 때문입니다.

state는 컴포넌트가 처음 마운트되거나 생성될 때만 생성됩니다. 만일 동일한 컴포넌트를 서로 다른 props의 값을 이용해서 다시 랜더링하게되면 이미 마운팅된 컴포넌트의 인스턴스는 새로운 props의 값으로 상태를 갱신할 수 없습니다.

다음 코드는 생성자 내에서 속성props를 사용해 상태state의 값을 지정하고 있습니다. 처음에 props로 컴포넌트에 "Nader Davit"를 전달한다고 가정하겠습니다. 그러면 컴포넌트의 상태state는 fullName 속성에 "Nader Davit"이 됩니다. 그런 다음 컴포넌트가 "Another Name"으로 재랜더링되면 생성자는 두 번 호출되지 않기에 fullName의 state 값은 "Nader Davit"으로 그대로 유지됩니다.

```
constructor(props){
  super(props)
  this.state = {
    fullName: props.first + ' ' + props.last,
  }
}
```

리액트 생명주기 메서드

다양한 메서드들이 컴포넌트 생명주기 동안 특정 시점에 실행됩니다. 이런 메서드를 **생명주기 메서드**lifecycle method라고 합니다. 이들 메서드는 컴토넌트의 생성과 소멸 동안 다른 시점에서 개발자가 지정한 동작을 수행하기 때문에 작동 방식을 이해하는 것은 중요합니다. 예를 들어, API를 호출해서 데이터를 반환 받는 상황을 가정하겠습니다. 개발자는 컴포넌트가 가져온 데이터를 이용해서 렌더링할 준비가 되었는지 확인하고 싶을 때 생명 주기 메서드 중 하나인 componentDidMount를 통해서 컴포넌트가 마운트 되었을 때 한번만 API를 호출하도록 작성할 수 있습니다. 이 절에서는 생명주기 메서드를 살펴보며 작동 방식을 설명하겠습니다.

리액트 컴포넌트의 생명주기는 세가지 시기: 생성(마운팅, Mounting), 갱신, 파기(언마운팅 unmounting)로 나눕니다. 개발자는 생명주기와 관련해 세 가지 세트의 생명주기 메서드에 연결할 수 있습니다.

- **마운팅(생성)** - 컴포넌트가 생성될 때 일련의 생명주기 메서드들이 호출되기 시작되고 개발자는 이들 중 전부나 일부 메서드에 연결할 수 있는 옵션이 있습니다. 생성자와 getDerivedStateFromProps, render, componentDidMount 메서드들입니다. 앞에서 본 render 메서드가 이 시기에 속하며 UI를 랜더링하고 반환합니다.

- **갱신** - 컴포넌트가 갱신될 때 갱신 관련 생명주기 메서드들이 호출되기 시작합니다. getDerivedStateFromProps(props 변경시)와 shouldComponentUpdate, render, getSnapshotBeforeUpdate, componentDidUpdate 메서드들입니다. 갱신은 다음처럼 둘 중 하나로 이루어집니다.
  - setState나 forceUpdate 메서드가 컴포넌트 내에서 호출될 때
  - 새 props가 컴포넌트로 전달될 때

- **언마운팅(파기)** - 컴포넌트가 언마운팅될 때 최종 생명주기 메서드가 시작됩니다. componentWillUnmount 메서드가 있습니다.

static getDerivedStateFromProps 메서드

getDerivedStateFromProps 메서드는 static 클래스 메서드로 컴포넌트가 생성될 때와 컴포넌트가 새 props를 전달받을 때 모두 호출됩니다. 이 메서드는 새로운 props와 가장 최근의 state를 인수로 전달받아서 하나의 객체를 반환합니다. 객체의 데이터는 컴포넌트의 상태state로 갱신됩니다. 다음 예제가 사용 예입니다.

| 예제 2.15 | static getDerivedStateFromProps |

```
export default class App extends Component {
  state = {
    userLoggedIn: false
  }
  static getDerivedStateFromProps(nextProps, nextState) {
    if (nextProps.user.authenticated) {
      return {
        userLoggedIn: true
      }
    }
    return null
  }
  render() {
    return (
      <View style={styles.container}>
        {
          this.state.userLoggedIn && (
            <AuthenticatedComponent />>
          )
        }
      </View>
    );
  }
}
```

componentDidMount 생명주기 메서드

componentDidMount 메서드는 컴포넌트가 로딩되고서 바로 한 번만 호출됩니다. 이 메서드는 Ajax 호출로 가져온 데이터를 처리하거나, 지정된 실행후에 실행되는 setTimeout 처리를 하거나, 다른 자바스크립트 프레임워크들과 통합하기에 적절한 위치입니다.

예제 2.16   componentDidMount

```
class MainComponent extends Component {
  constructor() {
    super()
    this.state = { loading: true, data: {} }
  }
  componentDidMount() {
    #simulate ajax call    ◄──── #Ajax호출을 한다면
    setTimeout(() => {
      this.setState({
        loading: false,
        data: {name: 'Nader Dabit', age: 35}
      })
    }, 2000)
  }
  render() {
    if(this.state.loading) {
      return <Text>Loading</Text>
    }
    const { name, age } = this.state.data
    return (
      <View>
        <Text>Name: {name}</Text>
        <Text>Age: {age}</Text>
      </View>
    )
  }
}
```

shouldComponentUpdate 생명주기 메서드

shouldComponentUpdate 메서드는 Boolean을 반환하며 개발자로 하여금 컴포넌트의 랜더링을 할 것인지를 결정할 수 있습니다. 새로운 state나 props가 컴포넌트나 자식 컴포넌트의 랜더링이 필요하지 않다고 판단되면 flase를 반환합니다. 만일 컴포넌트를 다시 랜더링하고 싶다면 true를 반환합니다.

예제 2.17 ︱ shouldComponentUpdate

```
class MainComponent extends Component {
  shouldComponentUpdate(nextProps, nextState) {
    if(nextProps.name !== this.props.name) {
      return true
    }
    return false
  }
  render() {
    return <SomeComponent />
  }
}
```

componentDidUpdate 생명주기 메서드

componentDidUpdate 메서드는 컴포넌트가 갱신되면서 재랜더링된 후에 바로 호출됩니다. 이전 state와 이전 props를 인수로 가집니다.

옮긴이 - 리액트 17 버전에서는 UNSAFE_componentWillUpdate( )로 변경되었습니다.

예제 2.18 ︱ componentDidUpdate

```
class MainComponent extends Component {
  componentDidUpdate(prevProps, prevState) {
    if(prevState.showToggled === this.state.showToggled) {
```

```
      this.setState({
        showToggled: !showToggled
      })
    }
  }
  render() {
    return <SomeComponent />
  }
}
```

componentWillUnmount 생명주기 메서드

componentWillUnmount 메서드는 앱에서 컴포넌트가 파기되기 전에 호출됩니다.
componentDidMount 메서드에서 설정된 필요한 정리를 하고, 리스너[listener]를 삭제하고, 타이
머를 제거하도록 지정할 수 있습니다.

예제 2.19   componentWillUnmount

```
class MainComponent extends Component {

  handleClick() {
    this._timeout = setTimeout(() => {
      this.openWidget();
    }, 2000);
  }
  componentWillUnmount() {
    clearTimeout(this._timeout);
  }
  render() {
    return <SomeComponent
      handleClick={() => this.handleClick()} />
  }
}
```

⋮ 정리

- 상태(state)는 리액트 컴포넌트에서 데이터를 다루는 방식입니다. state를 갱신하면 컴포넌트의 UI와 state를 자신의 props로 사용하고 있는 자식 컴포넌트들이 다시 랜더링 됩니다.

- 속성(props)는 리액트 네이티브 앱에서 자식 컴포넌트로 데이터를 전달하는 방식입니다. props를 갱신하면 같은 props를 사용하는 컴포넌트는 모두 자동으로 갱신됩니다.

- 리액트 컴포넌트 스펙은 컴포넌트 선언을 명시한 리액트 컴포넌트의 메서드들과 속성(props)들입니다. render 메서드는 리액트 컴포넌트가 생성될 때 필요한 유일한 메서드입니다. 다른 메서드와 props는 모두 옵션입니다.

- 리액트 컴포넌트의 생명주기는 세 시기: 생성(마운팅), 갱신, 파기(언마운팅)로 나눕니다. 각 시기는 고유한 생명주기 메서드 세트가 있습니다.

- 리액트 생명주기 메서드는 리액트 컴포넌트에서 사용할 수 있으며, 컴포넌트의 생명주기 동안 특정한 시점에서 실행됩니다. 이들 메서드는 컴포넌트가 기능하고 갱신하는 방식을 통제해 줍니다.

3장

처음 만드는 리액트 네이티브 앱

이 장에서 다루는 내용

- ☑ 첫 단계부터 todo 앱 만들기
- ☑ 간단한 디버깅 요령

새로운 프레임워크나 기술, 언어, 개념 등을 배우면서 프로세스에 직접 파고드는 방식은 무언가를 배우는 데 있어 좋은 요령입니다. 앞서 리액트와 리액트 네이티브가 작동하는 방식에 대한 기초 사항들은 이해하였으니 이들을 종합해 첫 번째 앱(todo 앱)을 만들어 보도록 하겠습니다. 간단한 앱 하나를 만들어 보면서 지금까지 배운 사항들을 적용해 보면 리액트 네이티브 사용법을 다시 한번 이해하기에 좋을 것입니다.

todo 앱의 기능 중에는 아직 깊이 다루지 않은 내용이 포함되어 있으며, 앞으로 다룰 스타일링에 관한 미묘한 차이도 일부 있습니다. 하지만 염려하지 않아도 됩니다. 새로운 개념을 차례로 하나씩 다루는 대신 기본 앱을 먼저 만들고 이후 장들에서 이들을 자세히 다루도록 하겠습니다. 이렇게 앱을 만드는 기회를 활용해서 스타일과 컴포넌트를 분해도 해보고 수정도 해보며 어떤 일이 생기는지 보며 가능한 많이 배우기를 바랍니다.

todo 앱 레이아웃 작성하기

이제부터 todo 앱을 만들어 보겠습니다. 사용한 스타일과 기능은 TodoMVC 사이트(http:// todomvc.com)의 앱과 비슷합니다. **그림 3.1**은 앱을 완성한 화면으로 필요한 컴포넌트와 이들의 구조를 개념적으로 판단하는 데 도움이 됩니다. 1장에서처럼 **그림 3.2**는 앱을 컴포넌트와 컨테이너 컴포넌트로 나누었습니다. 이렇게 해서 리액트 네이티브 기본 컴포넌트로 구현한 앱이 화면에 어떻게 표시되는지 형태를 살펴보겠습니다.

| 예제 3.1 | 간단한 todo 앱 구현하기 |

```
<View>
  <Heading />
  <Input />
  <TodoList />
  <Button />
  <TabBar />
</View>
```

todo 앱에는 헤더와 텍스트 입력, 버튼, 탭 바가 있습니다. todo 하나를 추가하면 앱이 todos 배열에 추가하면서 텍스트 입력 아래에 새로운 todo가 생겨납니다. 각각의 todo에는 Done과 Delete 버튼이 있으며, Done 버튼을 누르면 해당 todo가 완료된 것으로 표시해 주고 Delete 버튼을 누르면 해당 todo를 todos 배열에서 제거해 줍니다. 화면 아래에는 완료되었는지 complete, 작업 중인지active에 따라 todo를 필터링하는 탭 바가 있습니다.

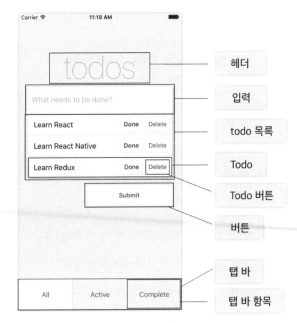

헤더

입력

todo 목록

Todo

Todo 버튼

버튼

탭 바

탭 바 항목

그림 3.2 todo 앱에 대한 설명

그림 3.2 todo 앱에 대한 설명

 3.2 **todo 앱 코드 작성하기**

앱의 코드를 작성해 보겠습니다. 터미널에 **그림 3.3**처럼 (npx) react-native init TodoApp을 입력해 새로운 리액트 네이티브 프로젝트를 만듭니다(react-native는 npm install -g react-native-cli로 설치할 수 있습니다.). 그런 다음 index 파일로 이동합니다.

> 예제 코드는 리액트0.60 버전을, 필자는 리액트 네이티브 버전 0.51.0을 사용하고 있습니다.
> 좀더 새 버전이라면 API가 변경되었을 수가 있지만 todo 앱을 빌드하면서 어느 것도
> 손상되어서는 안 됩니다. 리액트 네이티브 최신 버전을 사용해도 좋습니다만 문제가 생기면
> 필자의 버전이나 소스 코드의 버전으로 사용하도록 합니다.

index 파일에 (곧 만들) App 컴포넌트를 가져오고, 더이상 사용하지 않는 컴포넌트와 스타일은 삭제하도록 합니다.

| 예제 3.2 | index.js |

```
import React from 'react'
import { AppRegistry } from 'react-native'
import App from './app/App'
  const TodoApp = () => <App />
AppRegistry.registerComponent('TodoApp', () => TodoApp)
```

react-native 라이브러리에서 AppRegistry 클래스를 가져옵니다. App 컴포넌트도 가져옵니다. 곧 이어 만들 예정입니다.

AppRegistry 클래스의 메서드에서 앱이 시작됩니다. 어느 리액트 네이티브 앱을 실행하건 자바스크립트 진입점은 모두 여기 AppRegistry입니다. 인수는 둘인데 하나는 appKey이거나 앱을 처음 만들면서 개발자가 지정한 앱 이름입니다. 다른 하나는 앱의 진입점으로 사용하려는 리액트 네이티브 컴포넌트를 반환하는 메서드입니다. 예제 3.2에서는 TodoApp 컴포넌트를 반환하도록 선언하고 있습니다.

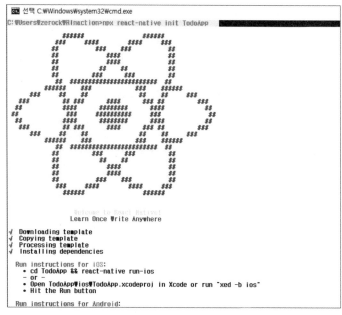

그림 3.3 새로운 리액트 네이티브 앱 만들기

이제 앱의 루트에 app 폴더를 새로 만듭니다. 이 폴더에서 App.js 파일을 새로 만들어 예제 3.3의 코드를 추가합니다.

예제 3.3 | App 컴포넌트 만들기(app/App.js)

```javascript
import React, { Component } from 'react'
import { View, ScrollView, StyleSheet } from 'react-native'

class App extends Component {
  render() {
    return (
      <View style={styles.container}>
        <ScrollView keyboardShouldPersistTaps='always'
              style={styles.content}>

        </ScrollView>
      </View>
    )
  }
}
const styles = StyleSheet.create({
  container: {
    flex: 1,
    backgroundColor: '#f5f5f5'
  },
  content: {
    flex: 1,
    paddingTop: 60
  }
})
export default App
```

코드를 보면 ScrollView라는 새로운 컴포넌트를 가져왔습니다. 이 컴포넌트는 ScrollView 플랫폼을 감싸는 것으로 스크롤이 가능한 View 컴포넌트입니다. 속성prop인 keyboardShouldPersistTaps이 'always'로 지정되었는데 이 속성값은 키보드가 열려 있으면

달아서 UI가 onPress 이벤트를 모두 처리하게 합니다. ScrollView와 상위 컴포넌트인 View 양쪽에 flex:1 값이 있는 것을 확인하기 바랍니다. 이 값은 스타일 값으로 해당 컴포넌트가 상위 컨테이너 영역 전체를 채우도록 해줍니다.

이제 나중에 필요한 값 몇 가지를 초기 state로 지정하도록 하겠습니다. 여러 todo를 다루어야 하기 때문에 배열이 필요한데, 이름은 todos로 합니다. todo들을 추가하는 TextInput의 현재 state를 저장하는 값이 필요한데, 이름은 inputValue로 합니다. 현재 보고 있는 todo의 타입을 저장할 값(All, Current, Active)이 필요한데, 이름은 type으로 합니다.

App.js 파일에서 클래스 내 render 메서드 앞에 생성자와 초기 state를 추가하고 state 값들을 초기화합니다.

| 예제 3.4 | 초기 state 지정하기(app/App.js) |

```
...
class App extends Component {
  constructor() {
    super()
    this.state = {
      inputValue: '',
      todos: [],
      type: 'All'
    }
  }
  render() {
    ...
  }
}
...
```

다음으로 Heading 컴포넌트를 만들어서 스타일을 지정해 보겠습니다. app 폴더에 Heading.js 파일을 새로 만듭니다. 이 컴포넌트는 stateless 컴포넌트입니다.

예제 3.5 │ Heading 컴포넌트 만들기(app/Heading.js)

```
import React from 'react'
import { View, Text, StyleSheet } from 'react-native'

const Heading = () => (
  <View style={styles.header}>
    <Text style={styles.headerText}>
      todos
    </Text>
  </View>
)
const styles = StyleSheet.create({
  header: {
    marginTop: 80
  },
  headerText: {
    textAlign: 'center',
    fontSize: 72,
    color: 'rgba(175, 47, 47, 0.25)',
    fontWeight: '100'
  }
})
export default Heading
```

headerText의 스타일링에서는 color에 rgba 값을 전달하고 있습니다. RGBA에 모르겠으면 처음 세 값은 RGB 색상 값이고 마지막 값은 알파나 불투명도opacity를 나타냅니다. 여기서는 알파 값으로 0.25 (또는 25%)를 전달하고 있습니다. 글꼴 굵기는 100으로 지정하였는데 텍스트가 약간 얇게 보일 것입니다.

App.js 파일로 다시 가서 Heading 컴포넌트를 가져와 ScrollView 컴포넌트에 두어서 원래 있던 빈 View 컴포넌트를 대체하도록 합니다.

앱을 실행하면 **그림 3.4**와 같이 새로운 제목과 레이아웃을 보게 됩니다. iOS에서 앱을 실행하려면 (npx) react-native run-ios를 사용합니다. 안드로이드에서는 (npx) react-native run-android를 리액트 네이티브 앱의 루트 터미널에서 사용합니다.

```
import React, { Component } from 'react'
import {View, ScrollView, StyleSheet} from 'react-native'
import Heading from './Heading'
class App extends Component {
  ...
  render() {
    return (
      <View style={styles.container}>
        <ScrollView
          keyboardShouldPersistTaps='always'
          style={styles.content}>
          <Heading />
        </ScrollView>
      </View>
    )
  }
}
...
```

그림 3.4 앱 실행하기

다음으로 TextInput 컴포넌트를 만들어서 스타일링을 지정해 보겠습니다. app 폴더에서 Input.js 파일을 새로 만듭니다.

예제 3.7 | TextInput 컴포넌트 만들기(app/Input.js)

```
import React from 'react'
import { View, TextInput, StyleSheet } from 'react-native'
const Input = () => (
  <View style={styles.inputContainer}>
    <TextInput
      style={styles.input}
      placeholder='What needs to be done?'
      placeholderTextColor='#CACACA'
      selectionColor='#666666' />
  </View>
)
const styles = StyleSheet.create({
  inputContainer: {
    marginLeft: 20,
    marginRight: 20,
    shadowOpacity: 0.2,
    shadowRadius: 3,
    shadowColor: '#000000',
    shadowOffset: { width: 2, height: 2 }
  },
  input: {
    height: 60,
    backgroundColor: '#ffffff',
    paddingLeft: 10,
    paddingRight: 10
  }
})
export default Input
```

예제에서는 TextInput이라는 새로운 리액트 네이티브 컴포넌트를 사용하고 있습니다. 웹 개발을 해보았으면 HTML의 input 태그와 유사하다고 생각할 것입니다. TextInput과 바깥 View 양쪽에 저마다 스타일링을 지정하고 있습니다.

TextInput 컴포넌트는 몇 가지 속성을 가지고 있는데, placeholder는 사용자가 텍스트를 입력하기 전에 보여주는 텍스트를 지정합니다. placeholderTextColor는 플레이스 홀더의 텍스트 스타일을 지정합니다. selectionColor는 TextInput의 커서 스타일을 지정합니다.

다음 단계(3.4)에서는 TextInput의 값을 가져오기 위해서 기능을 연결하고, App 컴포넌트의 상태state에 이를 저장할 것입니다. App.js 파일로 가서 inputChange라는 새로운 메서드를 생성자 아래와 render 메서드 위 사이에 추가합니다. 이 메서드는 전달받은 inputValue의 값을 이용해서 state를 갱신하고 제대로 동작하는지를 console.log( )를 이용해서 출력할 것입니다.

리액트 네이티브에서 console.log( ) 문을 보려면 먼저 개발자 메뉴를 열어야 합니다. 어떻게 하는지 보도록 하겠습니다.

 ## 개발자 메뉴 열기

개발자 메뉴는 리액트 네이티브의 기본 구성으로 내장 메뉴입니다. 이 메뉴를 사용해서 주로 디버깅을 하게 됩니다. iOS 시뮬레이터나 안드로이드 에뮬레이터에서 개발자 메뉴를 열 수 있습니다. 이 절에서는 양쪽 플랫폼에서 개발자 메뉴를 어떻게 열어 사용하는지 방법을 알아보도록 하겠습니다.

> 개발자 메뉴가 궁금하지 않거나 이 절을 건너뛰고 싶다면 3.4절로 이동해 todo 앱을 이어서 만들어도 됩니다.

iOS 시뮬레이터에서 개발자 메뉴 열기

iOS 시뮬레이터에서 프로젝트를 실행하고 있다면 다음 세 가지 중 하나로 개발자 메뉴를 열수 있습니다.

- 키보드에서 [Cmd] + [D].

- 키보드에서 [Cmd] + [Ctrl] +[Z].

- 시뮬레이터 옵션에서 [Hardware] → [Shake Gesture] 메뉴를 선택합니다(그림 3.5).

그러면 **그림 3.6**과 같은 개발자 메뉴를 볼 수 있습니다.

> [Cmd] + [D]나 [Cmd] + [Ctrl] + [Z]로 개발자 메뉴가 열리지 않으면 하드웨어를 키보드에 연결해야 할 수도 있습니다. 그런 경우 시뮬레이터 메뉴에서 [Hardware] -> [Keyboard] -> [Connect Hardware Keyboard]를 선택하기 바랍니다.

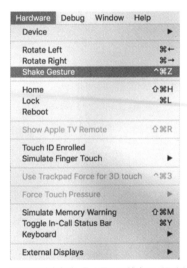

그림 3.5 개발자 메뉴를 수동으로 열기(iOS 시뮬레이터)

그림 3.6 리액트 네이티브 개발자 메뉴 화면(iOS 시뮬레이터)

안드로이드 에뮬레이터에서 개발자 메뉴 열기

안드로이드 에뮬레이터에서 프로젝트를 열어 실행하고 있다면 다음 세 가지 중 하나로 개발자 메뉴를 열 수 있습니다.

- 키보드에서 [F2](구형 에뮬레이터의 경우 메뉴를 오픈).

- 키보드에서 [Cmd] + [M]을 누르세요.

- [Hardware] 버튼(그림 3.7, 구형 에뮬레이터의 경우에만 해당)

그러면 **그림** 3.8과 같은 개발자 메뉴를 볼 수 있습니다.

그림 3.7 하드웨어 메뉴를 수동으로 열기(안드로이드 에뮬레이터 - 구버전 애뮬레이터로 이제는 사용하지 않습니다.)

그림 3.8 리액트 네이티브 개발자 메뉴 화면(안드로이드 에뮬레이터)

개발자 메뉴 사용하기

개발자 메뉴가 열리면 다음과 같은 옵션들이 보입니다.

- **Reload (iOS와 안드로이드)** : 앱을 재로드합니다. iOS의 키보드에서 [Cmd] + [R]을 누르거나 안드로이드의 키보드에서 [R]을 두 번 누르는 것과 같습니다.

- **Debug JS Remotely (iOS와 안드로이드)** : 크롬의 개발자 도구(DevTools)를 열어 브라우저 상에서 디버깅을 할 수 있게 지원해 줍니다(그림 3.9). 코드 작업에 대한 로그 기록, 중단점 설정 등 웹 앱 디버깅 동안 하는 작업에 접근할 수 있습니다(DOM은 제외). 앱 정보나 데이터를 기록해야 한다면 대개 여기서 합니다.

그림 3.9 크롬에서 디버깅

- **Enable Live Reload(iOS와 안드로이드)**: 실시간 reload 기능을 활성화합니다. 코드를 변경하면 시뮬레이터에서 앱 전체가 다시 로드되고 새로 고쳐집니다.

- **Start Systrace(iOS만)**: Systrace는 프로파일링(분석) 도구입니다. 앱 실행 중 16ms 프레임 단위 동안 어떤 작업에 시간이 할당되었는지 알 수 있습니다. 프로파일링한 코드 블록은 시작과 끝에 마커가 있으며 차트 형식으로 색이 입혀져 보여줍니다. Systrace는 안드로이드의 CLI에서 수동으로 활성화할 수도 있습니다. 자세한 내용은 참고 문서를 보기 바랍니다.

- **Enable Hot Reloading(iOS와 안드로이드)**: 리액트 네이티브 0.22버전에 추가된 꽤 괜찮은 기능입니다. 앱의 현재 state를 유지하면서도 파일이 변경될 때마다 즉시 반영되어 볼 수 있게 해주는 경험을 개발자에게 제공합니다. state를 유지한 채로 앱에서 UI 변경을 제대로 확인하는 데 특히 유용합니다. 앱의 현재 state를 유지하면서 변경된 컴포넌트와 state만 갱신되기 때문에 실시간 재로딩과 차이가 있습니다. 실시간 재로딩은 앱 전체를 재로드하기에 현재 state를 유지할 수 없습니다.

- **Toggle Inspector(iOS와 안드로이드)**: 크롬 개발자 도구에 있는 것과 유사한 property inspector를 표시합니다. 요소 하나를 클릭하면 컴포넌트 계층에서 어디에 위치하는지와 요소에 적용된 스타일을 함께 알려줍니다(그림 3.10).

그림 3.10 Inspector 사용하기(왼쪽: iOS, 오른쪽: 안드로이드)

- **Show Perf Monitor(iOS와 안드로이드)**: 앱 왼쪽 위 모서리에 작은 박스를 띄워 앱의 성능 정보를 제공합니다. 사용 중인 RAM의 크기와 현재 실행 중인 앱에서 초당 프레임의 수를 알려줍니다. 이 박스를 클릭하면 펼쳐지면서 더 많은 정보가 표시됩니다(그림 3.11).

- **Dev Settings(안드로이드 에뮬레이터만)**: 추가 디버깅 옵션을 띄워 __DEV__ 환경 변수의 값(true나 false) 전환을 쉽게 해줍니다.

그림 3.11 Perf Monitor(왼쪽: iOS, 오른쪽: 안드로이드)

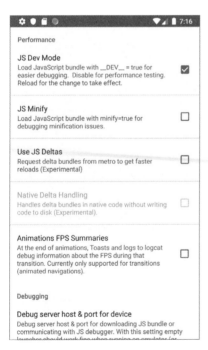

그림 3.12 Dev Settings(안드로이드 에뮬레이터)

계속해서 todo 앱 만들기

개발자 메뉴에 대해 살펴보았으니 메뉴를 열어 [Debug JS Remotely]를 선택해 크롬 개발자 도구를 열어보도록 하겠습니다. 그러면 자바스크립트 콘솔에 정보를 기록할 준비가 된 것입니다.

Input 컴포넌트를 app/App.js 파일로 가져와 `TextInput`에 메서드를 연결합니다. 그러면 `TextInput`은 Input 컴포넌트에 prop으로 전달되고, state를 저장한 `inputValue`는 Input 컴포넌트에 prop으로 전달됩니다.

예제 3.8 | inputChange 메서드 작성하기

```
..
import Heading from './Heading'
import Input from './Input'

class App extends Component {

  constructor() {
    ...
  }

  inputChange(inputValue) {          인수가 inputValue인 inputChange
    console.log(' Input Value: ' , inputValue)    메서드를 작성
    this.setState({ inputValue })         inputValue로 전달된 값을
  }                                       로그로 출력되는지 확인

  render() {                    state를 새로운 값으로 지정,
                                this.setState({inputValue:
    const { inputValue } = this.state   inputValue})와 동일

    return (
      <View style={styles.container}>
        <ScrollView keyboardShouldPersistTaps='always'
            style={styles.content}>
          <Heading />
```

```
          <Input
            inputValue={inputValue}  ◄─── state의 inputValue를
            inputChange={(text) => this.inputChange(text)} /> ◄  Input컴포넌트에 props로 전달
        </ScrollView>
      </View>
    )                                    inputChange를 prop으로
  }                                      Input 컴포넌트에 전달
}
...
```

inputChange 메서드는 인수가 하나로 TextInput의 값을 전달합니다. 이 메서드는 TextInput
에서 반환된 값으로 state인 inputValue를 갱신합니다.

이제 Input 컴포넌트에서 TextInput과 메서드를 연결해야 합니다. app/Input.js 파일을 열고
TextInput 컴포넌트를 새로운 inputChange 메서드와 inputValue prop으로 갱신합니다.

예제 3.9 │ inputChange와 inputValue를 TextInput에 추가하기

```
...
const Input = ({ inputValue, inputChange }) => ( ◄─  inputValue와 inputChange
    <View style={styles.inputContainer}>           prop들을 비구조화
        <TextInput
            value = {inputValue}
            style={styles.input}
            placeholder='What needs to be done?'
            placeholderTextColor='#CACACA'
            selectionColor='#666666'
            onChangeText={inputChange} /> ◄─  onChangeText 메서드를
        </View>                              inputChange로 지정
)
...
```

상태를 유지하지 않는 컴포넌트를 만들면서 속성prop으로 전달된 inputValue와 inputChange을 구조 분해 할당 처리합니다. TextInput의 값이 변경되면 inputChange 메서드가 호출되고, 이 값은 부모 컴포넌트로 전달되어 inputValue의 상태state를 지정하게 됩니다. TextInput의 값이 inputValue로 지정되면 나중에 TextInput을 제어하고 재지정할 수 있습니다. onChangeText 메서드는 TextInput 컴포넌트의 값이 변경될 때마다 이 메서드가 호출되고 TextInput의 값이 전달됩니다.

다시 프로젝트를 실행해 화면으로 보도록 하겠습니다(**그림 3.13**). 입력 값을 기록 중이라 입력하면 콘솔에서 값이 출력되는 것을 볼 수 있습니다(**그림 3.14**).

그림 3.13 TextInput을 추가한 후 갱신된 화면

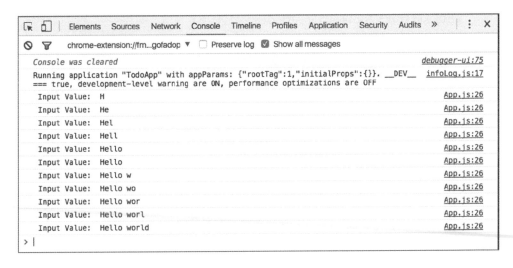

그림 3.14 inputChange 메서드로 TextInput 값을 로그아웃하기

inputValue의 값이 state로 저장되어 있으므로 이제 todo 목록에 항목을 추가하는 버튼을 만들어야 합니다. 전처럼 버튼에 바인딩되는 메서드를 작성하는데 이 메서드는 새로운 todo 를 생성자에서 정의했던 todos 배열에 추가해 줍니다. 이 메서드의 이름은 submitTodo로 하고 inputChange 메서드 뒤면서 render 메서드 앞에 두도록 합니다.

예제 3.10 | submitTodo 메서드 추가하기(app/App.js)

```
...
submitTodo () {        ◄——   inputValue가 비어 있는지, 공백만 있는지
                              확인, 비어 있으면 아무것도 하지 않고 반환
    if (this.state.inputValue.match(/^\s*$/)) {
      return                  nputValue가 비어 있지 않으면 todo
    }                         변수를 생성하고 title, todoIndex,
    const todo = {     ◄——    complete 객체를 할당
      title: this.state.inputValue,
      todoIndex,
      complete: false
    }
    todoIndex++     ◄————————  todoIndex 증가
    const todos = [...this.state.todos, todo]   ◄——|  새로운 todo를 기존 배열에 추가
```

```
        this.setState({ todos, inputValue: '' }, () => {
            console.log('State: ', this.state)
        })
}
...
```

상태가 설정되면 콜백 함수를 전달하는
옵션이 있습니다. 여기서 setState의 콜백
함수는 상태가 로그 아웃되어 모든 것이
작동하는지 확인합니다.

todo의 state를 지정해
this.state.todos의 갱신된 배열과
일치하게 만들고 inputValue를 빈
문자열로 재지정

다음으로는 마지막 import 문 아래면서 App.js 파일의 맨 위에 todoIndex 변수를 생성합니다.

예제 3.11 | todoIndex 변수 생성하기(app/App.js)

```
...
import Input from './Input'
let todoIndex = 0
class App extends Component {
...
```

submitTodo 메서드를 작성했으므로 Button.js 파일을 만들어서 submitTodo 메서드와 연결해
버튼이 작동되게 합니다.

예제 3.12 | Button 컴포넌트 만들기 (app/Button.js)

```
import React from 'react'
import { View, Text, StyleSheet, TouchableHighlight } from 'react-native'

const Button = ({ submitTodo }) => (
    <View style={styles.buttonContainer}>
        <TouchableHighlight
            underlayColor='#efefef'
            style={styles.button}
            onPress={submitTodo}>
            <Text style={styles.submit}>
                Submit
            </Text>
        </TouchableHighlight>
    </View>
)
```

submitTodo 메서드를 구조 분해 할당

버튼을 클릭하면 submitTodo와
연동. TouchableHighlight를
클릭하거나 누르면 작동

```
const styles = StyleSheet.create({
    buttonContainer: {
        alignItems: 'flex-end'
    },
    button: {
        height: 50,
        paddingLeft: 20,
        paddingRight: 20,
        backgroundColor: '#ffffff',
        width: 200,
        marginRight: 20,
        marginTop: 15,
        borderWidth: 1,
        borderColor: 'rgba(0,0,0,.1)',
        justifyContent: 'center',
        alignItems: 'center'
    },
    submit: {
        color: '#666666',
        fontWeight: '600'
    }
})

export default Button
```

Button 컴포넌트에서는 TouchableHighlight를 처음 사용했습니다. 리액트 네이티브에서는 버튼을 만들 때 한 가지 방법으로 TouchableHighlight 컴포넌트를 사용합니다. 기본적으로 HTML의 button 엘리먼트와 유사합니다.

TouchableHighlight를 사용하면 뷰들을 감싸는 게 가능하고 이들 뷰가 터치 이벤트에 적절히 대응하게 해줍니다. 버튼을 누르면 디폴트 backgroundColor는 지정된 underlayColor로 바뀌며, prop으로 지정합니다. 여기서는 underlayColor가 '#efefef'으로 지정되었습니다. 밝은 회색입니다(배경색은 흰색입니다). 이렇게 하면 사용자가 터치 이벤트가 등록되었다는 것을 쉽게 인지할 수 있습니다. underlayColor를 지정하지 않으면 디폴트는 검은색입니다.

TouchableHighlight는 자식 컴포넌트 하나만 다룹니다. 여기서는 Text 컴포넌트를 전달하고 있습니다. 여러 컴포넌트를 다루고자 하는 경우 이들 컴포넌트를 View 하나로 먼저 감싸고, 이렇게 한 View를 TouchableHighlight의 자식으로 전달하면 됩니다.

> 예제 3.12에서 많은 스타일링이 나왔습니다만, 이번 장에서 지정한 스타일링은 걱정하지 않아도 됩니다. 4장과 5장에서 자세히 다룹니다. 훑어보면서 각각의 컴포넌트에서 스타일링이 작동하는 방식을 이해하면 됩니다. 그러면 이후 장에서 자세히 다룰 때 꽤 도움이 될 것입니다.

Button 컴포넌트를 만들어서 이 버튼을 App.js 파일에 정의한 메서드와 연결했습니다. 이제 이 컴포넌트를 앱(app/App.js)으로 가져와 제대로 작동하는지 보겠습니다.

예제 3.13 | Button 컴포넌트 가져오기

```
...
import Button from './Button'
let todoIndex = 0
...
constructor() {
  super()
  this.state = {
    inputValue: '',
    todos: [],
    type: 'All'
  }
  this.submitTodo = this.submitTodo.bind(this)   ◀── 메서드를 생성자 내 클래스에 바인딩.
}                                                      클래스를 사용하고 있으면 메서드는
...                                                    클래스에 자동으로 바인딩되지 않는다.
render () {
  let { inputValue } = this.state
  return (
    <View style={styles.container}>
      <ScrollView
        keyboardShouldPersistTaps='always'
        style={styles.content}>
        <Heading />          Input 컴포넌트 아래 Button을 두고
        <Input    ◀──        prop으로 submitTodo를 전달
          inputValue={inputValue}
```

```
        inputChange={(text) => this.inputChange(text)} />
      <Button submitTodo={this.submitTodo}
    </ScrollView>
  </View>
)
}
```

Button 컴포넌트를 가져와 render 메서드 내 Input 컴포넌트 아래에 두었습니다. this.submitTodo 라는 prop으로 Button에 submitTodo를 전달하였습니다.

이제 앱을 새로 고치면 **그림 3.15**와 같은 화면이 보일 것입니다. todo를 추가하면 TextInput은 지워지고 앱의 state는 콘솔에 기록되면서 새로운 todo가 todos 배열에 보이게 됩니다(**그림 3.16**).

그림 3.15 Button 컴포넌트로 갱신된 앱

그림 3.16 state 기록하기

todos 배열에 todo들을 추가했으므로 화면에 랜더링해야 합니다. 랜더링을 하려면 두 개의 새로운 컴포넌트를 만들어야 합니다. TodoList와 Todo입니다. TodoList는 todo 목록을 랜더링하고 각각의 todo에 대해서는 Todo 컴포넌트를 사용합니다. app 폴더에 Todo.js 파일을 만들면서 시작하겠습니다.

예제 3.14 | Todo 컴포넌트 만들기(app/Todo.js)

```
import React from 'react'
import { View, Text, StyleSheet } from 'react-native'
const Todo = ({ todo }) => (
  <View style={styles.todoContainer}>
    <Text style={styles.todoText}>
      {todo.title}
    </Text>
  </View>
)
const styles = StyleSheet.create({
  todoContainer: {
    marginLeft: 20,
    marginRight: 20,
    backgroundColor: '#ffffff',
    borderTopWidth: 1,
    borderRightWidth: 1,
    borderLeftWidth: 1,
```

```
      borderColor: '#ededed',
      paddingLeft: 14,
      paddingTop: 7,
      paddingBottom: 7,
      shadowOpacity: 0.2,
      shadowRadius: 3,
      shadowColor: '#000000',
      shadowOffset: { width: 2, height: 2 },
      flexDirection: 'row',
      alignItems: 'center'
    },
    todoText: {
      fontSize: 17
    }
  })
  export default Todo
```

Todo 컴포넌트는 지금은 속성prop으로 todo 객체 하나를 가져와 Text 컴포넌트에 제목으로
렌더링했습니다. 계속해서 View와 Text 컴포넌트에 스타일링을 추가하였습니다.

이제는 TodoList 컴포넌트를 만들 차례입니다(app/TodoList.js).

예제 3.15 │ **TodoList 컴포넌트 만들기(app/TodoList.js)**

```
import React from 'react'
import { View } from 'react-native'
import Todo from './Todo'
const TodoList = ({ todos }) => {
  todos = todos.map((todo, i) => {
    return (
      <Todo
        key={todo.todoIndex}
        todo={todo} />
    )
  })
  return (
    <View>
      {todos}
```

```
      </View>
    )
  }
}
export default TodoList
```

TodoList 컴포넌트는 현재 하나의 속성인 todos 배열을 갖습니다. todos 배열을 매핑해 각각의 todo에 대해 새로운 Todo 컴포넌트를 만들고 각 Todo 컴포넌트에 속성으로 todo 객체를 전달하였습니다. 키를 지정해 각 컴포넌트에 해당하는 키로 todo 항목의 인덱스를 전달하였습니다. key 속성은 가상 DOM으로 diff가 구해지면서 바뀌게 되는 항목을 리액트가 식별하는데 도움이 됩니다. key 속성을 그대로 두면 리액트는 경고 메시지를 출력합니다.

마지막으로 할 작업은 TodoList 컴포넌트를 App.js 파일로 가져와 속성으로 todos를 전달하는 것입니다.

| 예제 3.16 | TodoList 컴포넌트 가져오기(app/App.js) |

```
...
import TodoList from './TodoList'
...
render () {
  const { inputValue, todos } = this.state
  return (
    <View style={styles.container}>
      <ScrollView
        keyboardShouldPersistTaps='always'
        style={styles.content}>
        <Heading />
        <Input inputValue={inputValue} inputChange={(text) => this.
      inputChange(text)} />
        <TodoList todos={todos} />
        <Button submitTodo={this.submitTodo} />
      </ScrollView>
    </View>
  )
}
...
```

앱을 실행하면 todo를 하나씩 추가할 때마다 todo 목록에 보이게 됩니다(그림 3.17).

그림 3.17 TodoList 컴포넌트로 갱신된 앱

다음 작업은 todo를 complete로 표시하면서 todo를 제거하는 것입니다. App.js 파일을 열어 submitTodo 메서드 아래에 toggleComplete와 deleteTodo 메서드를 작성합니다. toggleComplete 메서드는 todo가 완료되었는지를 전환해 주고, deleteTodo 메서드는 todo를 제거해 줍니다.

예제 3.17 ｜ toggleComplete와 deleteTodo 메서드 추가하기(app/App.js)

```
...
    constructor() {
        ...
        this.toggleComplete = this.toggleComplete.bind(this)  ◄──
```

toggleComplete 메서드를 생성자
내 클래스에 바인딩

```
        this.deleteTodo = this.deleteTodo.bind(this)    ◄───┐ deleteTodo 메서드를 생성자
    }                                                          내 클래스에 바인딩
    ...
                                                  ┌ deleteTodo는 todoIndex를 인수로 하며, todos를 필터링해
                                                  │ 전달된 인덱스의 todo를 제외한 모든 todo들을 반환, 그런 다음
    deleteTodo (todoIndex) {    ◄─────────────────┘ state를 나머지 todos로 재지정
        let { todos } = this.state
        todos = todos.filter((todo) => todo.todoIndex !== todoIndex)
        this.setState({ todos })
    }
    toggleComplete (todoIndex) {    ◄────┐ toggleComplete는 todoIndex를 인수로 하며, 주어진
        let todos = this.state.todos       인덱스의 todo를 만날 때까지 todos를 반복, complete
        todos.forEach((todo) => {          부울값을 현재와 반대되게 바꾸고 todos의 state를 재지정
            if (todo.todoIndex === todoIndex) {
                todo.complete = !todo.complete
            }
        })
        this.setState({ todos })
    }
```

이들 메서드에 연결하려면 todo에 전달할 버튼 컴포넌트를 만들어야 합니다. app 폴더에서
TodoButton.js라는 파일을 새로 만들도록 하겠습니다.

예제 3.18 | **TodoButton.js 파일 작성하기**

```
import React from 'react'
import { Text, TouchableHighlight, StyleSheet } from 'react-native'
const TodoButton = ({ onPress, complete, name }) => (
  <TouchableHighlight
    onPress={onPress}
    underlayColor='#efefef'
    style={styles.button}>
    <Text style={[
      styles.text,
      complete ? styles.complete : null,    ◄──┤ complete가 true인지 확인하고, 스타일 적용
      name === 'Delete' ? styles.deleteButton : null ]}>  ◄───┐
      {name}                                                    │
    </Text>                                  name이 'Delete'인지 확인하고,
                                             그런 경우 스타일 적용
```

```
      </TouchableHighlight>
  )
const styles = StyleSheet.create({
   button: {
      alignSelf: 'flex-end',
      padding: 7,
      borderColor: '#ededed',
      borderWidth: 1,
      borderRadius: 4,
      marginRight: 5
   },
   text: {
      color: '#666666'
   },
   complete: {
      color: 'green',
      fontWeight: 'bold'
   },
   deleteButton: {
      color: 'rgba(175, 47, 47, 1)'
   }
})
export default TodoButton
```

이제 새로운 메서드들을 TodoList 컴포넌트에 속성props로 전달하도록 하겠습니다.

예제 3.19 | toggleComplete와 deleteTodo를 TodoList에 속성(props)으로 전달하기(app/App.js)

```
render () {
  ...
    <TodoList
      toggleComplete={this.toggleComplete}
      deleteTodo={this.deleteTodo}
      todos={todos} />
    <Button submitTodo={this.submitTodo} />
  ...
}
```

다음으로 TodoList 컴포넌트는 toggleComplete와 deleteTodo를 Todo 컴포넌트에 속성props
으로 전달하도록 하겠습니다.

예제 3.20 | toggleComplete와 deleteTodo를 ToDo에 속성(props)으로 전달하기

```
...
const TodoList = ({ todos, deleteTodo, toggleComplete }) => {
  todos = todos.map((todo, i) => {
    return (
      <Todo
        deleteTodo={deleteTodo}
        toggleComplete={toggleComplete}
        key={i}
        todo={todo} />
    )
  })
...
```

마지막으로 Todo.js 파일을 열어서 Todo 컴포넌트를 갱신해 새로운 TodoButton 컴포넌트와 버
튼 컨테이너의 스타일을 적용하도록 하겠습니다.

예제 3.21 | Todo.js를 갱신해 TodoButton과 기능을 적용하기(app/Todo.js)

```
import TodoButton from './TodoButton'
...
const Todo = ({ todo, toggleComplete, deleteTodo }) => (
  <View style={styles.todoContainer}>
    <Text style={styles.todoText}>
      {todo.title}
    </Text>
    <View style={styles.buttons}>
      <TodoButton
        name='Done'
        complete={todo.complete}
        onPress={() => toggleComplete(todo.todoIndex)} />
      <TodoButton
```

```
        name='Delete'
        onPress={() => deleteTodo(todo.todoIndex)} />
      </View>
    </View>
  )
const styles = StyleSheet.create({
...
  buttons: {
    flex: 1,
    flexDirection: 'row',
    justifyContent: 'flex-end',
    alignItems: 'center'
  },
...
)}
```

Done과 Delete라는 두 개의 TodoButton을 추가하였습니다. 다음으로 TodoButton.js 파일에 정의한 onPress로 호출할 메서드로 toggleComplete와 deleteTodo를 전달하였습니다. 앱을 새로 고치고 todo를 추가하면 새로운 버튼들을 볼 수 있습니다(**그림 3.18**).

Done 버튼을 클릭하면 버튼의 텍스트가 굵게 그리고 녹색으로 표시될 것입니다. Delete 버튼을 클릭하면 todo 목록에서 사라질 것입니다.

이제 앱을 거의 다 완성했습니다. 마지막 과정에서는 탭 바 필터를 만들겠습니다. 이 필터는 todo 목록 전체를 표시해 주거나, 완료되었거나 작업 중인 todo만을 선택적으로 표시해 줍니다. 표시할 todo의 타입들을 지정하는 새로운 메서드를 작성하면서 시작하겠습니다.

그림 3.18 화면처럼 TodoButton들이 있는 앱

생성자에서 앱을 처음 만들 때 state인 type 변수를 'All'로 지정하였습니다. 이제 setType이라는 메서드를 만드는데 이 메서드는 인수로 type을 가지며 state인 type을 갱신해 줍니다. 이 메서드는 App.js 파일의 toggleComplete 메서드 아래에 둡니다.

예제 3.22 | setType 메서드 추가하기(app/App.js)

```
constructor () {
  ...
  this.setType = this.setType.bind(this)
}
...
setType (type) {
  this.setState({ type })
}
...
```

다음으로는 TabBar와 TabBarItem 컴포넌트를 만들어야 합니다. 먼저 TabBar 컴포넌트를 만들도록 하겠습니다. app 폴더에 TabBar.js 파일을 추가합니다.

| 예제 3.23 | TabBar 컴포넌트 만들기(app/TabBar.js) |

```
import React from 'react'
import { View, StyleSheet } from 'react-native'
import TabBarItem from './TabBarItem'
const TabBar = ({ setType, type }) => (
  <View style={styles.container}>
    <TabBarItem type={type} title='All'
      setType={() => setType('All')} />
    <TabBarItem type={type} border title='Active'
      setType={() => setType('Active')} />
    <TabBarItem type={type} border title='Complete'
      setType={() => setType('Complete')} />
  </View>
)
const styles = StyleSheet.create({
  container: {
    height: 70,
    flexDirection: 'row',
    borderTopWidth: 1,
    borderTopColor: '#dddddd'
  }
})
export default TabBar
```

이 컴포넌트는 setType과 type을 속성props으로 가집니다. 두 속성 모두 App 컴포넌트에서 전달받도록 합니다.

아직 정의하지 않은 TabBarItem 컴포넌트를 가져옵니다. TabBarItem 컴포넌트는 속성props이 셋으로 title과 type, setType입니다. border라는 속성prop은 Boolean 값을 가지며, 지정하면 왼쪽 테두리 스타일을 추가해 줍니다.

다음으로 TabBarItem.js 파일을 app 폴더에서 만들겠습니다.

예제 3.24 │ TabBarItem 컴포넌트 만들기(app/TabBarItem.js)

```
import React from 'react'
import { Text, TouchableHighlight, StyleSheet } from 'react-native'
const TabBarItem = ({ border, title, selected, setType, type }) => (
  <TouchableHighlight
    underlayColor='#efefef'
    onPress={setType}
    style={[
      styles.item, selected ? styles.selected : null,
      border ? styles.border : null,
      type === title ? styles.selected : null ]}>
    <Text style={[ styles.itemText, type === title ? styles.bold : null ]}>
      {title}
    </Text>
  </TouchableHighlight>
)
const styles = StyleSheet.create({
  item: {
    flex: 1,
    justifyContent: 'center',
    alignItems: 'center'
  },
  border: {
    borderLeftWidth: 1,
    borderLeftColor: '#dddddd'
  },
  itemText: {
    color: '#777777',
    fontSize: 16
  },
  selected: {
    backgroundColor: '#ffffff'
  },
  bold: {
    fontWeight: 'bold'
  }
})
export default TabBarItem
```

TouchableHighlight 컴포넌트에서 몇 가지 속성들props을 확인하고서 prop에 근거해 스타일을 지정합니다. selected가 true면 스타일을 styles.selected로 하고, border가 true면 스타일을 styles.border로 지정합니다. type이 title과 같으면 스타일을 styles.selected로 지정합니다.

Text 컴포넌트에서 type이 title과 같은지 확인합니다. 그렇다면 스타일을 styles.bold로 지정합니다.

TabBar를 구현하기 위해 app/App.js 파일을 열어 TabBar 컴포넌트를 가져와 지정합니다. 그리고 this.state를 비구조화하는 일환으로 render 메서드에 type을 가져옵니다.

예제 3.25 │ TabBar 컴포넌트 구현하기(app/App.js)

```
...
import TabBar from './TabBar'
class App extends Component {
...
render () {
  const { todos, inputValue, type } = this.state
  return (
    <View style={styles.container}>
      <ScrollView
        keyboardShouldPersistTaps='always'
        style={styles.content}>
        <Heading />
        <Input inputValue={inputValue}
          inputChange={(text) => this.inputChange(text)} />
        <TodoList
          type={type}
          toggleComplete={this.toggleComplete}
          deleteTodo={this.deleteTodo}
          todos={todos} />
        <Button submitTodo={this.submitTodo} />
      </ScrollView>
```

```
                <TabBar type={type} setType={this.setType} />
            </View>
        )
    }
    ...
```

코드를 보면 TabBar 컴포넌트를 가져오고 있습니다. 그런 다음 state에서 type을 구조 분해 할당하고 새로운 TabBar 컴포넌트에 전달하고 TodoList 컴포넌트에도 전달합니다. 이 type 에 따라 todo들을 필터링할 때 이 type 변수를 사용합니다. 또한 setType 메서드를 prop으로 TabBar 컴포넌트에 전달합니다.

마지막으로 TodoList 컴포넌트를 열고 필터를 추가해서, 선택한 탭에 따라 지금 복원하려는 타입의 todo들만 반환하도록 해야 합니다. TodoList.js 파일을 열고 prop 중 type을 비구조화 하고 return 문 앞에 getVisibleTodos 메서드를 추가하도록 합니다.

예제 3.26 | TodoList 컴포넌트 갱신하기(app/TodoList.js)

```
...
const TodoList = ({ todos, deleteTodo, toggleComplete, type }) => {
    const getVisibleTodos = (todos, type) => {
        switch (type) {
            case 'All':
                return todos
            case 'Complete':
                return todos.filter((t) => t.complete)
            case 'Active':
                return todos.filter((t) => !t.complete)
        }
    }
    todos = getVisibleTodos(todos, type)
    todos = todos.map((todo, i) => {
...
```

switch 문을 사용해 현재 type이 무엇으로 지정되어 있는지 확인합니다. 'All'로 지정되어 있으면 todo 목록 전체를 반환합니다. 'Complete'로 지정되어 있으면 todo들을 필터해서 완료된 todo만 반환합니다. 'Active'로 지정되어 있으면 작업 중인 todo만 반환합니다.

그런 다음 todos 변수를 getVisibleTodos 메서드가 반환한 값으로 지정합니다. 이제 앱을 실행하면 새로운 탭 바를 볼 수 있습니다(**그림 3.19**). 탭 바는 todo 유형을 선택함에 따라 필터가 적용되어 나타납니다.

그림 3.19 최종 todo 앱 화면

정리

- AppRegistry는 모든 리액트 네이티브 앱을 실행함에 있어서 자바스크립트 진입점입니다.

- 리액트 네이티브의 TextInput 컴포넌트는 HTML의 input 요소와 유사합니다. 몇 가지 prop을 지정할 수 있는데, 사용자가 텍스트를 입력하기 전에 텍스트를 보여주는 placeholder와 플레이스 홀더의 텍스트 스타일을 지정하는 placeholderTextColor, TextInput의 커서 스타일을 지정하는 selectionColor가 있습니다.

- TouchableHighlight는 리액트 네이티브에서 버튼을 만드는 한 가지 방법입니다. HTML의 button 요소와 유사합니다. TouchableHighlight를 사용해 뷰들을 감싸고 이들 뷰가 터치 이벤트에 적절히 대응하게 해줍니다.

- iOS와 안드로이드 에뮬레이터 양쪽에서 개발자 도구를 사용하는 방법을 배웠습니다.

- 자바스크립트 콘솔(개발자 메뉴에서 사용 가능)을 사용하면 앱을 디버깅하고 필요한 정보를 기록하는 데 유용합니다.

Part 02

리액트 네이티브로
앱 개발하기

기본적인 내용을 살펴봤으니, 리액트 네이티브 앱에 기능을 추가해 볼 차례입니다. 이 파트에서 다룰 내용은 스타일, 내비게이션, 애니메이션, 데이터 아키텍처를 이용한 데이터 처리 방법입니다. 데이터 처리를 위한 방법은 리덕스에 초점을 맞춰서 다룰 예정입니다.

4장과 5장에서는 컴포넌트 내의 인라인 스타일 또는 스타일시트를 이용해 컴포넌트에 스타일을 적용하는 방법을 배웁니다. 리액트 네이티브 컴포넌트가 여러분이 만들 앱 UI의 주요 조립 블록이 되므로 4장에서는 View 컴포넌트를 다룹니다. 5장에서는 4장에서 배운 내용을 기반으로 이를 이용해 앱을 빌드하도록 합니다. 플랫폼별 스타일을 적용하는 방법과 flexbox를 이용해 앱의 레이아웃을 쉽게 처리하는 방법 등 좀 더 유용한 기술을 다룹니다.

6장에서는 리액트 내비게이션(React Navigation)과 리액트 네이티브 내비게이션(React Native Navigation) 라이브러리를 이용하는 방법을 배웁니다. 이 두 가지 방법이 가장 많이 사용되고 추천되는 방법입니다. 세 가지 주요 내비게이터인 탭, 스택, 드로어(drawer)를 만드는 방법과 내비게이션의 상태를 통제하는 방법을 다룹니다.

7장에서는 애니메이션을 만드는 데 필요한 4가지 요소, animated API와 함께 제공되는 4가지 형태의 애니메이션 적용이 가능한 컴포넌트와 사용자가 정의하는 애니메이션을 만드는 방법, 기타 애니메이션과 관련된 유용한 기술을 다룹니다.

8장에서는 데이터 아키텍처로 데이터를 처리하는 방법을 배웁니다. 리액트 생태계에서 데이터를 처리할 때 가장 널리 채택된 방법이 Redux이므로, 데이터 처리 기술을 배우는 동안에 앱을 만들 때 Redux를 이용할 것입니다. Context API를 이용하는 방법과 리듀서(reducers)를 이용해서 Redux 상태(state)를 유지하고, 항목을 삭제함으로써 리액트 네이티브 앱에서 Redux를 구현하는 방법을 배웁니다. providers를 이용해서 앱 전체에 전역 상태(global state)를 전달하는 방법, connect 함수를 이용해서 자식 컴포넌트에서 앱의 상태에 접근하는 방법, 액션을 이용해서 기능을 추가하는 방법을 다룹니다.

4장

스타일링 소개

이 장에서 다루는 내용

- ☑ 자바스크립트를 이용한 스타일링
- ☑ 스타일 적용하고 스타일 방식을 구성하기
- ☑ View 컴포넌트에 스타일 적용하기
- ☑ Text 컴포넌트에 스타일 적용하기

모바일 앱을 만드는 데에도 상당한 기술이 필요하지만, 모바일 앱을 돋보이게 만들려면 스타일이 중요합니다. 그래픽 디자이너라면 뼛속 깊이 이 말에 공감할 것이고 개발자라면 이 말에 크게 공감하지 못할 수도 있을 것입니다. 이 말에 공감하건 그렇지 않건 사용자가 사용하고 싶은 앱을 만들려면 리액트 네이티브 컴포넌트에 스타일을 적용하는 방법은 반드시 필수적입니다.

단순히 CSS 문법을 본 정도의 경험밖에 없다고 하더라도 아마도 CSS와 관련된 일부 경험들은 있을 것입니다. background-color: 'red'와 같은 CSS 규칙이 어떤 역할을 할지는 쉽게 이해할 수 있습니다. 이 장을 읽으면서 리액트 네이티브에서 컴포넌트에 스타일을 적용하는 것이 CSS 규칙에서 낙타표기법camelCase을 사용하는 것처럼 쉽다고 느껴질 수도 있습니다. 예를 들어, 리액트 네이티브 컴포넌트의 배경 색을 지정할 때 거의 항상 backgroundColor: 'red'와 같은 구문을 이용합니다. 하지만 미리 말해두건대 CSS와 유사한 정도는 이 정도라고 생각하셔야 합니다.

CSS 방식을 고집하지 말고 리액트 네이티브 방식에 적응하면, 개발자라도 컴포넌트에 스타일을 적용하는 방법을 배우는 게 어렵지 않을 것입니다.

이 장의 첫 번째 절에서는 컴포넌트에 스타일을 적용하는 방법을 전체적으로 살펴봅니다. 컴포넌트에 스타일을 적용하는 다양한 방법과 앱에서 스타일을 구성하는 방법도 다룰 것입니다. 배우는 단계에서 좋은 스타일 관리 습관을 들이는 게 앞으로 스타일을 관리하고 고급 기술을 이용하는 데 도움이 됩니다.

리액트 네이티브는 자바스크립트를 이용해서 스타일을 적용합니다. 따라서 스타일을 코드로 이해하고 변수와 함수와 같은 자바스크립트 기능을 이용하는 방법을 배웁니다. 마지막 두 개의 절에서는 View와 Text 컴포넌트에 스타일을 적용하는 방법을 다룹니다. 파트1에서 주제를 설명하기 위해서 짧은 예제를 사용하지만, 대부분의 예제에서 실제 앱에 이를 적용하게 될 것입니다. 배운 내용을 바탕으로 프로필 카드Profile card 예제에 스타일을 적용하게 됩니다.

이 장에 나오는 모든 예제 코드는 디폴트로 만들어진 앱의 App.js 내용을 수정해서 사용하면 됩니다. 완성된 소스 코드는 프리렉 자료실 또는 구멍가게 코딩단 카페에서 제공합니다.

리액트 네이티브에서 스타일 적용하고 관리하기

리액트 네이티브는 다수의 내장 컴포넌트를 제공합니다. 커뮤니티에서도 여러분의 프로젝트에서 사용할 수 있는 다수의 컴포넌트를 찾을 수 있습니다. 컴포넌트는 특정한 스타일을 지원하는데 한 컴포넌트의 특정 스타일은 다른 컴포넌트에 적용할 수도 있고 아닐 수도 있습니다. 예를 들어, Text 컴포넌트는 fontWeight 속성을 지원합니다(fontWeight는 폰트의 두께와 관련됩니다). View 컴포넌트에는 fontWeight 속성이 없습니다. 반대로 View 컴포넌트는 flex 속성을 지원합니다(flex는 뷰 내부의 컴포넌트 레이아웃과 관련됩니다). Text 컴포넌트에는 flex 속성이 없습니다.

컴포넌트 중에는 유사한 스타일링 요소를 갖는 경우가 있습니다. 예를 들어, View 컴포넌트는 shadowColor 속성을 지원하는 반면 Text 컴포넌트는 textShadowColor 속성을 지원합니다. ShadowPropTypesIOS와 같은 일부 스타일은 특정 플랫폼에서만 사용할 수 있습니다[iOS].

다양한 스타일을 배우고 적용 방법을 배우는 데는 시간이 걸립니다. 스타일을 적용하고 관리하는 방법을 기초로 배우고 시작하는 게 중요합니다. 이 장에서는 스타일과 관련된 기초 요소를 배우는 데 집중할 것입니다. 스타일을 배우고 프로필 카드[Profile Card] 컴포넌트 예제를 만드는 기초도 다지게 될 것입니다.

앱에서 스타일 적용하기

앱 시장의 치열한 경쟁에서 살아남기 위해서는 스타일이 중요합니다. 기능적으로 온전한 앱을 개발한다고 할지라도 앱의 스타일이 나쁘면, 사용자를 끌어당기기 힘듭니다. 세계에서 가장 멋진 앱을 만들 필요는 없지만, 스타일이 잘 다듬어진 앱을 만들도록 해야 합니다. 스타일이 잘 다듬어진 앱은 사용자의 앱의 품질에 대한 인식에 지대한 영향을 미칩니다.

리액트 네이티브에서는 다양한 방법으로 각 요소(태그)에 스타일을 적용할 수 있습니다. 1장과 3장에서, 다음 예제 4.2에 나오는 것처럼 인라인 스타일을 적용하는 방법과 StyleSheet에 대해서 살펴보았습니다.

예제 4.1 | 인라인 스타일 이용하기

```
import React, { Component } from 'react'
import { Text, View } from 'react-native'

export default class App extends Component {
  render () {
    return (
      <View style={{marginLeft: 20, marginTop: 20}}>    ◄─── 리액트 네이티브 컴포넌트에
                                                              인라인 스타일 적용
        <Text style={{fontSize: 18,color: 'red'}}>Some Text</Text> ◄─┐
      </View>                                          여러 개의 인라인 스타일 적용
    )
  }
}
```

객체에 Styles 속성을 적용해서 객체에 다양한 스타일을 바로 적용할 수 있습니다.

예제 4.2 | StyleSheet에 정의된 스타일 참조하기

```
import React, {Component} from 'react';
import {
  SafeAreaView,
  StyleSheet,
  ScrollView,
  View,
  Text,
  StatusBar,
} from 'react-native';

export default class App extends Component {
  render () {
    return (
      <View style={styles.container}>    ◄─── styles내에 정의된 container 스타일 참조
```

```
                <Text style={[styles.message,styles.warning]}>Some Text</Text>
            </View>
        )
    }
}

const styles = StyleSheet.create({
    container: {
        marginLeft: 20,
        marginTop: 20
    },
    message: {
        fontSize: 18
    },
    warning: {
        color: 'red'
    }
});
```

styles에 정의된 message와
warning 참조를 배열로

— StyleSheet.create를 이용해서 스타일 정의

기능적으로 인라인 스타일을 사용하는 것과 StyleSheet에 정의된 스타일을 사용하는 데 차이는 없습니다. StyleSheet에서는 style 객체를 생성해서 각 스타일을 개별적으로 참조합니다. render 메서드에서 스타일을 별도로 분리하는 것이 코드를 더 이해하기 쉽고 다른 컴포넌트에서 재사용할 수도 있습니다.

Warning과 같은 스타일 이름을 사용하면, 메시지의 의도를 파악하기 쉽습니다. 반면 color: 'red'와 같은 인라인 스타일은 메시지가 왜 빨강 색인지 파악하기가 어렵습니다. 인라인 스타일을 사용하는 것보다 스타일시트로 한 곳에서 스타일을 관리하는 것이 전체 앱의 스타일을 관리하는 데 쉽습니다. 전체 앱의 경고 메시지를 노란색으로 변경해야 한다면, 스타일시트에 color: 'yellow'만 변경하면 됩니다.

예제4.2는 style 속성 배열로 다양한 스타일을 지정하는 방법을 보여줍니다. 중복된 property가 있을 때, 마지막으로 전달된 스타일이 이전 스타일을 재정의한다는 점을 기억해 두도록 합니다. 예를 들어, 다음과 같은 스타일 배열에서, 마지막에 나오는 color 값이 적용됩니다.

```
style={[{color: 'black'},{color: 'yellow'},{color: 'red'}]}
```

여기서는 빨강 색이 사용될 것입니다.

다음과 같이 인라인 스타일과 스타일시트를 동시에 사용하도록 배열로 지정하는 것도 가능합니다.

```
style={[{color: 'black'}, styles.message]}
```

리액트 네이티브는 이와 관련하여 매우 유연하며, 이는 좋거나 나쁠 수도 있습니다. 간단히 프로토타입을 만들 때는 인라인 스타일을 사용하는 것이 간편하지만, 장기적으로는 스타일시트로 스타일을 잘 관리하는 것이 유리합니다. 스타일을 스타일시트로 관리하지 않고 인라인 스타일을 이용한다면, 금방 앱을 관리하기 힘들어질 것입니다. 스타일시트로 스타일을 관리하면, 다음과 같은 장점이 있습니다.

- 코드베이스(codebase)만 분리해서 관리
- 다른 컴포넌트에서 스타일 재사용
- 개발 할 때 스타일 변경이 쉬움

스타일 구성하기

이전 절에서 배운 것처럼 인라인 스타일을 이용해 스타일을 적용하는 방법은 추천할 만한 방법이 아닙니다. 스타일시트를 이용해 스타일을 관리하는 것이 훨씬 더 효과적인 방법이기 때문입니다.

웹사이트에 스타일을 적용할 때, 항상 스타일시트를 사용합니다. 전체 앱에 통일된 스타일시트를 적용하기 위해서 Sass, Less, PostCSS를 이용하기도 합니다. 웹에서는 스타일은 본질적으로 모든 페이지에 적용될 수 있지만, 리액트 네이티브에서는 그렇지 않습니다.

리액트 네이티브는 컴포넌트가 중심이 됩니다. 컴포넌트를 가능한 한 재사용 가능하고 독립

적으로 만드는 것을 목표로 합니다. 컴포넌트를 앱의 스타일시트에 의존적으로 만드는 것은 컴포넌트를 이용하는 모듈화에 반하는 것이 됩니다. 리액트 네이티브의 스타일 범위는 전체 앱이 아니라 컴포넌트입니다.

이런 앱의 캡슐화를 이루는 것은 전적으로 개발팀의 선호에 달려 있습니다. 어떤 방식이 맞고 틀리는 방법이라고 말하긴 힘들지만, 리액트 네이티브 커뮤니티에서는 다음 두 가지 일반적인 방법을 사용합니다.

- 컴포넌트 내에 스타일시트 선언하기
- 컴포넌트 파일과는 별도의 스타일 시트 선언하기

▎컴포넌트 내에 스타일시트 선언하기

지금까지 이 책에서 사용한 방법으로 스타일시트를 컴포넌트 내에 선언해서 사용할 수 있습니다. 이 방법의 장점은 하나의 파일에 컴포넌트와 컴포넌트가 사용할 스타일을 완전히 캡슐화할 수 있다는 점입니다. 이렇게 캡슐화된 컴포넌트는 앱 내에서 자유롭게 이동해서 사용할 수 있으며 앞으로 리액트 네이티브 커뮤니티에서 흔히 보게 될 것입니다.

컴포넌트 내에 스타일시트를 선언할 때 전형적인 방법은 스타일을 컴포넌트 이후에 지정하는 것입니다. 이 책의 모든 예제는 이 규칙을 따랐습니다.

▎컴포넌트 파일과는 별도의 스타일 시트 선언하기

CSS를 사용하는 데 익숙하면, 사용할 모든 스타일을 별도의 한 파일에 선언하는 방법이 좀 더 나은 방법이라고 생각할 것이며 친숙하게 느껴질 수 있습니다. 이 방법에서는 스타일 시트 정의가 별도의 파일에 만들어집니다. 파일명은 임의로 정할 수 있지만, 전형적인 이름은 styles.js입니다. 여기서 명심해야 할 점은 확장자는 .js여야 한다는 점입니다. 자바스크립트 파일이기 때문입니다. 이 방법에서는 스타일시트와 컴포넌트 파일을 같은 폴더 내에 저장합니다.

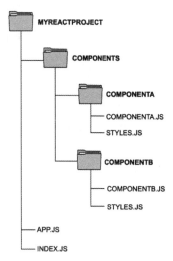

MYREACTPROJECT
- **COMPONENTS**
  - **COMPONENTA**
    - COMPONENTA.JS
    - STYLES.JS
  - **COMPONENTB**
    - COMPONENTB.JS
    - STYLES.JS
- APP.JS
- INDEX.JS

그림 4.1 하나의 폴더에 컴포넌트와 스타일시트 파일이 존재하는 파일 구조

그림 4.1에서 보는 것처럼 컴포넌트와 스타일은 밀접한 관계가 있지만, 컴포넌트의 기능과 스타일을 분리해 놓았습니다. 예제 4.3은 그림 4.1의 ComponentA와 ComponentB와 같은 컴포넌트에 적용되는 styles.js 파일 내용을 보여줍니다. 스타일시트를 정의할 때 유의미한 이름을 사용

| 예제 4.3 | 컴포넌트의 스타일시트를 외부로 분리하기(component 폴더 내에 styles.js) |

```
import { StyleSheet } from 'react-native'

const styles = StyleSheet.create({          ◄──── styles 상수에 스타일 생성
    container: {          ◄──
        marginTop: 150,
        backgroundColor: '#ededed',          container 스타일을 생성하고
        flexWrap: 'wrap'                      컴포넌트에서는
    }                                         styles.container로 참조
})

const buttons = StyleSheet.create({          ◄──── 두 번째 스타일을 생성하고 button 상수로 저장

    primary: {          ◄──
                        primary button을 위한 스타일 생성
                        컴포넌트에서는 buttons.primary 로 참조
```

```
        flex: 1,
        height: 70,
        backgroundColor: 'red',
        justifyContent: 'center',
        alignItems: 'center',
        marginLeft: 20,
        marginRight: 20
    }
})
export { styles, buttons }  ◀──────  styles와 buttons 모두 export 해서
                                      외부에서 사용할 수 있도록 한다.
```

컴포넌트는 외부 스타일시트를 가져와서 외부 스타일시트에 정의된 스타일을 참조할 수 있습니다

| 예제 4.4 | 외부 스타일시트 가져오기 |

```
import React, { Component } from 'react'
import { Text, View, TouchableHighlight } from 'react-native'
import {styles, buttons} from './component/styles'

export default class App extends Component {
    render () {

        return (                              style.js 파일에 정의된
            <View style={styles.container}> ◀── styles.container 스타일 참조
                <TouchableHighlight style = {buttons.primary}>
                    <Text>Sample Text</Text>
                </TouchableHighlight>
            </View>
        )
    }
}
```

스타일과 코드

리액트 네이티브에서 스타일을 정의할 때 자바스크립트가 사용된다는 것을 배웠습니다. 변수와 함수를 가지고 있는 스크립트 언어의 특성을 갖지만 지금까지의 스타일은 정적static이었습니다. 하지만, 반드시 그럴 필요는 없습니다.

웹 개발자는 CSS와 계속 씨름해 왔고 캐스케이딩cascading 스타일시트의 많은 문제점을 해결하려고 Sass, Less, PostCSS와 같은 새로운 기술이 만들어졌습니다. CSS 선처리기preprocessors 없이는 웹 사이트의 주 색상을 변수에 정의하는 것과 같은 단순한 일도 할 수가 없었습니다. 2015년 12월의 CSS Custom Properties for Cascading Variables Module Level 1의 후보 권고안에서 사용자 정의 속성 개념이 도입됐습니다. 사용자 정의 속성은 변수와 유사합니다. 이 책을 집필하는 시점을 기준으로 약 80%정도의 브라우저에서 이 기능을 지원합니다.

자바스크립트를 사용하고 있으므로 스타일을 코드를 생각해 보도록 합니다. 여러분은 사용자가 테마의 색상을 밝은색에서 어두운색으로 변경할 수 있는 버튼이 있는 간단한 앱을 만듭니다. 코딩을 시작하기 전에 어떤 앱을 만드는지 살펴보도록 하겠습니다.

앱 화면에 하나의 버튼이 있고 버튼은 작은 상자로 만들어집니다. 버튼을 누르면, 테마의 색상이 토글됩니다. 밝은색상 테마 선택 시, 버튼의 라벨은 white이며 배경색은 흰색이고 버튼 주위의 상자는 검은색이 됩니다. 어두운 테마 선택 시, 버튼의 라벨은 Black이며 배경색은 검은색이고 버튼 주위의 상자는 흰색이 됩니다. **그림 4.2**는 테마가 선택됐을 때 화면이 어떻게 변경될지를 보여줍니다.

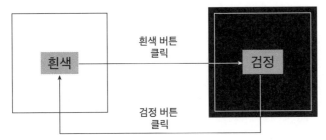

그림 4.2 흰색과 검은색 두 개의 테마를 지원하는 간단한 앱. 버튼을 클릭하면, 흰색과 검은색 배경이 토글된다.

이 예제에 적용할 스타일을 styles.js라는 별도의 파일에 관리해 보도록 합니다. 색상 값을 저장할 상수를 만들고 밝은색과 어두운색의 테마에 사용할 두 개의 스타일시트를 만듭니다.

| 예제 4.5 | **컴포넌트 파일에서 사용하게 될 외부로 분리한 스타일(styles.js)** |

```
import {StyleSheet} from 'react-native';

export const Colors = {          밝은색과 어두운색 테마에 사용할 색상을 정의하는 상수
    dark: 'black',
    light: 'white'
};

const baseContainerStyles = {          기본 컨테이너(base container)의
    flex: 1,                           스타일을 저장할 자바스크립트 객체
    justifyContent: 'center',
    alignItems: 'center'
};

const baseBoxStyles = {          기본 상자(base box) 스타일을 저장할
    justifyContent: 'center',    자바스크립트 개체
    alignItems: 'center',
    borderWidth: 2,
    height: 150,
    width: 150
};

const lightStyleSheet = StyleSheet.create({          밝은색 테마에 사용할 스타일시트 만들기
    container: {
        ...baseContainerStyles,
```

```
            backgroundColor: Colors.light
    },
    box: {
        ...baseBoxStyles,
        borderColor: Colors.dark
    }
});

const darkStyleSheet = StyleSheet.create({          ◀──  어두운색 테마에 사용할
    container: {                                          스타일시트 만들기
        ...baseContainerStyles,
        backgroundColor: Colors.dark
    },
    box: {
        ...baseBoxStyles,
        borderColor: Colors.light                              Boolean 값에 따라
    }                                                          해당하는 테마를
});                                                            반환하는 함수

export default function getStyleSheet(useDarkTheme){  ◀──┘
    return useDarkTheme ? darkStyleSheet : lightStyleSheet;
}
```

스타일을 정의했으므로, App.js에서 App 컴포넌트를 만들어 보도록 합니다. 밝은색과 어두운색 테마만 사용하므로 Boolean 값만 전달받는 getStyleSheet 함수를 만듭니다. 함수의 반환값이 true면 어두운색 테마가 반환되고, 함수의 반환값이 false면, 밝은색 테마가 반환됩니다.

| 예제 4.6 | 밝은색과 어두운색 테마를 토글하는 앱 |

```
import React, { Component } from 'react';
import { Button, StyleSheet, View } from 'react-native';
import getStyleSheet from './styles';  ◀──
                                            외부로 분리해 둔
                                            getStyleSheet 함수
export default class App extends Component {     가져오기
```

```
    constructor(props) {

        super(props);                        기본 테마 색을 밝은색으로
                                             컴포넌트의 state 초기화하기
        this.state = {
            darkTheme: false  ◄
        }                                              예외가 발생하지 않도록
                                                       toggleTheme함수를
        this.toggleTheme = this.toggleTheme.bind(this);  ◄  컴포넌트에 bind
    }

    toggleTheme() {
        this.setState({darkTheme: !this.state.darkTheme})  ◄
    };                                      호출할 때 마다 스타일을 toogle

                                                        backgroundColor를
    render() {  ◄                                       쉽게 사용하려면
                       표시할 테마에 적합한 스타일시트를        StyleSheet의 flatten을
                       가져오기 위해 getStyleSheet 함수 사용    이용해서 StyleSheet
        const styles = getStyleSheet(this.state.darkTheme);  객체를 JavaScript
        const backgroundColor =                              객체로 변환
    StyleSheet.flatten(styles.container).backgroundColor;  ◄

        return (
            <View style={styles.container}>  ◄  프로필 카드를 수평축에서 중앙으로 정렬
                <View style={styles.box}>  ◄  테마의 styles.box 참조
                    <Button title={backgroundColor} onPress={this.toggleTheme}/>  ◄
                </View>
            </View>                            사용 중인 테마의 색상을 텍스트로 표시하고,
        );                                     버튼이 클릭 되면 toogleTheme 호출
    }
}
```

이 앱은 색상 테마를 토글합니다. 직접 실행해서 확인해 보기 바랍니다. 밝은색 테마의 색상을 다른 색상으로 변경해 보도록 합니다. 색상이 한 곳에 상수로 정의되어 있어서 테마의 색상을 쉽게 바꿀 수 있습니다. 어두운색 테마의 버튼 라벨의 색상을 흰색에서 배경색과 동일한 색상으로 변경해 보도록 합니다. 완전히 새로운 테마를 만들어 보거나 두 개의 테마 외에 더 많은 테마를 제공할 수 있도록 코드를 수정해 보시기 바랍니다.

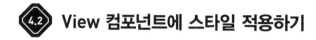# View 컴포넌트에 스타일 적용하기

리액트 네이티브에서 스타일을 적용하는 전체적인 개요를 살펴보았고 이제부터는 개별 스타일을 배워 보도록 하겠습니다. 이 장에서는 앞으로 계속 사용할 기본 속성들을 다룹니다. 5장에서는 일상적으로 사용하지 않는 스타일과 플랫폼별 스타일을 소개하고 스타일에 대해서 좀 더 깊게 다룹니다. 4장에서는 기본 스타일에 집중하도록 합니다. 이 절에서는 View 컴포넌트를 배웁니다. View 컴포넌트는 UI의 주요 조립 블록이며 스타일을 올바로 사용하기 위해서 알아야 할 가장 중요한 컴포넌트 중 하나입니다. View 컴포넌트는 다른 요소를 감싸고 View 컴포넌트 내에 UI 코드 블록을 만들 수 있다는 점에서 HTML의 div 태그와 유사합니다.

이 장에서는 실제로 컴포넌트이기도 한 프로필 카드Profile card를 만들면서 지금까지 배운 내용을 사용합니다. **그림 4.3**은 이 절의 끝에서 프로필 카드 컴포넌트가 어떤 모습이 될지를 보여줍니다. 프로필 카드 컴포넌트를 만들면서 다음 내용을 배우게 됩니다.

- borderWidth를 이용해 profile 컨테이너에 테두리(border) 만들기
- borderRadius를 이용해 테두리의 모서리(corner of border) 둥글게 하기(round)
- 컴포넌트 폭의 반 크기인 borderRadius 값을 이용해서 원처럼 보이는 테두리 만들기
- margin과 padding 속성을 이용해 위치 지정(position)하기

이후 절에서는 프로필 카드 컴포넌트를 만들 때 알아야 할 스타일 기술에 대해 다룹니다. 먼저, 컴포넌트의 배경색을 지정하는 것부터 시작합니다. 프로필 카드의 배경색을 지정하는 데 사용하게 됩니다.

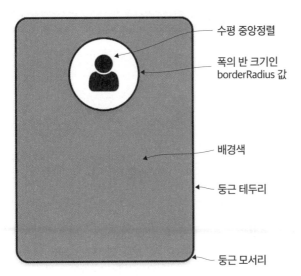

그림 4.3 프로필 카드 컴포넌트에 적용된 스타일. 프로필 카드는 둥근 테두리 모서리를 갖는 직사각형이며 프로필 이미지를 원형으로 표시

배경색 설정하기

앱에 색상이 없다면, 사용자 인터페이스(UI)는 지루하게 보일 것입니다. 앱에 눈길을 끌게 하려고 엄청난 숫자의 색상을 사용할 필요는 없지만, 매력적인 앱을 만들기 위해 어느 정도의 색상은 필요합니다. `backgroundColor` 속성은 요소의 배경색을 설정합니다. 이 속성은 **표 4.1**에 나오는 속성 중 하나의 문자열을 사용합니다. 텍스트를 화면에 렌더링할 때도 같은 색상을 사용합니다.

표 4.1 지원되는 컬러의 지정 형식

지원되는 색 형식	예
#rgb	'#06f'
#rgba	'#06fc'
#rrggbb	'#0066ff'
#rrggbbaa	'#ff00ff00'
rgb(숫자, 숫자, 숫자)	'rgb(0, 102, 255)'

지원되는 색 형식	예
rgb(숫자, 숫자, 숫자, 알파 값)	'rgba(0, 102, 255, .5)'
hsl(색상, 채도, 명도)	'hsl(216, 100%, 50%)'
hsla(색상, 채도, 명도, 알파 값)	'hsla(216, 100%, 50%, .5)'
투명 배경	'transparent'
CSS3 지정 색 이름 (black, red, blue 외)	'dodgerblue'

다행히, 리액트 네이티브에서 지원하는 색 형식은 CSS에서 지원하는 색 형식과 동일합니다. 이들 색 형식을 자세히 다루지는 않겠지만, 이 중 일부는 여러분이 처음 보는 형식일 수도 있으므로 간단히 설명하고 넘어가도록 하겠습니다.

- **rgb**는 빨간색, 녹색, 파란색을 의미합니다. 0-255(00-FF, 16진수)까지의 숫자를 이용해서 각 색의 값을 지정할 수 있으며 더 높은 숫자가 짙은 농도를 의미합니다.
- **alpha**는 투명도와 유사합니다(0은 투명, 1은 선명).
- **hue**은 360도로 구성된 색상환(color wheel)의 1도를 의미합니다. 0은 빨간색, 120은 녹색, 240은 파란색입니다.
- **saturation**은 색상의 강도이며 회색 음영인 0%부터 선명한 색상인 100%까지 사용할 수 있습니다.
- **lightness**는 0%에서 100%까지의 값으로 0%는 검은색에 가까운 어두운색이고 100%는 흰색에 가까운 밝은색입니다.

이전 예에서 backgroundColor가 적용된 것을 살펴보았는데 다음 예에서는 한 단계 좀 더 나아가 보도록 하겠습니다. 실제 예제를 만드는 데 backgroundColor를 사용하기 위해서 프로필 카드를 만들어 보겠습니다. **그림 4.4**에서 보는 것처럼 지금은 별 것 아닌 것처럼 보일 수 있습니다. 300 × 400 크기의 색상이 있는 직사각형입니다.

그림 4.4 프로필 카드 컴포넌트의 기본이 되는 300 X 400 크기의 색상이 있는 직사각형

예제 4.7은 초기의 코드를 보여줍니다. 코드 대부분이 스타일과 관련된 부분이 없다고 걱정할 필요는 없습니다. 먼저 코드가 어떻게 시작되는지부터 알아보고 하나씩 살펴볼 것입니다.

| 예제 4.7 | Profile Card 컴포넌트를 위한 초기 형태 |

```
import React, { Component } from 'react';
import { StyleSheet, View} from 'react-native';

export default class App extends Component {
    render() {
        return (

            <View style={styles.container}>      ◀───  자식 컴포넌트를 중앙 정렬하는 가장 바깥쪽의 View 컴포넌트
                <View style={styles.cardContainer}/>
            </View>
```

```
            );
        }
    }

const profileCardColor = 'dodgerblue';  ◀──┤ 여러 곳에서 사용할 경우를 대비해서
                                            프로필 카드의 색상을 변수에 정의함

const styles = StyleSheet.create({

    container: {  ◀────────┤ 가장 바깥쪽 컴포넌트가 사용할 스타일
        flex: 1,
        justifyContent: 'center',
        alignItems: 'center'
    },
    cardContainer: {  ◀────┤ 프로필 카드에서 사용할 스타일
        backgroundColor: profileCardColor,  ◀─┤ 상수로 정의된 값을 이용해서
        width: 300,                             스타일 속성값을 쉽게 사용
        height: 400
    }
});
```

첫 번째 View 컴포넌트는 가장 바깥쪽을 구성하는 요소입니다. 이 View 컴포넌트는 다른 모든 컴포넌트의 컨테이너의 역할을 하며 디바이스의 화면에서 자식 컴포넌트를 중앙 정렬하기 위해 사용합니다. 지금은 300 × 400 크기의 색상이 있는 직사각형일 뿐이지만, 두 번째 View 컴포넌트는 프로필 카드의 컨테이너입니다.

border 속성 지정하기

컴포넌트에 배경색을 지정하면 컴포넌트를 눈에 띄게 할 수 있지만, 컴포넌트 경계의 윤곽을 드러내는 명확한 테두리 없이는 그저 공간에 떠 있는 것처럼 보일 뿐입니다. 컴포넌트 사이의 명확한 윤곽이 있어야 사용자가 모바일 앱을 어떻게 이용할 수 있는지 알 수 있게 됩니다.

컴포넌트 주위에 테두리를 더하는 것이 화면의 요소들을 구체적이며 실제로 느낄 수 있는 가장 확실한 방법입니다. 다수의 border 속성들이 있지만, 개념으로 보면 단지 4개의 속성

(borderColor, borderRadius, borderStyle, borderWidth)이 있을 뿐입니다. 이 속성들은 컴포넌트 전체에 적용됩니다.

color와 width의 경우에 각 측면의 테두리에 각각의 속성(borderTopColor, borderRightColor, borderBottomColor, borderLeftColor, borderTopWidth, borderRightWidth, borderBottom-Width, borderLeftWidth)을 적용할 수 있습니다.

border radius는 각 모서리에 사용하는 속성(borderTopRightRadius, borderBottomRight-Radius, borderBottomLeftRadius, borderTopLeftRadius)이 있습니다. borderStyle은 모든 모서리에 공통으로 하나만 적용됩니다.

▎color, width, style 속성으로 테두리 만들기

테두리를 지정하려면, 먼저 borderWidth를 지정해야 합니다. borderWidth는 테두리의 크기이며 항상 숫자값입니다. borderWidth로 컴포넌트 전체에 테두리의 크기를 적용할 수도 있고 top, right, bottom, left를 이용해서 각 측면 테두리의 크기를 지정할 수도 있습니다. 원하는 효과를 얻기 위해서 다양한 방법으로 이 속성들을 조합해서 사용할 수 있습니다. **그림 4.5**의 예를 참고하기 바랍니다.

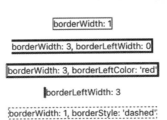

그림 4.5 테두리 스타일 지정의 다양한 조합 예

앞에서 보는 것처럼 테두리 스타일을 조합해서 다양한 테두리 효과를 만들 수 있습니다. 다음의 예제 4.8은 테두리 스타일을 조합해서 사용하는 것을 보여줍니다.

```
import React, { Component } from 'react';
import { StyleSheet, Text, View} from 'react-native';

export default class App extends Component {
    render() {
        return (
            <View style={styles.container}>
                <Example style={{borderWidth: 1}}>
                    <Text>borderWidth: 1</Text>
                </Example>
                <Example style={{borderWidth: 3, borderLeftWidth: 0}}>
                    <Text>borderWidth: 3, borderLeftWidth: 0</Text>
                </Example>
                <Example style={{borderWidth: 3, borderLeftColor: 'red'}}>
                    <Text>borderWidth: 3, borderLeftColor: 'red'</Text>
                </Example>

                <Example style={{borderLeftWidth: 3}}>
                    <Text>borderLeftWidth: 3</Text>
                </Example>

                <Example style={{borderWidth: 1, borderStyle: 'dashed'}}>
                    <Text>borderWidth: 1, borderStyle: 'dashed'</Text>
                </Example>
            </View>
        );
    }
}

const Example = (props) => (
    <View style={[styles.example,props.style]}>
        {props.children}
    </View>
);

const styles = StyleSheet.create({
    container: {
        flex: 1,
        justifyContent: 'center',
```

borderWidth를 1로 지정

borderWidth를 3으로 늘리고
왼쪽의 테두리를 없애고
borderLeftWidth를 0으로 지정

borderWidth를 3으로 지정하고 왼쪽 테두리를 다시 만들고 테두리의 색상을 빨간색으로 지정

왼쪽 테두리만 지정하고
borderLeftWidth를 3으로 설정

- borderStyle을 기본 solid에서 dashed로 변경

재사용할 수 있는 Example 컴포넌트.
기본 스타일 속성을 전달된 스타일
속성으로 쉽게 오버라이드할 수 있음

```
        alignItems: 'center'
    },
    example: {
        marginBottom: 15
    }
});
```

borderWidth 속성만 지정하면, 기본적으로 borderColor 속성은 'black'으로 borderStyle 은 'solid'로 지정됩니다. borderWidth와 borderColor가 컴포넌트 범위에 지정되면, borderWidthLeft와 같이 좀 더 세부적으로 오버라이드해서 사용할 수 있습니다. 스타일에서 는 세부적인 속성이 일반적인 속성보다 우선순위가 높습니다.

> borderStyle 속성은 오류가 있으므로 기본값인 solid 테두리를 사용하기를 추천합니다. borderStyle 속성값을 'dotted' 또는 'dashed'로 지정하고 각 측면의 테두리 폭을 변경하려면, 오류가 발생합니다. 언젠가는 오류가 수정되겠지만, 지금은 borderStyle이 원하는 형태로 구현되지 않는 문제에 너무 많은 시간을 소모하지 않도록 합니다.

❙ borderRadius를 이용해서 모양 만들기

그럴싸한 효과를 만들어 낼 수 있는 border 속성이 borderRadius입니다. 직선 형태의 모서리 를 가진 사물을 실생활에서는 많이 볼 수 있지만, 이런 스타일의 사물은 스타일이 좋다고 하 기는 힘들 것입니다. 매끄럽게 라인이 잘 빠진 자동차를 사고 싶지 상자처럼 생긴 자동차를 사고 싶지는 않을 테니까요. borderRadius 스타일을 이용해서 앱에 스타일을 추가할 수 있습 니다. 적절한 곳에 곡선을 추가하면 다양하고 재미있는 모양을 만들 수 있습니다.

borderRadius 속성을 이용해서 요소의 테두리를 얼마나 둥글게 만들지 정의할 수 있습니다. borderRadius 속성은 전체 모서리에 적용됩니다. borderTopLeftRadius와 같은 세부적인 속 성을 추가로 지정하지 않고 borderRadius 속성을 지정하면 네 곳의 모서리가 모두 둥글게 됩 니다. **그림 4.6**을 보면 각 테두리들 둥글게 처리해서 다양한 효과를 낸 것을 볼 수 있습니다.

그림 4.6 다양한 border radius 조합의 예

그림 4.6에 나오는 도형을 만드는 것은 예제 4.9에서 볼 수 있는 것처럼 그다지 어렵지 않습니다. 이 코드에서 가장 신경 써야 할 부분은 도형에 나타나는 글자를 너무 크거나 길게 하지 않는 것입니다. 예제 4.10에서 글자를 너무 크게 하거나 길게 하지 말아야 한다는 것이 어떤 의미인지 알아보도록 하겠습니다.

예제 4.9 　　다양한 **border radius** 조합 지정하기

```
import React, { Component } from 'react';
import { StyleSheet, Text, View} from 'react-native';

export default class App extends Component {
    render() {
        return (
            <View style={styles.container}>
                <Example style={{borderRadius: 20}}>      ◀━━  예1: 네 곳의 모서리가 둥근 사각형
                    <CenteredText>
                        Example 1:{"\n"}4 Rounded Corners
                    </CenteredText>
                </Example>

                <Example style={{borderTopRightRadius: 60,   ◀━━  예2: 오른쪽 두 모서리가 둥근 사각형
                    borderBottomRightRadius: 60}}>
                    <CenteredText>
                        Example 2:{"\n"}D Shape
                    </CenteredText>
```

```
            </Example>

            <Example style={{borderTopLeftRadius: 30,        ◄─── 예3: 양 반대 편의 모서리가 둥근 사각형
                borderBottomRightRadius: 30}}>
                <CenteredText>
                    Example 3:{"\n"}Leaf Shape
                </CenteredText>
            </Example>
                                                              예4: border radius가 각 측면의
                                                              길이의 반으로 지정된 사각형
            <Example style={{borderRadius: 60}}>    ◄───
                <CenteredText>
                    Example 4:{"\n"}Circle
                </CenteredText>
            </Example>
        </View>
    );
    }
}


const Example = (props) => (
  <View style={[styles.example,props.style]}>
      {props.children}
  </View>
);
                                                중앙 정렬된 텍스트 엘리먼트(text element)를
                                                렌더링하는 재사용 가능한 컴포넌트
const CenteredText = (props) => (    ◄───
  <Text style={[styles.centeredText, props.style]}>
      {props.children}
  </Text>
);

const styles = StyleSheet.create({
    container: {    ◄───
        flex: 1,                        React Native는 flexbox를
        flexDirection: 'row',           사용하여 레이아웃을 제어
        flexWrap: 'wrap',
        marginTop: 75
    },
    example: {
        width: 120,
        height: 120,
        marginLeft: 20,
        marginBottom: 20,
```

```
        backgroundColor: 'grey',
        borderWidth: 2,
        justifyContent: 'center'
    },
    centeredText: {                    텍스트 엘리먼트(text element) 내의
        textAlign: 'center',          텍스트를 중앙 정렬하는 스타일
        margin: 10
    }
});
```

텍스트를 중앙 정렬하는 스타일을 살펴보도록 합니다. `margin: 10`을 써서 다행인데 `padding: 10`을 사용했다면, 텍스트 컴포넌트의 배경이 아래에 있는 View 컴포넌트의 테두리를 가렸을 것입니다. **그림 4.7**을 참고하시기 바랍니다.

기본적으로 Text 컴포넌트는 부모 컴포넌트의 배경색을 상속합니다. Text 컴포넌트의 bounding box(기본적인 영역)는 사각형이기 때문에 배경이 둥근 테두리와 겹치게 됩니다. margin 속성을 이용해서 이 문제를 해결할 수도 있지만 다른 방법으로 이 문제를 해결할 수도 있습니다. centeredText 스타일에 `backgroundColor: 'transparent'`를 추가해도 이 문제를 해결할 수 있습니다. **그림 4.6**에서 보는 것처럼 텍스트 컴포넌트의 배경을 투명하게 만들어서 아래에 있는 테두리가 정상적으로 보일 수 있게 됩니다.

그림 4.7 텍스트의 위치를 조정하기 위해 centeredText 스타일에 `margin: 10` 대신 `padding: 10`을 이용한 결과. 원은 Text 컴포넌트의 bounding box가 View 컴포넌트의 테두리와 겹치는 위치를 표시함

┃ 프로필 카드 컴포넌트에 테두리 추가하기

새로 배운 border 속성으로 프로필 카드 컴포넌트의 초기 레이아웃을 거의 완성할 수 있습니다. 이전 절에서 배운 border 속성 만을 이용해서 300 × 400 크기의 색상이 있는 직사각형을 여러분이 구현하려는 모양과 비슷하게 바꿀 수 있습니다. **그림 4.8**은 지금까지 배운 내용과 이미지만을 가지고 만들 수 있는 모습을 보여줍니다. 인물 사진의 플레이스 홀더를 포함하며 이 이미지는 소스 코드에서 찾을 수 있습니다. 이 이미지는 이전 절에서 설명한 것처럼 border radius를 조정해서 원으로 만들어졌습니다.

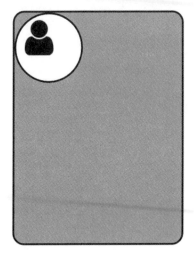

그림 4.8 프로필 카드 컴포넌트에 border 속성을 적용해서 300 X 400 크기의 색상이 있는 직사각형을 최종 프로필 카드 컴포넌트와 유사한 모습으로 변경함.

지금 모습의 프로필 카드에는 레이아웃 문제가 있기는 하지만 최종 프로필 카드의 모습과 유사합니다. 다음 절에서는 컴포넌트를 올바로 정렬하기 위해서 margin과 padding 스타일 속성을 이용하는 방법을 배울 것입니다.

옮긴이 - 예제에서는 user.png파일이 필요하므로, 예제소스에 있는 user.png 파일을 프로젝트 폴더 내에 추가하고 실행해 주어야 합니다.

```
import React, { Component } from 'react';
import { Image, StyleSheet, View} from 'react-native';
```

react-native에서 Image 컴포넌트 가져오기

```
export default class App extends Component {
  render() {
    return (
      <View style={styles.container}>
        <View style={styles.cardContainer}>
          <View style={styles.cardImageContainer}>
            <Image style={styles.cardImage} source={require('./user.png')}/>
          </View>
        </View>
      </View>
    );
  }
}
```

user.png 파일은 앱의 코드와 같은 디렉토리에 위치함

```
const profileCardColor = 'dodgerblue';

const styles = StyleSheet.create({
  container: {
    flex: 1,
    justifyContent: 'center',
    alignItems: 'center'
  },
  cardContainer: {
```

프로필 카드에 border 속성 추가하기

```
    borderColor: 'black',
    borderWidth: 3,
    borderStyle: 'solid',
    borderRadius: 20,
    backgroundColor: profileCardColor,
    width: 300,
    height: 400
  },
  cardImageContainer: {
```

이미지 컨테이너(image container)는 120 X 120 크기의 정사각형. borderRadius 속성을 60(120의 반)으로 지정해서 원으로 나타남

```
    backgroundColor: 'white',
    borderWidth: 3,
    borderColor: 'black',
    width: 120,
```

```
      height: 120,
      borderRadius: 60,
    },
    cardImage: {   ◄──────┤ 이미지에 적용한 스타일
      width: 80,
      height: 80
    }
});
```

마진(margin)과 패딩(padding) 지정하기

화면의 모든 컴포넌트의 위치를 여러분이 원하는 곳에 놓을 수 있도록 명시적으로 지정할 수도 있지만, 이런 방법은 반응형으로 동작하는 레이아웃이 필요할 때는 아주 복잡하고 지루한 일이 될 것입니다. 이럴 때는 각 컴포넌트의 위치를 다른 컴포넌트의 위치에 상대적으로 지정해서 한 컴포넌트를 이동하면 각 컴포넌트의 상대 위치에 따라 다른 컴포넌트가 움직이는 것이 좀 더 합리적입니다.

마진 스타일을 이용해서 각 컴포넌트 사이의 위치를 상대적으로 정의할 수 있습니다. 패딩 스타일을 이용하면 컴포넌트의 테두리로부터 컴포넌트의 상대 위치를 정의할 수 있습니다. margin과 padding 속성을 함께 사용하면 컴포넌트를 레이아웃 내에 배치할 때 유연하게 처리할 수 있습니다. margin과 padding 속성을 자주 사용하게 되므로 이 속성들의 의미와 역할을 이해하고 있어야 합니다.

개념적으로 리액트 네이티브에서의 마진과 패딩은 CSS와 정확하게 동일하게 동작합니다. 마진, 패딩, 테두리, 내용 영역이 서로 어떻게 연관되었는지도 CSS와 동일합니다. **그림 4.9**를 참고하도록 합니다.

마진과 패딩을 다루다 보면 오류가 발생할 경우가 있습니다. 조금 이상하다고 가볍게 생각할 수도 있지만 꽤 괴로운 문제일 수 있습니다. View 컴포넌트에서의 마진은 대부분의 경우에 iOS나 안드로이드에서 잘 동작합니다. 패딩의 경우에는 과거의 리액트 네이티브 버전에서는 적용이 안 되는 이슈가 있었지만 v0.31.0이후에는 적용이 가능합니다.

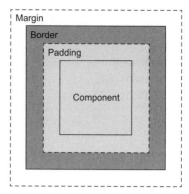

그림 4.9 마진, 여백, 테두리를 설명하는 일반적인 그림

▎margin 속성 이용하기

컴포넌트를 배치할 때, 첫 번째 해결해야 할 문제는 컴포넌트 사이의 간격입니다. 각 컴포넌트의 간격을 지정하지 않기 위해서는 상대 위치를 지정하는 방법이 필요합니다. margin 속성으로 컴포넌트의 주변 둘레를 정의할 수 있으며 이를 통해 한 컴포넌트의 이전 컴포넌트 또는 부모 컴포넌트로부터의 간격을 결정합니다. 이런 방법으로 컴포넌트들을 연결하면 컴포넌트와 다른 컴포넌트들이 서로 어디에 위치해야 하는지 상대적으로 배치할 수 있어서 개별적으로 컴포넌트의 위치를 계산하는 방식보다 위치를 파악하기 쉽습니다.

margin 속성에는 margin, marginTop, marginRight, marginBottom, marginLeft 속성이 있습니다. marginLeft나 marginTop과 같은 세밀한 속성 없이 margin 속성만 지정되면, 컴포넌트의 모든 측면(top, right, bottom, left)에 동일하게 margin 속성값이 적용됩니다. margin 속성과 세밀한 속성(예, marginLeft)이 둘 다 지정된 경우에는 세밀한 속성이 우선적으로 적용됩니다. border 속성과 동일하게 동작하는 셈입니다. **그림 4.10**에서와 같이 일부 margin 스타일을 적용해 보도록 하겠습니다.

마진은 모든 컴포넌트를 예상대로 위치시킵니다만, 안드로이드 디바이스에서 음수 마진 negative margin이 적용될 때 리액트 네이티브의 버전이 낮은 경우에는 컴포넌트가 클립핑 (clipping-잘려 나가는)되는 경우가 발생합니다. iOS와 안드로이드를 모두 지원할 계획인 경우에는 프로젝트의 처음부터 각 디바이스에서 테스트를 해 보아야 합니다. iOS 환경에서 개발하고 여러분이 계획한 스타일이 안드로이드 디바이스에서도 똑같이 동작할 거라고 생각하면 안 됩니다.

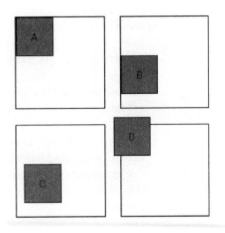

그림 4.10

역자주 - 버전업이 되면서 iOS와 안드로이드 모두 지원합니다). 예제 4.11은 그림 4.10에 나오는 예를 구현하는 코드입니다.

| 예제 4.11 | 컴포넌트에 다양한 마진 적용하기 |

```
import React, { Component } from 'react';
import { StyleSheet, Text, View} from 'react-native';

export default class App extends Component {
  render() {
    return (
      <View style={styles.container}>
        <View style={styles.exampleContainer}>
          <Example>    ◀──────────────── margin이 적용되지 않은 경우
            <CenteredText>A</CenteredText>
          </Example>
        </View>

        <View style={styles.exampleContainer}>
          <Example style={{marginTop: 50}}>  ◀──── 위쪽만 margin 50
            <CenteredText>B</CenteredText>
```

```
          </Example>
        </View>

        <View style={styles.exampleContainer}>                위쪽 margin 50 왼쪽 margin 10
          <Example style={{marginTop: 50, marginLeft: 10}}> ◄─────────────────
            <CenteredText>C</CenteredText>
          </Example>
        </View>
        <View style={styles.exampleContainer}>
          <Example style={{marginLeft: -10, marginTop: -10}}> ◄───────────
            <CenteredText>D</CenteredText>             위쪽과 왼쪽에 음수 margin을 이용하는 경우
          </Example>
        </View>
      </View>
    );
  }
}

const Example = (props) => (
  <View style={[styles.example,props.style]}>
    {props.children}
  </View>
);

const CenteredText = (props) => (
  <Text style={[styles.centeredText, props.style]}>
    {props.children}
  </Text>
);

const styles = StyleSheet.create({
  container: {
    alignItems: 'center',
    flex: 1,
    flexDirection: 'row',
    flexWrap: 'wrap',
    justifyContent: 'center',
    marginTop: 75
  },
  exampleContainer: {
    borderWidth: 1,
```

```
      width: 120,
      height: 120,
      marginLeft: 20,
      marginBottom: 20,
    },
    example: {
      width: 50,
      height: 50,
      backgroundColor: 'grey',
      borderWidth: 1,
      justifyContent: 'center'
    },
    centeredText: {
      textAlign: 'center',
      margin: 10
    }
});
```

▌padding 속성 이용하기

마진을 요소 사이의 간격이라고 생각하면, 패딩은 하나의 요소 내에서 테두리로부터 요소 안의 내용물까지의 간격을 의미합니다. 패딩을 지정하면, 컴포넌트의 내용이 해당 컴포넌트의 경계선에 제한 되지 않도록 할 수 있습니다. **그림 4.9**를 보면, `backgroundColor` 속성이 `padding` 속성을 통해서 컴포넌트의 경계선 영역을 넘어서까지 표현하고 있습니다. `padding` 속성에는 `padding`, `paddingLeft`, `paddingRight`, `paddingTop`, `paddingBottom`이 있습니다. `paddingLeft` 또는 `paddingTop`과 같은 세밀한 속성 없이 `padding` 속성만 지정된 경우에는 컴포넌트의 모든 측면(상단, 하단, 왼쪽, 오른쪽)에 `padding` 속성값이 적용됩니다. 테두리와 margin 과 마찬가지로 일반 `padding` 속성값과 `paddingLeft`와 같은 세밀한 속성값이 동시에 지정된 경우에는 세밀한 속성값이 우선권을 갖고 적용됩니다.

padding이 margin과 다른 점을 보여주기 위해서 새로운 예제를 만들기 보다는 예제 4.11에 서의 코드를 다시 사용해서 일부를 수정하겠습니다. Example 컴포넌트의 `margin` 스타일을

padding 스타일로 변경하고 Text 컴포넌트에 테두리를 추가하고 Text 컴포넌트의 배경색을 변경하도록 합니다. **그림 4.11**은 이 예제의 결과를 보여줍니다.

| 예제 4.12 | 마진을 패딩으로 변경해서 예제 4.11을 수정 |

```
import React, { Component } from 'react';
import { StyleSheet, Text, View} from 'react-native';

export default class App extends Component {
  render() {
    return (
      <View style={styles.container}>
        <View style={styles.exampleContainer}>
          <Example style={{}}>         ◄──── A 예: 변경된 부분 없음.
            <CenteredText>A</CenteredText>       마진과 패딩 없음
          </Example>
        </View>
        <View style={styles.exampleContainer}>
          <Example style={{paddingTop: 50}}>   ◄──── B 예: marginTop을
            <CenteredText>B</CenteredText>           paddingTop으로 변경
          </Example>
        </View>
                                          C 예: marginTop과 marginLeft을 각각
                                          paddingTop과 paddingLeft으로 변경
        <View style={styles.exampleContainer}>
          <Example style={{paddingTop: 50, paddingLeft: 10}}>  ◄──
            <CenteredText>C</CenteredText>
          </Example>
        </View>
        <View style={styles.exampleContainer}>
          <Example style={{paddingLeft: -10, paddingTop: -10}}>  ◄──
            <CenteredText>D</CenteredText>
          </Example>           D 예: marginLeft와 marginTop을 각각
        </View>                paddingLeft와 marginTop으로 변경.
      </View>                  음수값은 그대로 적용
    );
  }
}

const Example = (props) => (
  <View style={[styles.example,props.style]}>
```

```
    {props.children}
  </View>
);

const CenteredText = (props) => (
  <Text style={[styles.centeredText, props.style]}>
    {props.children}
  </Text>
);

const styles = StyleSheet.create({
  container: {
    alignItems: 'center',
    flex: 1,
    flexDirection: 'row',
    flexWrap: 'wrap',
    justifyContent: 'center',
    marginTop: 75
  },
  exampleContainer: {
    borderWidth: 1,
    width: 120,
    height: 120,
    marginLeft: 20,
    marginBottom: 20,
  },
  example: {
    width: 50,
    height: 50,
    backgroundColor: 'grey',
    borderWidth: 1,
    justifyContent: 'center'
  },

  centeredText: {          ◄──────  Text component에 boarder와
    textAlign: 'center',           background 색상 지정
    margin: 10,
    borderWidth: 1,
    backgroundColor: 'lightgrey'
  }
});
```

컴포넌트와 부모 컴포넌트 사이의 공간을 지정하는 마진과 달리 패딩은 컴포넌트의 테두리로 부터 자식 엘리먼트에 적용됩니다. B 예에서 패딩은 상단 테두리top border로부터 계산되며 컴 포넌트 B를 상단 테두리top border로부터 아래로 밀어 냅니다. C 예는 paddingLeft 값을 추가 해서 Text 컴포넌트 C를 왼쪽 테두리left border로부터 안쪽inward으로 이동시킵니다. D 예는 paddingTop과 paddingLeft에 음수의 패딩 값을 적용한 것을 보여줍니다.

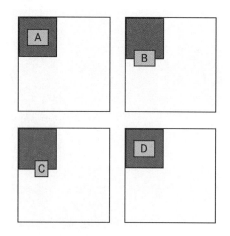

그림 4.11 이전 예제를 패딩 스타일로 변경

position을 이용해서 컴포넌트 배치하기

지금까지 배운 내용에서는 모든 컴포넌트가 다른 컴포넌트에 상대적으로 위치했고 이런 방식 이 기본적인 레이아웃을 잡는 방식입니다. 경우에 따라서는 절대 위치를 이용해서 컴포넌트 를 특정한 위치에 배치하는 것이 도움이 될 때도 있습니다. 리액트 네이티브에서 position 스 타일을 구현하는 것은 CSS와 유사하지만, CSS만큼 다양한 옵션을 지원하지는 않습니다. 기 본적으로 리액트 네이티브에서 모든 요소는 다른 요소들에 상대적으로 배치됩니다. position 이 absolute로 지정되면, 해당 요소의 위치는 부모 요소의 위치를 기준으로 배치됩니다. position 속성에는 relative(기본값)와 absolute 값을 사용할 수 있습니다.

CSS에서는 다른 값도 지원하지만, 리액트 네이티브에서는 이 두 가지 값만 사용할 수 있습니다. absolute 속성값으로 절대 위치를 지정하면, top, right, bottom, left 속성도 사용할 수 있습니다.

상대 위치와 절대 위치의 차이를 보여주는 간단한 예를 살펴보도록 합니다. CSS에서 요소들을 배치하는 것은 무척 혼란스러운 일이 되지만, 리액트 네이티브에서는 모든 요소의 위치가 기본적으로 relative 값으로 기본 설정되기 때문에 요소들을 배치하는 게 훨씬 쉽습니다. **그림 4.12**에서 A, B, C 블록은 한 열에 서로 상대적으로 배치되었습니다. 마진과 패딩이 적용되지 않았기 때문에 A, B, C 블록은 간격 없이 한 줄로 쭉 배치됩니다. D 블록은 ABC를 포함하는 행row의 형제sibling 요소이고, 이것은 ABC가 포함된 행row과 D 블록이 같은 부모 요소를 갖는다는 의미입니다.

D 블록은 위치 스타일로 {position: 'absolute', right: 0, bottom: 0}가 적용되어서 부모 컨테이너의 오른쪽 아래 모서리에 위치하게 됩니다. E 블록 또한 절대 위치 스타일로 {position: 'absolute', right: 0, bottom: 0}가 적용되었습니다. E 블록의 부모 컨테이너는 B 블록이므로 E 절대 위치로 배치되어도 B 블록을 기준으로 합니다. E 블록은 B 블록의 오른쪽 하단 모서리에 나타납니다. 예제 4.13은 이 예에 사용한 코드를 보여줍니다.

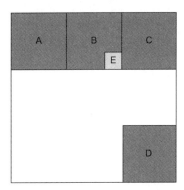

그림 4.12 A, B, C 블록이 상대적으로 배치된 예. D 블록과 E 블록은 right: 0과 bottom: 0 속성값으로 절대 위치값을 가짐.
D 블록의 부모 컨테이너는 A,B,C 블록의 부모 요소인 반면 E 블록의 부모 요소는 B 블록임

```
import React, { Component } from 'react';
import { StyleSheet, Text, View} from 'react-native';

export default class App extends Component {
  render() {
    return (
      <View style={styles.container}>
        <View style={styles.row}> ◀          A,B,C 블록을 포함하는 라인
          <Example>
            <CenteredText>A</CenteredText>
          </Example>
          <Example>
            <CenteredText>B</CenteredText>
            <View style={[styles.tinyExample, ◀      부모인 B 블록 내에서 절대 위치를
              {position: 'absolute',              사용해서 오른쪽 아래에 배치
                right: 0,
                bottom: 0}]}>
              <CenteredText>E</CenteredText>
            </View>
          </Example>
          <Example>
            <CenteredText>C</CenteredText>
          </Example>
        </View>
        <Example style={{position: 'absolute',right: 0, bottom: 0}}> ◀
          <CenteredText>D</CenteredText>
        </Example>                              D 블록은 부모 요소의 오른쪽 하단에 배치
      </View>
    );
  }
}

const Example = (props) => (
  <View style={[styles.example,props.style]}>
    {props.children}
  </View>
);

const CenteredText = (props) => (
  <Text style={[styles.centeredText, props.style]}>
```

```
    {props.children}
  </Text>
);

const styles = StyleSheet.create({
  container: {
    width: 300,
    height: 300,
    margin: 40,
    marginTop: 100,
    borderWidth: 1
  },
  row: {
    flex: 1,
    flexDirection: 'row'
  },
  example: {
    width: 100,
    height: 100,
    backgroundColor: 'grey',
    borderWidth: 1,
    justifyContent: 'center'
  },
  tinyExample: {
    width: 30,
    height: 30,
    borderWidth: 1,
    justifyContent: 'center',
    backgroundColor: 'lightgrey'
  },
  centeredText: {
    textAlign: 'center',
    margin: 10
  }
});
```

옮긴이 - 예제 4.13에서 flexDirection 속성값이 row로 지정되어 블록들이 화면에서 한 열로
표시되었습니다. 리액트 네이티브는 Yoga(https://yogalayout.com)라는 오픈 소스인 크로스 플랫폼 레이아웃
라이브러리를 사용합니다. Yoga는 flexbox 레이아웃 모드를 지원하며 CSS와 리액트 네이티브에서도 자주
사용합니다. 다음 장에서 flexbox를 자세히 다룰 것입니다. margin, padding, position 속성도 좋은 레이아웃
도구이지만, flexbox는 앞으로 가장 자주 사용할 레이아웃 도구입니다.

View 컴포넌트에 스타일을 적용하는 기초인, margin, padding, position 속성을 이용한 컴포넌트의 배치 방법을 배웠습니다. 이제 프로필 카드 컴포넌트를 다시 살펴보고 제대로 배치되지 않은 엘리먼트들을 고쳐보도록 하겠습니다.

프로필 카드의 위치 지정하기

예제 4.14는 예제 4.10의 코드를 수정해서 원과 사용자 이미지에 여백을 주고 모든 요소를 중앙으로 정렬했으며 결과는 **그림 4.13**과 같습니다.

| 예제 4.14 | 프로필 카드의 스타일을 수정해서 레이아웃을 변경함 |

```
...
cardContainer: {
  alignItems: 'center',        ◄───  프로필 카드를 수평축에서 중앙으로 정렬
  borderColor: 'black',
  borderWidth: 3,
  borderStyle: 'solid',        ◄───  사용자의 이미지를 수평축에서 중앙으로 정렬
  borderRadius: 20,
  backgroundColor: profileCardColor,
  width: 300,
  height: 400
},
cardImageContainer: {
  alignItems: 'center',        ◄───  사용자의 이미지를 수평축에서 중앙으로 정렬
  backgroundColor: 'white',
  borderWidth: 3,
  borderColor: 'black',
  width: 120,
  height: 120,
  borderRadius: 60,
  marginTop: 30,               ◄───  프로필 카드와 원의 상단의 간격
  paddingTop: 15               ◄───  원과 안쪽 이미지 사이의 간격
},
...
```

그림 4.13 모든 View 컴포넌트를 적절히 배치한 이후의 프로필 카드 컴포넌트의 모습

이제 프로필 카드의 주요 View 컴포넌트의 배치를 마쳤습니다. 지금까지 배운 내용을 이용해서 프로필 카드 컴포넌트의 기본을 만들었지만 아직 완성된 것은 아닙니다. 이름, 직업, 간단한 프로필 소개를 포함한 인물에 대한 정보를 추가해야 합니다. 인물에 대한 모든 정보는 텍스트이므로 이제 Text 컴포넌트에 스타일을 적용하는 방법을 배워 보도록 하겠습니다.

Text 컴포넌트에 스타일 적용하기

이 절에서는 Text 컴포넌트에 스타일을 적용하는 방법을 배우게 됩니다. 텍스트를 멋지게 만드는 방법을 배운 후에 프로필 카드에 사용자 정보를 추가하는 작업을 할 예정입니다. **그림 4.14**는 인물 이름, 직업, 간단한 프로필 소개가 담긴 완성된 프로필 카드 컴포넌트의 모습을 보여줍니다. 프로필 카드를 손대기 전에 Text 컴포넌트에 스타일을 적용하는 방법을 먼저 살펴보도록 합시다.

Text 컴포넌트 vs View 컴포넌트

아직 다루지 않은 flex 속성을 제외하고는 View에서 사용되는 대부분 스타일을 Text에서도 사용할 수 있습니다. Text 요소도 테두리와 배경을 갖고 margin, padding, position과 같은 레이아웃 속성을 지원합니다.

하지만, 반대로 Text에서 사용하는 스타일을 View에서도 사용할 수는 없습니다. Text에서 지원하는 대부분의 스타일을 View 엘리먼트에서는 사용할 수 없으며 둘의 성격을 생각해 보면

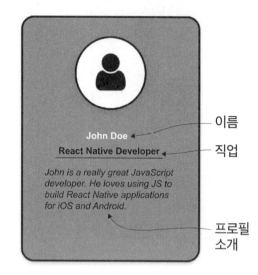

그림 4.14 인물 이름, 직업, 간단한 프로필 소개가 담긴 완성된 프로필 카드

당연한 얘기일 것입니다. 예를 들어 워드프로세서 프로그램을 생각해 보면, 텍스트의 폰트와 색상을 변경할 수 있으며 텍스트의 크기를 조정하고 글씨를 굵게 또는 기울임체(이탤릭체)로 적용할 수도 있고 밑줄을 추가할 수도 있습니다.

Text에만 적용되는 스타일을 배우기 전에 Text와 View 컴포넌트에 공통으로 적용되는 스타일인 색상에 대해 먼저 살펴보겠습니다. 이후에 지금까지 배운 내용과 색상을 사용해서 프로필 카드에 Text를 추가하겠습니다.

┃ Text에 색상 적용하기

Text 컴포넌트의 color 속성은 View 컴포넌트와 동일하게 동작합니다. color 속성은 Text 컴포넌트의 텍스트 색상을 지정합니다. 표 4.1에 나열된 모든 색 형식도 그대로 적용되며 심지어 무슨 필요가 있는지 의심이 가는 transparent도 사용할 수 있습니다. 텍스트의 기본 색상은 검은색입니다.

그림 4.14에서 프로필 카드의 세 가지 Text 요소를 볼 수 있습니다.

- 이름

- 직업

- 프로필 소개

지금까지 배운 내용을 바탕으로 텍스트를 중앙 정렬해서 위치시키고 이름의 색상을 검은색에서 흰색으로 변경하고 간단한 테두리를 추가해서 직업을 프로필 소개와 분리할 수 있습니다. **그림 4.15**는 지금까지 배운 내용을 적용한 최종 모습을 보여줍니다.

지금쯤은 예제 4.15에 나온 내용을 따라 하고 이해할 수 있어야 합니다. 혹시 그렇지 않다면, 필요에 따라 이전 내용을 다시 확인하시기 바랍니다.

그림 4.15 Text가 추가된 프로필 카드. Text의 기본 스타일이 적용되었고 color 속성을 이용해 이름의 색상을 흰색으로 지정함

```
import React, { Component } from 'react';
import { Image, StyleSheet, Text, View} from 'react-native';
```
react-native에서 Text 컴포넌트 import

```
export default class App extends Component {
  render() {
    return (
      <View style={styles.container}>
        <View style={styles.cardContainer}>
          <View style={styles.cardImageContainer}>
            <Image style={styles.cardImage} source={require('./user.png')}/>
          </View>
          <View>
            <Text style={styles.cardName}>
              John Doe
            </Text>
          </View>
          <View style={styles.cardOccupationContainer}>
            <Text style={styles.cardOccupation}>
              React Native Developer
            </Text>
          </View>
          <View>
            <Text style={styles.cardDescription}>
              John is a really great JavaScript developer. He
              loves using JS to build React Native applications
              for iOS and Android.
            </Text>
          </View>
        </View>
      </View>
    );
  }
}
```

인물 이름을 보여주는 Text 컴포넌트

직업을 표시하는 Text 컴포넌트의 컨테이너.
직업과 프로필 소개를 구분하는 하단 테두리(bottom border)을 지정

직업을 표시하는 Text

인물의 프로필 설명

```
const profileCardColor = 'dodgerblue';

const styles = StyleSheet.create({
  container: {
    flex: 1,
```

```
      justifyContent: 'center',
      alignItems: 'center'
    },
    cardContainer: {
      alignItems: 'center',
      borderColor: 'black',
      borderWidth: 3,
      borderStyle: 'solid',
      borderRadius: 20,
      backgroundColor: profileCardColor,
      width: 300,
      height: 400
    },
    cardImageContainer: {
      alignItems: 'center',
      backgroundColor: 'white',
      borderWidth: 3,
      borderColor: 'black',
      width: 120,
      height: 120,
      borderRadius: 60,
      marginTop: 30,
      paddingTop: 15
    },
    cardImage: {
      width: 80,
      height: 80
    },

  cardName: {         ◄────────┐ 이름 표시 Text 컴포넌트의 색상은 white
      color: 'white',
      marginTop: 30,
    },

  cardOccupationContainer: {   ◄────────┐ 직업 영역의 스타일
      borderColor: 'black',
      borderWidth: 3,
      borderTopWidth: 0,
      borderRightWidth: 0,
      borderLeftWidth: 0,
    },
```

```
    cardOccupation: {          직업을 표시하는 Text 컴포넌트에 적용된
        marginTop: 10,          스타일(위치를 지정하는 스타일만 포함)
        marginBottom: 10,
    },

    cardDescription: {          프로필 Text 스타일
        marginTop: 10,
        marginRight: 40,
        marginLeft: 40,
        marginBottom: 10
    }
});
```

프로필 카드에 들어갈 모든 내용을 추가했지만 조금 단순해 보입니다. 다음에 나올 절에서 font 속성을 지정하고 텍스트에 장식을 추가하는 방법을 배워 보도록 하겠습니다.

폰트 스타일

워드 프로세서 프로그램이나 텍스트 에디터 기능이 포함한 이메일을 작성해 본 적이 있다면, 폰트를 변경하고 폰트의 크기를 바꾸고 글씨를 굵게하거나 기울임체(이탤릭체)로 변경할 수 있다는 것을 알고 있습니다. 이 절에서도 이와 똑같은 스타일을 적용하는 방법을 배웁니다. 이 스타일을 조절해서 텍스트를 사용자에게 매력적으로 보일 수 있도록 만들 수 있습니다. fontFamily, fontSize, fontStyle, fontWeight 속성을 살펴볼 것입니다.

┃ font family 지정하기

fontFamily 속성은 겉으로 보기에는 간단합니다. 기본값을 이용하면, 너무 간단하지만 특정한 폰트를 사용하려면 곧 문제가 발생할 수 있습니다. iOS와 안드로이드 모두 기본 폰트 세트를 제공합니다. iOS는 바로 사용할 수 있는 다수의 폰트를 제공하며 안드로이드는 Roboto, 모노스페이스 폰트, 세리프와 산 세리프의 변형 폰트를 제공합니다. 리액트 네이티브에서

iOS와 안드로이드 용으로 사용할 수 있는 폰트의 전체 목록은 여기(https://github.com/dabit3/react-native-fonts)서 확인할 수 있습니다. 앱에서 모노스페이스 폰트를 사용하더라도 아래와 같이 사용할 수는 없습니다.

- `fontFamily: 'monospace'` : iOS에서는 'monospace' 옵션을 사용할 수 없으며, iOS에서 사용할 경우 "Unrecognized font family 'monospace'." 오류가 발생합니다. 반면, 안드로이드에서는 이 옵션은 문제없이 잘 렌더링됩니다. CSS와는 다르게 fontFamily 속성에 여러 개의 폰트를 지정할 수 없습니다.

- `fontFamily: 'American Typewriter, monospace'` : iOS에서는 "Unrecognized font family 'American Typewriter, monospace'."라는 오류가 발생합니다. 반면, 안드로이드에서는 지원하지 않는 폰트가 지정되면 기본 폰트를 사용합니다. 모든 안드로이드 버전에서 이렇게 동작하지 않을 수도 있지만, 지금은 이 정도만 알고 있어도 충분합니다.

기본 폰트 외에 다른 폰트를 사용하려면, 리액트 네이티브의 `Platform` 컴포넌트를 이용해야 합니다. `Platform` 컴포넌트에 대해서는 10장에서 자세히 다루겠지만, 이 문제를 해결하는 방법을 알려주기 위해 지금 간단히 소개하도록 하겠습니다. **그림 4.16**은 iOS에서 렌더링된 American Typewriter 폰트와 안드로이드에서 렌더링된 일반 모노스페이스monospace 폰트를 보여주고 있습니다. 예제 4.16은 이 폰트를 렌더링한 코드입니다. `Platform.select`를 이용해서 `fontFamily` 속성을 지정한 방법을 눈여겨 보시기 바랍니다.

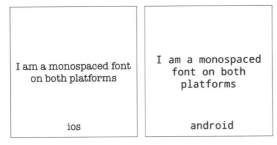

그림 4.16 iOS와 안드로이드에서 모노스페이스 폰트를 렌더링한 예

```
import React, { Component } from 'react';
import { Platform, StyleSheet, Text, View} from 'react-native';   ← react-native에서 Platform import

export default class App extends Component {
  render() {
    return (
      <View style={styles.container}>
        <View style={styles.row}>
          <CenteredText>
            I am a monospaced font on both platforms
          </CenteredText>
          <BottomText>
            {Platform.OS}   ← Platform.OS를 통해서 현재 운영체제를 알아낼 수 있음
          </BottomText>
        </View>
      </View>
    );
  }
}

const CenteredText = (props) => (
  <Text style={[styles.centeredText, props.style]}>
    {props.children}
  </Text>
);

const BottomText = (props) => (

<CenteredText style={[{position: 'absolute', bottom: 0},   ← 절대 위치 지정
    props.style]}>
    {props.children}
  </CenteredText>
);

const styles = StyleSheet.create({
  container: {
    width: 300,
    height: 300,
    margin: 40,
```

```
    marginTop: 100,
    borderWidth: 1
  },
  row: {
    alignItems: 'center',
    flex: 1,
    flexDirection: 'row',
    justifyContent: 'center'
  },
  centeredText: {
    textAlign: 'center',
    margin: 10,
    fontSize: 24,
    ...Platform.select({    ◀──────  Platform.sleect를 통해 운영체제 맞는 폰트 선택
      ios: {
        fontFamily: 'American Typewriter'
      },
      android: {
        fontFamily: 'monospace'
      }
    })
  }
});
```

이 예제는 운영체제에 따라 별도의 폰트를 적용할 수 있는 방법을 보여주지만 사용할 수 있는 폰트는 리액트 네이티브가 기본 제공하는 폰트에 한정된다는 제한이 있습니다. TTF, OTF 등의 폰트 파일을 이용해서 사용자 정의 폰트를 프로젝트에 추가하고 이 폰트를 앱의 애셋으로 처리해서 원하는 폰트를 이용할 수도 있습니다. 이론적으로는 간단하지만, 이 방법의 성공 여부는 운영체제나 사용하려는 폰트에 따라 크게 달라집니다. 이런 방법을 사용할 수도 있다는 정도로 이해하면 충분할 것 같습니다. 혹시 이 방법을 테스트해보려면, react-native link로 검색해서 방법을 확인해 보기 바랍니다.

fontSize 속성으로 폰트 크기 조정하기

fontSize 속성은 Text 요소의 텍스트 크기를 조정합니다. 이미 예제에서 많이 사용했으며 기본 크기가 14라는 것만 확인하고 넘어가겠습니다.

폰트 스타일 변경하기

fontStyle 속성을 이용해서 폰트의 스타일을 기울임꼴로 변경할 수 있습니다. 기본값은 'normal'입니다. 이 책을 집필하는 시점에서 'normal'과 'italic' 두 개의 옵션만 사용할 수 있습니다.

폰트 두께 지정하기

fontWeight 속성은 폰트의 두께를 의미합니다. 기본값은 'normal' 또는 '400'입니다. fontWeight 속성에는 'normal', 'bold', '100', '200', '300', '400', '500', '600', '700', '800', '900' 값을 사용할 수 있습니다. 값이 작을수록 두께가 가늘어지고 클수록 두께가 두꺼워집니다.

폰트 스타일을 변경하는 방법까지 배웠으니 프로필 카드 컴포넌트의 완성이 가까워졌습니다. 일부 폰트 스타일을 변경하고 **그림 4.17**에 나오는 최종 모습처럼 좀 더 완성된 제품다워졌는지 확인해 봅니다. 예제 4.17은 예제 4.16의 스타일을 변경해서 최종 완성에 가까운 코드입니다.

| 예제 4.17 | 프로필 카드의 Text에 폰트 스타일 적용하기 |

```
cardName: {
  color: 'white',
  fontWeight: 'bold',      ◀──── 이름부분 bold 처리
  fontSize: 24,            ◀──── 이름 부분 폰트크기 24
  marginTop: 30,
},
cardOccupationContainer: {
  borderColor: 'black',
  borderBottomWidth: 3
```

```
  },
  cardOccupation: {
    fontWeight: 'bold',
    marginTop: 10,
    marginBottom: 10,
  },
  cardDescription: {
    fontStyle: 'italic',          ◄────── 설명부분 이텔릭체 적용
    marginTop: 10,
    marginRight: 40,
    marginLeft: 40,
    marginBottom: 10
  }
}
```

그림 4.17 이름, 직업, 프로필 소개 텍스트에 폰트 스타일이 적용된 프로필 카드

이름, 직업, 프로필 소개를 표시하는 텍스트의 폰트 스타일을 수정해서 각 부분이 잘 드러나게 처리되었지만 이름을 보여주는 부분이 아직 눈에 들어오지 않습니다. 다음 절에서는 텍스트에 장식을 추가하는 방법을 배우고 프로필 카드에서 이름이 눈에 띄게 만들어 보도록 하겠습니다.

텍스트 장식하기

이 절에서는 기본적인 폰트 스타일을 변경하는 것에서 벗어나 Text에 장식 스타일을 적용하는 방법에 대해서 배워 보겠습니다. 밑줄, 취소선, 음영 넣기와 같은 스타일을 적용하는 방법을 다룹니다. 이런 텍스트 장식 효과들은 앱에 시각적으로 다양성을 불어넣고 Text를 눈에 띄게 만들 수 있습니다.

다음은 이 절에서 다루는 속성들입니다.

- **iOS와 안드로이드**: lineHeight, textAlign, textDecorationLine, textShadowColor, textShadowOffset, textShadowRadius
- **안드로이드**: textAlignVertical
- **iOS**: letterSpacing, textDecorationColor, textDecorationStyle, writingDirection

일부 속성들은 특정 운영체제에서만 동작한다는 점을 주목하시기 바랍니다. 이들 속성에서 이용할 수 있는 일부 값들은 특정 운영체제에서만 사용할 수 있습니다. 특히, 화면의 텍스트 일부를 강조하려고 특정한 스타일을 적용할 때 이 점을 주의하도록 합니다.

Text의 높이 지정하기

lineHeight 속성은 Text의 높이를 지정합니다. 그림 4.18과 예제 4.18은 화면에서 어떻게 보이는지 확인한 것입니다. Text 요소의 lineHeight 속성에 100을 적용해서 이 줄의 높이는 다른 줄보다 상당히 큽니다. iOS와 안드로이드에서 한 줄 내의 텍스트가 어떻게 표현되는지도 주목하시기 바랍니다.

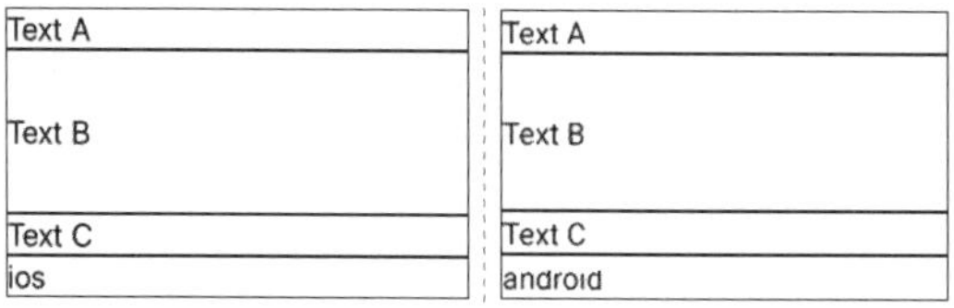

그림 4.18 iOS와 안드로이드에서 lineHeight 속성을 이용한 예

```jsx
import React, { Component } from 'react';
import { Platform, StyleSheet, Text, View} from 'react-native';

export default class App extends Component {
  render() {
    return (
      <View style={styles.container}>
        <TextContainer>
          <LeftText>Text A</LeftText>
        </TextContainer>
        <TextContainer>
          <LeftText style={{lineHeight: 100}}>Text B</LeftText>  ◀─────── 높이를 100으로 지정
        </TextContainer>
        <TextContainer>
          <LeftText>Text C</LeftText>
        </TextContainer>
        <TextContainer>
          <LeftText>{Platform.OS}</LeftText>
        </TextContainer>
      </View>
    );
  }
}

const LeftText = (props) => (
  <Text style={[styles.leftText, props.style]}>
    {props.children}
  </Text>
);

const TextContainer = (props) => (
  <View style={[styles.textContainer, props.style]}>
    {props.children}
  </View>
);

const styles = StyleSheet.create({
  container: {
    width: 300,
    height: 300,
```

```
    margin: 40,
    marginTop: 100
  },
  textContainer: {
    borderWidth: 1    ◀────────────    높이를 확인하기 위해서 border 지정
  },
  leftText: {
    fontSize: 20,
  }
});
```

❙ 텍스트를 수평 정렬하기

textAlign 속성은 요소 내 텍스트를 수평으로 어떻게 정렬될지를 지정합니다. textAlign 속성에서 사용할 수 있는 옵션은 'auto', 'center', 'right', 'left', 'justify'이고 이 중 'justify'는 iOS에서만 사용할 수 있습니다.

❙ 밑줄 또는 취소선 추가하기

textDecorationLine 속성을 이용해서 텍스트에 밑줄이나 취소선을 추가할 수 있습니다. textDecorationLine 속성에서 사용할 수 있는 옵션은 'none', 'underline', 'linethrough', 'underline line-through'이고 기본값은 'none'입니다. 'underline line-through' 옵션값을 사용할 때는 ' '내에 중간에 공백 문자을 이용해서 속성을 중첩으로 적용합니다.

❙ 텍스트 장식 스타일 (iOS만 적용)

iOS는 안드로이드가 지원하지 않는 몇 가지 텍스트 장식 스타일을 지원합니다. textDecora-tionColor 속성은 textDecorationLine의 색상을 지정합니다. iOS는 선 자체의 스타일링도 지원합니다. 안드로이드에의 선은 항상 실선입니다. iOS에서는 textDecorationStyle을 이용해서 선의 스타일을 변경할 수 있으며 옵션 값으로 'solid', 'double', 'dotted', 'dashed'를 이용할 수 있습니다. 안드로이드에서는 이 스타일 값들을 무시합니다.

iOS에서 추가적인 장식 스타일을 사용하려면, 다음과 같이 textDecorationLine 속성과 연결해서 이들 스타일을 사용하면 됩니다.

```
{
textDecorationLine: 'underline',
textDecorationColor: 'red',
textDecorationStyle: 'double'
}
```

텍스트에 음영(그림자) 넣기

textShadowColor, textShadowOffset, textShadowRadius 속성을 이용해서 Text에 음영을 넣을 수 있습니다. 텍스트에 음영을 넣기 위해서는 다음 세 가지를 지정하면 됩니다.

- 색상
- 오프셋(offset)
- 반경(radius)

오프셋 값은 음영 효과를 갖는 컴포넌트에서 음영의 위치를 지정합니다. 반경은 기본적으로 음영을 얼마나 흐릿하게 표시할지를 지정합니다. 다음과 같이 텍스트의 음영을 지정할 수 있습니다.

```
{
textShadowColor: 'red',
textShadowOffset: {width: -2, heighSSSt: -2},
textShadowRadius: 4
}
```

글자 사이 간격 조정하기(과거에는 iOS만 적용)

letterspacing 속성은 텍스트 글자 사이의 간격을 지정합니다. 자주 사용하는 속성은 아니지만, 재미있는 시각적 효과를 낼 수 있습니다. 0.30이전 버전에서는 iOS에서만 사용할 수 있었습니다.

| 텍스트 스타일 예

이 절에서 다양한 스타일에 대해서 배웠습니다. **그림 4.19**는 Text 컴포넌트에 적용된 다양한 스타일을 보여줍니다.

다음은 그림 4.19에 나오는 각 예에 적용된 스타일에 대한 간단한 설명입니다.

- A 예: {fontStyle: 'italic'}를 이용해서 이텔릭체 적용
- B 예: {textDecorationLine: 'underline line-through'}를 이용해서 밑줄과 취소선 추가함
- C 예: {textDecorationColor: 'red', textDecorationStyle: 'dotted'}를 이용해서 B 예에 iOS에만 적용되는 스타일을 추가함. 안드로이드에는 스타일 효과가 적용되지 않음
- D 예: {textShadowColor: 'red', textShadowOffset: {width: -2, height: -2}, textShadowRadius: 4}를 이용해서 음영을 넣음
- E 예: iOS에만 적용되는 {letterSpacing: 5} 스타일 적용. 안드로이드에는 스타일 효과가 적용되지 않음
- {textAlign: 'center', fontWeight: 'bold'}를 이용해서 ios와 android 글자에 스타일 적용

예제 4.19를 기준으로 스타일을 변경할 때 어떤 결과가 나오는지 확인해 보도록 합니다.

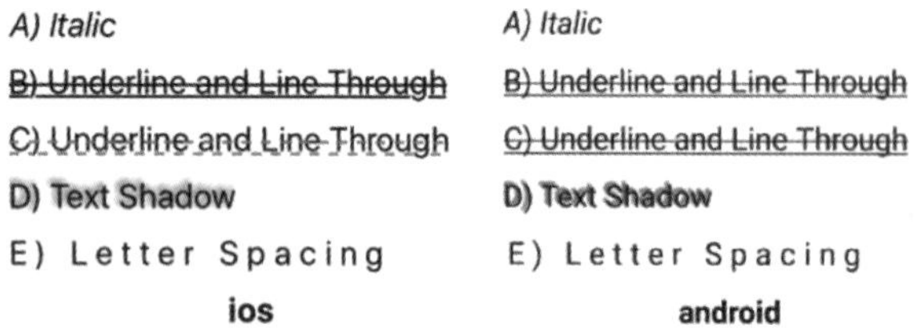

그림 4.19 텍스트 컴포넌트에 스타일을 적용한 다양한 예

```javascript
import React, { Component } from 'react';
import { Platform, StyleSheet, Text, View} from 'react-native';

export default class App extends Component {
  render() {
    return (
      <View style={styles.container}>
        <LeftText style={{fontStyle: 'italic'}}>
          A) Italic
        </LeftText>
        <LeftText style={{textDecorationLine: 'underline line-through'}}>
          B) Underline and Line Through
        </LeftText>
        <LeftText style={{textDecorationLine: 'underline line-through',
          textDecorationColor: 'red',
          textDecorationStyle: 'dotted'}}>
          C) Underline and Line Through
        </LeftText>
        <LeftText style={{textShadowColor: 'red',
          textShadowOffset: {width: -2, height: -2},
          textShadowRadius: 4}}>
          D) Text Shadow
        </LeftText>
        <LeftText style={{letterSpacing: 5}}>
          E) Letter Spacing
        </LeftText>
        <LeftText style={{textAlign: 'center', fontWeight: 'bold'}}>
          {Platform.OS}
        </LeftText>
      </View>
    );
  }
}

const LeftText = (props) => (
  <Text style={[styles.leftText, props.style]}>
    {props.children}
  </Text>
);
```

```
const styles = StyleSheet.create({
  container: {
    width: 300,
    height: 300,
    margin: 40,
    marginTop: 100
  },
  leftText: {
    fontSize: 20,
    paddingBottom: 10
  }
});
```

그림 4.20 완성된 프로필 카드 모습. 이 절에서 배운 텍스트 스
타일 기법을 이용해 인물 정보에 그림자 효과 추가

텍스트에 음영을 넣는 방법을 배웠으니 인물 이름에 음영을 넣어 다른 텍스트보다 눈에 띄게
만들어 보도록 하겠습니다. **그림 4.20**은 완성된 모습을 보여줍니다.

완성된 프로필 카드의 코드는 다음 예제 4.20에 있습니다. 약간의 코드를 추가해서 이름에
음영을 넣었습니다.

```javascript
import React, { Component } from 'react';
import { Image, StyleSheet, Text, View} from 'react-native';

export default class App extends Component {
  render() {
    return (
      <View style={styles.container}>
        <View style={styles.cardContainer}>
          <View style={styles.cardImageContainer}>
            <Image style={styles.cardImage} source={require('./user.png')}/>
          </View>
          <View>
            <Text style={styles.cardTitle}>
              John Doe
            </Text>
          </View>
          <View style={styles.cardSubtitleContainer}>
            <Text style={styles.cardSubtitle}>
              React Native Developer
            </Text>
          </View>
          <View>
            <Text style={styles.cardDescription}>
              John is a really great JavaScript developer. He
              loves using JS to build React Native applications
              for iOS and Android.
            </Text>
          </View>
        </View>
      </View>
    );
  }
}

const profileCardColor = 'dodgerblue';

const styles = StyleSheet.create({
  container: {
    flex: 1,
```

```
    justifyContent: 'center',
    alignItems: 'center'
  },
  cardContainer: {
    alignItems: 'center',
    borderColor: 'black',
    borderWidth: 3,
    borderStyle: 'solid',
    borderRadius: 20,
    backgroundColor: profileCardColor,
    width: 300,
    height: 400
  },
  cardImageContainer: {
    alignItems: 'center',
    backgroundColor: 'white',
    borderWidth: 3,
    borderColor: 'black',
    width: 120,
    height: 120,
    borderRadius: 60,
    marginTop: 30,
    paddingTop: 15
  },
  cardImage: {
    width: 80,
    height: 80
  },
  cardTitle: {
    color: 'white',
    fontWeight: 'bold',
    fontSize: 24,
    marginTop: 30,
    textShadowColor: 'black',      ◀── 음영 색상 지정
    textShadowOffset: {            ◀── 음영의 offset 지정 오른쪽 하단으로 음영
      height: 2,
      width: 2
    },
    textShadowRadius: 3            ◀── 음영의 반경
  },
  cardSubtitleContainer: {
```

```
    borderColor: 'black',
    borderWidth: 3,
    borderTopWidth: 0,
    borderRightWidth: 0,
    borderLeftWidth: 0,
  },
  cardSubtitle: {
    fontWeight: 'bold',
    marginTop: 10,
    marginBottom: 10,
  },
  cardDescription: {
    fontStyle: 'italic',
    marginTop: 10,
    marginRight: 40,
    marginLeft: 40,
    marginBottom: 10
  }
});
```

지금까지 배운 기본적인 프로필 카드 예제를 더 멋지게 만들 수도 있지만, 지금의 목표는 스타일링 개념을 이해하는 것이 얼마나 도움 되는지를 보여주는 것입니다. 컴포넌트를 멋지게 만들기 위해서 훌륭한 그래픽 디자이너가 될 필요는 없습니다. 일부 간단한 스타일 기법을 통해 여러분들이 만들 앱을 멋지게 만들 수 있습니다.

이 장에서 많은 내용을 다뤘지만, 간단한 소개에 지나지 않습니다. 5장에서는 좀 더 심화한 스타일링 기법을 다루도록 하겠습니다.

⋮ 정리

- 컴포넌트에 스타일을 적용할 때, 컴포넌트 내에서 인라인 스타일을 적용할 수도 있고 별도의 스타일시트에 정의된 스타일을 참조할 수도 있습니다.

- 하나의 파일을 이용해서 컴포넌트 내에서 컴포넌트의 정의 이후에 스타일을 모아서 관리할 수도 있고 별도의 style.js 파일에 스타일을 모아서 관리할 수 있습니다.

- 리액트 네이티브에서의 스타일은 자바스크립트로 이루어진 코드이며 자바스크립트가 제공하는 변수와 함수로 기존의 CSS 보다 편리한 점들이 있습니다.

- View 컴포넌트는 UI의 주요 조립 블록이며 다양한 스타일링 속성을 제공합니다.

- 테두리를 다양하게 활용해 컴포넌트의 모습을 좋게 만들 수 있습니다. 심지어 테두리를 이용해 원 같은 모양도 만들 수 있습니다.

- 마진과 패딩을 이용해 컴포넌트의 위치를 다른 컴포넌트들과 상대적인 위치로 지정할 수 있습니다.

- 절대 위치는 부모 컨테이너 내에서 컴포넌트를 위치시킵니다.

- 기본 폰트 외의 다른 폰트를 사용하려면 문제가 발생할 수 있습니다. Platform 컴포넌트를 이용해서 각 운영체제에 적합한 폰트를 선택하기 바랍니다.

- 색상, 크기, 두께 등의 일반적인 폰트 스타일을 이용해서 Text 컴포넌트의 크기나 모습을 변경할 수 있습니다.

- 운영체제에 따라 렌더링이 다르게 표현될 수 있습니다.

- 텍스트 장식으로 텍스트에 밑줄이나 음영을 추가할 수 있습니다. 활용 가능한 장식 스타일은 OS에 따라 다릅니다.

고급 스타일링 기법

4장에서는 리액트 네이티브의 컴포넌트에 스타일을 적용하는 것을 배웠습니다. View와 Text 컴포넌트에 스타일 적용하기, 자주 사용되는 스타일, 컴포넌트의 모습에 가장 큰 영향을 미치는 요소 등을 다뤘습니다. 이 장에서는 스타일에 관한 내용을 좀 더 심화해서 플랫폼별 스타일, 음영 넣기, 변형(이동, 회전, 크기변경, 기울이기), flexbox로 컴포넌트들을 동적으로 배치하기 등을 다룹니다.

플랫폼별 스타일과 flexbox와 같은 5장에서 다룰 내용 중 일부는 4장의 일부 예제에서 이미 사용했기 때문에 익숙할 것입니다. 4장에서 자세히 다루지는 않았지만, 일부 예제에서 볼 수 있었습니다.

이 장에서는 이 주제들을 좀 더 확장합니다. 변형 효과를 통해 컴포넌트를 2차원 또는 3차원에서 조작할 수 있습니다. 컴포넌트의 위치를 이동하고 회전하고 크기를 변경하고 기울일 수 있습니다(CSS3부터는 2D 및 3D 변형 효과가 지원됩니다). 변형 효과는 그 자체로도 유용하지만, 애니메이션에 대해 자세히 배우는 7장에서 더 큰 역할을 담당합니다.

플랫폼별 차이점과 flexbox를 좀 더 자세히 다룹니다. flexbox는 앱 제작할 때 기본이 되는 개념이므로 리액트 네이티브에서 레이아웃과 UI를 제대로 만들 수 있도록 제대로 이해하고 있어야 합니다. 아마도 여러분이 앞으로 만들게 될 모든 앱에서 flexbox를 이용하게 될 것입니다. 5장에서 배울 새로운 스타일링 기법을 이용해 4장의 프로필 카드 예에 새로운 기능을 추가합니다.

 ## 5.1 플랫폼별 크기와 스타일

앞에서 `Platform.select`를 이용해서 iOS 또는 안드로이드에서만 사용할 수 있는 폰트를 선택하는 방법을 배웠습니다. 각 플랫폼에서 지원하는 모노스페이스 폰트를 선택할 때 `Platform.select` 함수를 이용했습니다. 이때는 크게 의식하지 못했을 수도 있지만, 여러분은 두 개의 다른 플랫폼에서 동작하는 앱을 개발하고 있다는 점을 염두에 두고 있어야 합니다. 컴포넌트에 적용한 스타일이 플랫폼별로 다르게 보이거나 동작할 수 있습니다. 심지어 iOS나 안드로이드의 각 버전 별로도 스타일이 다르게 적용될 수 있습니다.

여러분은 하나의 디바이스에서 동작하는 앱이나 하나의 운영체제에서만 동작하는 앱을 개발하는 것이 아닙니다. 리액트 네이티브의 매력이 바로 자바스크립트를 이용해서 iOS와 안드로이드에서 동시에 동작하는 앱을 만들 수 있다는 점입니다. 리액트 네이티브의 문서를 검토하다 보면, `ProgressBarAndroid`, `ProgressViewIOS`, `ToolbarAndroid`와 같이 iOS나 Android와 같은 접미사가 붙어 있는 다수의 컴포넌트를 발견할 수 있습니다. 스타일이 플랫폼별로 다르게 적용된다는 것은 이제 새삼스러운 것은 아닙니다.

여러분은 지금까지 눈치채지 못했을지도 모르겠지만 예제에서 `width: 300` 또는 `width: '300px'`과 같이 **픽셀** 단위로 크기를 지정한 적이 없었습니다. 이것은 크기의 개념이 iOS와 안드로이드 운영 체제에서 다르게 때문입니다.

픽셀, 포인트, DP(DPs)

'크기'라는 주제는 혼동을 줄 수 있기는 해도 화면에 컴포넌트를 배치할 때 크기에 대한 개념을 정확히 이해하고 있어야 합니다. 비록 여러분이 고품질의 레이아웃을 만드는 게 아닐지라도 각 디바이스별 레이아웃에 차이가 발생하는 것을 대비해서 크기에 대한 개념을 이해하고 있는 것이 좋습니다.

먼저, 픽셀의 정의부터 시작하겠습니다. **픽셀**은 디스플레이에 표현되는 프로그래밍할 수 있는 가장 작은 단위의 색상입니다. 픽셀은 빨간색, 녹색, 파란색^RGB의 색 요소로 구성됩니다. 각 RGB 값의 농도를 조절해서 픽셀은 여러분이 보는 색상을 만들어 냅니다. 픽셀이라는 단위는 화면의 크기나 1인치당 도트의 수와 같이 물리적인 단위로 수치가 정해지지 않는다면 아무런 의미를 가지지 못합니다.

화면 크기는 한 모서리부터 대각선 모서리까지의 대각선 길이입니다. 예를 들어, 초창기 아이폰의 화면 크기는 3.5인치였지만 아이폰 X의 화면 크기는 5.8인치입니다. 아이폰 X의 화면 크기는 상당히 커졌지만, 이 크기는 화면 크기에 얼마나 많은 픽셀이 들어가는지 알고 있어야 의미가 있습니다.

해상도^Resolution는 디스플레이에 표시되는 픽셀 수이며 보통 디바이스의 높이와 폭에 표현되는 픽셀 수를 의미합니다. 초기 아이폰의 해상도는 320 × 480이었으며 아이폰 X의 해상도는 1125 × 2436입니다.

화면 크기와 해상도를 알아야 픽셀 밀도인 1인치당 **픽셀수**PPI를 계산할 수 있습니다. PPI를 1인치당 **도트의 수**DPI로 표현하는 것도 자주 볼 수 있습니다. DPI는 인쇄에서 사용되는 용어입니다. PPI와 DPI는 비록 정확한 표현은 아니지만, 자주 혼용해서 사용됩니다. 따라서 화면에 대해 언급할 때 DPI를 보게 된다면 실제로는 PPI를 의미했다고 이해하면 됩니다.

PPI로 이미지의 선명도를 측정할 수 있습니다. 두 개의 화면이 320 × 480의 똑같은 해상도 (VGA의 반)를 가졌다고 가정했을 때, 3.5인치인 아이폰과 17인치의 HVGA 모니터에서 같은 이미지가 어떻게 보일까요? 아이폰에서 이미지가 훨씬 선명하게 보입니다. 아이폰의 PPI는 163이고 17인치 CRT 모니터의 PPI는 34이기 때문입니다. 3.5인치인 초기 아이폰에 거의 다섯 배나 많은 정보를 넣을 수 있는 셈입니다. **표 5.1**은 이 두 화면의 대각선 길이, 해상도, PPI를 비교합니다.

표 5.1 17인치 HVGA 모니터와 초기 아이폰의 PPI 비교

	HVGA 모니터	초기 아이폰
대각선 길이	17인치	3.5인치
해상도	320×480	320×480
PPI	34	163

이런 게 왜 중요할까요? iOS나 안드로이드는 디바이스의 화면에 내용물들을 렌더링할 때 실제 물리 단위를 이용하지 않기 때문입니다. iOS는 '**포인트**Point'라는 추상적인 단위를 이용하고 안드로이드 이와 유사한 추상적인 단위인 DP(density-independent pixel 밀도 독립 화소)를 사용합니다.

아이폰 4는 전작과 동일한 화면 크기로 출시됐지만, 640 × 960 해상도의 멋진 레티나 스크린을 탑재했으며 해상도가 전작의 4배로 커졌습니다. 기존의 앱을 1:1 비율로 새로운 레티나 디스플레이에서 렌더링한다면, 크기가 1/4로 축소돼 보였을 겁니다. 애플은 기존의 모든 앱을 망치는 혁신을 하지 않았습니다.

대신 애플은 '**포인트(Point-PT)**'라는 논리적인 개념을 도입했습니다. '포인트'는 디바이스의 해

상도와 상관없이 확대나 축소될 수 있는 거리의 단위입니다. 따라서 초기 아이폰 화면의 전체를 차지했던 320 × 480 크기의 이미지를 레티나 디스플레이에서 2배로 확대해서 제대로 표현할 수 있었습니다. **그림 5.1**은 여러 아이폰 모델별 픽셀 밀도를 시각화한 모습입니다.

초기 아이폰의 163 PPI는 iOS 포인트의 기준입니다. 1 iOS point는 1인치의 1/163입니다. 안드로이드는 디바이스 독립 픽셀(device-independent pixel, DIP 또는 DP)이라는 유사한 단위를 이용합니다. 1 안드로이드 DP는 1인치의 1/160입니다.

리액트 네이티브에서 스타일을 정의할 때, 픽셀의 논리적인 개념을 이용합니다. 즉, iOS에서는 PT^point를 안드로이드에서는 DP를 사용합니다. 네이티브 언어로 앱을 개발할 때에는 간혹 논리적인 픽셀 단위에 화면 크기^scale를 곱해서 디바이스 픽셀로 작업할 필요도 있습니다. (예, 2X, 3X)

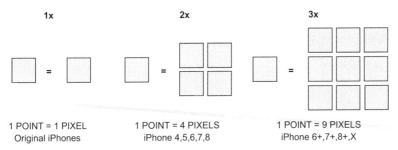

그림 5.1 아이폰의 픽셀 밀도에 대한 point의 시각화. 초기 아이폰의 해상도: 320 X 480, 아이폰 4의 해상도: 640 X 960(초기 아이폰의 4배 해상도). 아이폰 4는 전작 대비 2배의 PPI(326 vs 163)를 가져서 이미지가 2배로 크게 보이게 됨.

shadowPropTypesIOS와 elevation 속성으로 음영 넣기

4장에서는 텍스트의 음영 속성을 이용해서 `ProfileCard`의 제목에 음영을 넣었습니다. iOS와 안드로이드 모두 `Text` 컴포넌트에 음영을 넣는 기능을 지원합니다. 프로필 카드와 원형 이미지에 음영을 넣어서 `ProfileCard`를 좀 더 다듬어 보면 좋을 듯합니다. 안타깝게도 `View` 컴포넌트에는 iOS와 안드로이드에서 공통으로 사용할 수 있는 스타일 속성이 없습니다.

그렇다고 완전히 방법이 없는 것은 아닙니다. shadowPropTypesIOS 스타일 속성을 이용해서 iOS 디바이스에 음영을 넣을 수 있습니다. 이 스타일 속성이 컴포넌트의 z-order(z-index의 순서)에는 영향을 주지는 않습니다. 안드로이드에서는 elevation 스타일 속성으로 **음영 효과**를 낼 수 있습니다. 이 속성은 컴포넌트의 z-order에 영향을 줍니다.

▍ shadowPropTypesIOS 속성으로 iOS에서 음영 효과 넣기

shadowPropTypesIOS 스타일 속성을 이용해서 View 컴포넌트에 음영을 넣는 방법을 살펴보겠습니다. **그림 5.2**는 구현할 수 있는 다양한 음영 효과를 보여줍니다. **표 5.2**는 각 음영 효과를 내는 세부 설정 속성들의 목록입니다. 세부 설정 중에 주요 속성들은 다음과 같습니다.

- shadowOpacity 속성값을 지정하지 않으면 음영이 나타나지 않는다.
- 음영의 오프셋 값(offset)은 폭과 높이로 표시하지만, 음영을 x와 y 방향으로 이동한다고 생각해도 무방, 폭과 높이에 음수값을 지정할 수도 있다.
- shadowOpacity 속성값이 1이면 완전히 불투명하고 0.2면 좀 더 투명하게 보인다.
- shadowRadius 속성은 음영의 모서리를 흐리게(blur) 표현해서 음영이 좀 더 분산되어 보이게 한다.

- Example 1: 음영 효과를 적용했지만, 투명도(opacity)를 지정하지 않아 음영 효과가 나타나지 않는다.
- Example 2: Example 1과 동일한 음영 효과 적용하고 투명도를 1로 지정
- Example 3: 약간 음영의 크기를 확대
- Example 4: 같은 크기의 음영에 반경(radius)을 지정
- Example 5: 같은 크기의 음영에 투명도를 1에서 0.2로 변경
- Example 6: 음영의 색상을 변경
- Example 7: 음영을 한 방향으로만 적용
- Example 8: 음영을 반대 방향으로 적용

그림 5.2 View 컴포넌트에 shadowPropTypesIOS 스타일 속성(styles)을 적용한 iOS용 예

표 5.2 그림 5.2의 예에 적용된 음영 속성들

예	shadowColor	shadowOffset		shadowOpacity	shadowRadius
		width (x)	height (y)		
1	Black	10	10		
2	Black	10	10	1	
3	Black	20	20	1	
4	Black	20	20	1	20
5	Black	20	20	0.2	
6	Red	20	20	1	
7	Black		20	1	
8	Black	-5	-5	1	

그림 5.2에 나오는 예를 구현한 코드는 이 장의 예제 코드에서 찾을 수 있습니다. 이 코드를 실행하려면, 반드시 iOS 시뮬레이터에서 실행해야 합니다. 안드로이드 디바이스에서 실행하면, 그냥 둥근 모서리를 갖는 8개의 평범한 사각형만 표현될 것입니다. ShadowPropTypesIOS 스타일 속성은 안드로이드에서 무시됩니다.

elevation 속성으로 안드로이드에서 유사한 음영 효과 내기

안드로이드에서 iOS와 동일한 음영 효과를 낼 수는 없지만, 안드로이드의 elevation 스타일 속성을 이용해서 컴포넌트의 z-order에 영향을 줄 수 있습니다. 두 개 이상의 컴포넌트가 같은 공간에 있을 때, 전면에 나올 컴포넌트에 더 높은 elevation 값(더 높은 z-index 값)을 지정해서 약간의 음영 효과를 낼 수 있습니다. 물론, iOS에서와같이 두드러진 음영 효과를 기대할 순 없습니다. 이 속성은 안드로이드에만 적용된다는 점을 기억해 두시기 바랍니다. iOS는 elevation 스타일 속성을 지원하지 않고 혹시라도 지정되면 이 속성을 무시합니다.

안드로이드와 iOS에서 elevation 스타일 속성이 어떻게 동작하는지 확인해 보도록 하겠습니다. 먼저, 절대 위치로 지정된 세 개의 상자로 된 View 컴포넌트를 만듭니다. 각 View 컴포넌트에 다른 elevation 값(1, 2, 3)을 지정합니다. 다음으로 elevation 값을 반대로 지정해서 레이아웃에 어떤 영향을 미치는지 확인합니다. **그림 5.3**은 elevation 값을 조정한 결과를 보여줍니다.

표 5.3은 각 상자에 사용된 절대 위치와 elevation 값을 나타냅니다. 각 상자에 지정된 elevation 값 외에는 차이가 없다는 점을 주목하시기 바랍니다. iOS는 각 상자에 적용된 스타일을 무시하고 항상 A 상자 위에 B 상자를, B 상자 위에 C 상자를 렌더링합니다. 반면, 안드로이드는 상자가 렌더링되는 순서를 뒤집어서 A 상자가 B 상자 위에, B 상자를 C 상자 위에 표시합니다.

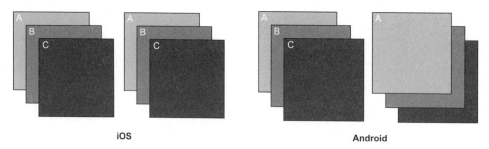

그림 5.3 iOS와 안드로이드에서 elevation 스타일 속성(style)이 적용된 모습

- iOS에서는 elevation 속성을 무시하고 모든 컴포넌트는 같은 z-order 값을 유지하기 때문에 레이아웃에서 마지막에 나오는 컴포넌트가 위에 위치

- 안드로이드에서 elevation 속성이 사용되면, z-order가 변경됨, 두 번째 예에서 elevation 속성값을 반대로 적용해서 A가 위에 위치

표 5.3 그림 5.3에 적용된 elevation 설정값

Example	color	top	left	elevation
A	Red	0	0	1
B	Orange	20	20	2
C	Blue	40	40	3
A	Red	0	0	3
B	Orange	20	20	2
C	Blue	40	40	1

프로필 카드 예제에 음영 넣기

4장에서 배운 ProfileCard 컴포넌트 예제에 음영을 넣어 보도록 하겠습니다. iOS에서는 음영 효과가 제대로 표현되겠지만, 안드로이드에서는 효과가 기대에 미치지 못합니다. 전체 ProfileCard 컨테이너와 원형 이미지 컨테이너에 음영 효과를 넣습니다. **그림 5.4**는 iOS와 안드로이드에 음영 효과가 적용된 모습을 보여줍니다.

안드로이드에서 elevation이 적용되었음에도 그다지 음영 효과가 두드러지지 않습니다. 리액트 네이티브가 기본 제공하는 음영 효과를 가지고는 안드로이드에서 iOS에 표현되는 음영 효과 정도까지는 표현할 수 없습니다. 그럼에도 안드로이드에서 음영 효과를 처리해야만 한다면, npm이나 yarn에서 적절한 음영 효과를 내는 데 필요한 컴포넌트를 찾아보시기 바랍니다. 다양한 컴포넌트를 테스트해보고 iOS 버전만큼 안드로이드에서도 효과를 낼 수 있는지 확인해 봅니다. 딱히 추천할 만한 컴포넌트가 없으므로 음영 효과를 포기하거나 두 OS에서 다르게 표현되는 것을 인정하고 그대로 사용할 수밖에 없습니다.

4장에서 배운 ProfileCard 컴포넌트 예제로 이 장에서 다룰 코드를 시작하겠습니다. 예제 5.1은 이 컴포넌트에 음영을 넣기 위해 수정한 부분만을 보여줍니다. iOS에서는 음영 효과를 낼 때 많은 코드가 필요 없습니다. 안드로이드 디바이스에서 이 예제를 확인해 보면 elevation이 아주 약간의 음영 효과만을 낸다는 것을 확인할 수 있습니다.

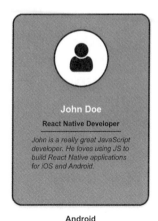

그림 5.4 iOS와 안드로이드에서 ProfileCard 컴포넌트의 프로필 카드 컨테이너와 원형 이미지 컨테이너에 음영 효과가 적용된 모습

- iOS에서는 iOS용 음영 속성인 shadowColor, shadowOffset, shadowOpacity를 이용해서 음영 효과를 표현.

- 안드로이드에서는 elevation 속성을 이용해서 약간의 음영 효과를 만들었지만, iOS에서 표현되는 음영 효과에는 미치지 못한다.

예제 5.1 | ProfileCard 컴포넌트에 음영 효과 넣기

```
import React, { Component } from 'react';
import { Image, Platform, StyleSheet, Text, View} from 'react-native';
```
프로그램에서 플랫폼에 따라 스타일을
선택할 수 있도록 Platform 유틸리티 가져오기

```
...
cardContainer: {
    ...
    height: 400,
    ...Platform.select({
      ios: {
        shadowColor: 'black',
        shadowOffset: {
          height: 10
        },
        shadowOpacity: 1
      },
      android: {
        elevation: 15
      }
    })
  },
```
플랫폼에 따라 카드 컨테이너에 음영 넣기

```
  cardImageContainer: {
    ...
    paddingTop: 15,
    ...Platform.select({
      ios: {
        shadowColor: 'black',
        shadowOffset: {
          height: 10,
        },
        shadowOpacity: 1
      },
      android: {
```
원형 이미지에 음영 넣기

```
        borderWidth: 3,
        borderColor: 'black',
        elevation: 15
      }
    })
  },
  ...
```

4장에서 플랫폼(iOS 또는 안드로이드)에 따라 폰트를 선택했던 예제처럼 `Platform.select` 함수를 이용해서 플랫폼에 따라 컴포넌트에 다른 스타일을 적용합니다. 음영 효과처럼 일부의 경우에는 한 플랫폼에서의 효과가 다른 플랫폼보다 잘 표현될 수 있지만, 대부분의 스타일이 두 플랫폼에서 똑같이 표현되며 이게 바로 리액트 네이티브의 장점입니다.

컴포넌트를 이동, 회전, 크기 변경, 기울이기

지금까지 배운 스타일 효과는 대부분 컴포넌트의 외형에 변화를 주었습니다. 스타일, 두께, 크기, 경계선의 색상, 폰트와 같은 속성을 사용하는 방법을 배웠습니다. 배경색과 음영 효과를 적용해 보았고 마진과 패딩을 이용해 컴포넌트들의 관계에서 이들을 어떻게 다루는지도 살펴보았습니다. 반면, 다른 컴포넌트와 상관없이 하나의 컴포넌트를 화면 내에서 위치나 방향을 조작하는 방법을 다루지 않았습니다. 컴포넌트를 이동하거나 회전시킬 수 있는 방법은 무엇일까요?

해답은 변형을 이용하면 됩니다. 리액트 네이티브는 3차원에서 컴포넌트의 모양이나 위치를 변경할 수 있는 다수의 유용한 변형 스타일들을 제공합니다. 컴포넌트를 한 곳에서 다른 곳으로 이동하거나 3개의 축(x, y, z)을 기준으로 회전하거나 크기를 변경하거나 x나 y 방향으로 기울일 수 있습니다. 단순하게는 변형이라는 것이 재미있는 효과를 만들어 낼 수 있지만, 변형의 진정한 위력은 연속적인 일련의 변형을 이용해 애니메이션 효과를 만드는 것입니다.

이 절을 통해서 여러분은 변형 스타일에 대한 확실한 이해와 이들이 변형이 적용되는 컴포넌트에 어떤 영향을 미치는지 이해할 수 있을 것입니다. 변형 스타일이 어떤 역할을 하는지 명확히 이해하게 되면, 다음부턴 변형 스타일들을 묶어서 꽤 괜찮은 애니메이션 효과를 만들 수 있습니다.

transform 스타일은 컴포넌트에 어떠한 변형 효과들을 적용될 것인지를 정의하는 transform 속성들의 배열을 인수로 갖습니다. 다음 예는 컴포넌트를 90도로 회전하고 그 크기를 50%로 축소합니다.

```
transform: [{rotate: '90deg', scale: .5}]
```

transform 스타일은 다음 속성을 지원합니다.

- perspective

- translateX, translate

- rotateX, rotateY, rotateZ (rotate)

- scale, scaleX, scaleY

- skewX, skewY

3D 효과를 내기 위한 perspective 속성

perspective 속성은 사용자와 평면(화면) 사이의 거리를 조정해서 화면 내 요소들에 3차원 공간을 만듭니다(모바일 기기와 눈 사이의 거리를 생각하면 됩니다. 거리가 가까우면 입체감이 더 크게 느껴지고 멀어질수록 2D와 유사해집니다). 3차원 효과(3D effect)를 내기 위해서 이 속성에 다른 속성들을 같이 사용하게 됩니다. perspective 속성값이 커질수록 컴포넌트의 z-index 값도 커지며 컴포넌트가 사용자에게 좀 더 가깝게 보이도록 합니다. z-index 값이 음수면, 컴포넌트는 멀리 떨어진 것처럼 보이게 됩니다.

translateX와 translateY 속성으로 이동하기

translation 속성들은 하나의 요소를 현 위치에서 x 축 또는 y 축을 따라 이동시킵니다 (translateX, translateY). 이미 margin, padding과 위치 이동 속성들이 있으므로 translation 속성들을 이용해서 이동하는 것은 일반적인 상황에서는 그다지 유용하지 않습니다. 하지만, 컴포넌트를 화면의 한 곳에서 다른 곳으로 이동시키는 애니메이션 효과를 낼 때는 유용하게 사용할 수 있습니다.

translateX와 translateY 스타일 속성을 이용해서 정사각형을 이동하는 방법을 살펴보도록 합니다. **그림 5.5**에서 정사각형은 화면^{display}의 중앙에서 NW(왼쪽 위, upper left), N (위, Top), NE (오른쪽 위, upper right), W (왼쪽, left), E (오른쪽, right), SW (왼쪽 아래, bottom left), S (아래, bottom), SE (오른쪽 아래, bottom right)의 8방위로 이동합니다. 정사각형은 x 또는 y 방향이나 동시에 양방향으로 그 크기의 1.5배만큼의 거리를 이동합니다.

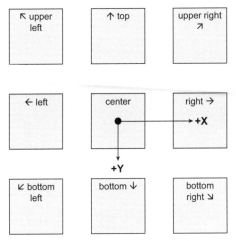

그림 5.5 중앙의 정사각형을 8방위로 이동한 모습

Z 평면으로는 컴포넌트를 이동시킬 수는 없습니다. Z 축은 여러분이 바라보고 있는 디바이스의 화면과 수직이므로 컴포넌트의 크기 변화 없이는 컴포넌트를 앞이나 뒤로 움직여도 그 변화를 인지할 수 없습니다. Z 축을 통한 시각 효과를 내려면 perspective 속성을 이용하면

됩니다.

다음 절에서는 방금 설명한 그림의 가운데 행을 사각형을 이용해서 왼쪽과 오른쪽으로 이동해 보도록 하겠습니다. 컴포넌트를 3개의 축을 따라 회전하면 어떤 결과가 나오는지도 배워 보도록 합니다.

rotateX, rotateY, rotateZ 속성으로 엘리먼트 회전하기

rotation 속성들은 이름 그대로 엘리먼트를 회전시킵니다. 회전은 x, y, z 축을 따라 일어나며 회전의 기준점origin은 어떠한 변형도 적용되기 전, 요소의 중앙입니다. translateX와 translateY 속성을 이용할 때는 컴포넌트의 원래 위치의 축을 기준으로 회전한다는 점을 명심해야 합니다. 회전의 정도는 도deg나 라디안rad으로 지정합니다.

다음 예는 도를 이용합니다.

```
transform: [{ rotate: '45deg' }]
transform: [{ rotate: '0.785398rad' }]
```

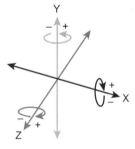

그림 5.6 각 축을 기준으로 양과 음의 방향으로의 회전시킴

그림 5.6은 각 축을 기준으로 양의 방향과 음의 방향을 보여줍니다. rotate 속성만을 이용하는 경우는 rotateZ 속성을 이용한 변형과 동일한 효과를 냅니다.

그림 5.7에서 보는 것처럼 100 × 100 크기의 정사각형을 x 축을 기준으로 35도만큼씩 증가시켜 회전해 보겠습니다. 각 정사각형에 중앙선을 표시해서 정사각형이 어떻게 회전하는지 쉽게 알 수 있습니다. X 축의 양의 방향으로 회전하는 것을 정사각형의 위쪽이 뒤로 넘어가는 모습을 상상해 보시기 바랍니다. 정사각형의 위쪽이 멀어질수록 정사각형의 아래쪽은 여러분에게 다가오게 됩니다.

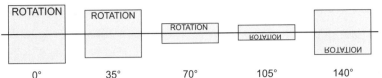

RotateX

0°　　　35°　　　70°　　　105°　　　140°

그림 5.7 100 X 100 크기의 정사각형을 x 축을 기준으로 35도만큼씩 증가시켜 회전하기. 90도 이후에는 "ROTATION" 글자가 위아래가 뒤집혀서 반전된 요소를 통해서 보임

90도에서는 정사각형의 모서리가 보입니다. 90도가 지나면, 정사각형의 뒷면이 보이기 시작합니다. **그림 5.7**을 자세히 보면, 정사각형을 통과해서 뒷면을 보기 때문에 "ROTATIO" 글자의 위아래가 뒤집힌 것을 볼 수 있습니다.

다음 예는 **그림 5.8**과 같이 100 × 100 크기의 정사각형을 Y 축으로 35도만큼 증가시키면서 회전합니다. 정사각형의 오른쪽이 멀어져서 뒤쪽으로 이동한다고 상상해 봅니다. 90도를 지나면 책을 세로로 뒤집은 것처럼 글자 방향이 반대로 보이게 됩니다.

그림 5.7과 5.8을 비교해 보면, 기본적으로 Y 축을 기준으로 회전하는 것과 X 축을 기준으로 회전하는 것은 크게 다르지 않습니다. **그림 5.8**에서 정사각형을 수직 방향으로 정렬해서 회전축을 쉽게 확인할 수 있도록 했습니다. 책을 폈다 덮는 것으로 Y 축을 기준으로 회전하는 것을 상상해 보면 좋습니다. 책을 펴면, 책의 앞면은 음의 방향으로 회전하고 책을 덮으면, 책의 앞면이 양의 방향으로 회전합니다.

Z 축을 기존으로 회전하는 것은 쉽게 생각해 수 있습니다. Z 축을 기준으로 양의 방향으로 회전하면 물체를 시계 방향으로 회전시키고 음의 방향으로 회전하면 물체를 시계 반대 방향으로 회전시킵니다. **그림 5.9**는 Z 축을 기존으로 회전하는 것을 보여주며 회

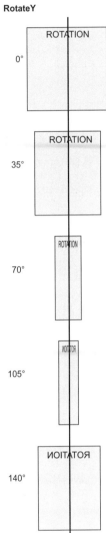

RotateY

0°

35°

70°

105°

140°

그림 5.8 100 X 100 크기의 정사각형을 y 축을 기준으로 35도만큼씩 증가시켜 회전하기. 90도 이후에는 "ROTATION" 글자의 좌우가 반대로 보임

전축^{axis of rotation}은 정사각형의 중앙에 있는 점으로 표시되어 있습니다. Z 축은 여러분의 시선이므로 화면에서 바로 이어집니다.

RotateZ

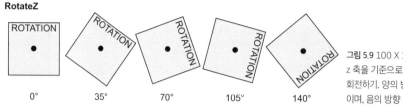

그림 5.9 100 X 100 크기의 정사각형을 z 축을 기준으로 35도만큼씩 증가시켜 회전하기. 양의 방향 회전은 시계 방향이며, 음의 방향 회전은 반시계 방향임.

회전이 어떻게 동작하는지 명확히 이해가 되었기를 바랍니다. 어떤 물체를 양과 음의 방향으로 회전하는 것을 이해하는 것이 가장 복잡한 부분이었다고 생각했을 수도 있습니다. 하지만, 회전을 다른 변형 효과들과 함께 사용하기 시작하면, 예상 밖의 결과에 놀랄 수도 있습니다. transform 속성은 변형의 배열이며 이를 이용해서 복수의 변형을 한 번에 적용할 수 있습니다. 적용되는 순서가 중요합니다. 변형의 속성값 배열에서 변형 효과들의 순서를 바꾸면 전혀 다른 결과를 만들어 냅니다.

순서를 바꾸면 특정한 효과를 만들어 내는 변형 속성들이 어떻게 영향을 받는지 확인해 보도록 하겠습니다. 정사각형에 세 개의 다른 변형 속성을 적용합니다. 먼저, Y 방향으로 50 포인트만큼 이동한 이후에 X 방향으로 150 포인트를 이동하고 마지막으로 정사각형을 45도만큼 회전시킵니다. **그림 5.10**은 지금 설명한 순서대로 변형 속성들이 적용된 결과를 보여줍니다. 그림에서는 변형 속성들이 적용될 때 원래의 정사각형 위치와 방향에 미치는 영향을 쉽게 볼 수 있도록 정사각형의 원래/이전 위치는 점선으로 된 경계선으로 표시하고 정사각형의 바뀐 위치는 실선으로 표시했습니다.

그림 5.10의 나온 결과는 예상과 같을 것입니다. 이번에는 Y 방향으로 정사각형을 이동한 후에 회전하면 어떤 결과가 나올까요? **그림 5.11**의 그림을 확인해 보도록 합니다.

완전히 다른 결과를 볼 수 있을 겁니다. 적용한 후에 정사각형이 화면 밖으로 나가 버렸습니다. 결과를 쉽게 이해할 수 있도록 **그림 5.11**에 새로운 축의 방향을 주석으로 표시해 두었습니다.

회전한 후에는 화면에서 X 축과 Y 축이 더 이상 수평과 수직 방향으로 향하지 않습니다. X 축과 Y 축이 45도 회전했습니다. translateX 속성을 이용한 변형을 적용하면, 정사각형은 X 방향으로 150 포인트 이동하지만, X 방향은 원래의 X 축 방향에서 45도 변경되었습니다.

다음 절에서는 회전에 또 다른 부분들을 살펴보겠습니다.

transform: [{translateY: 50},{translateX: 150},{rotate:'45deg'}]

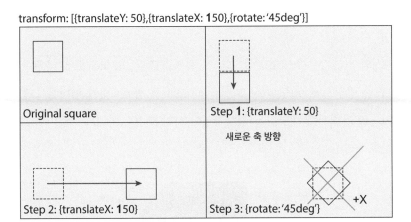

그림 5.10 정사각형(original square)에 transform: [{translateY: 50}, {translateX: 150}, {rotate: '45deg'}]를 적용한 모습

transform: [{translateY: 50},{rotate:'45deg'},{translateX: 150}]

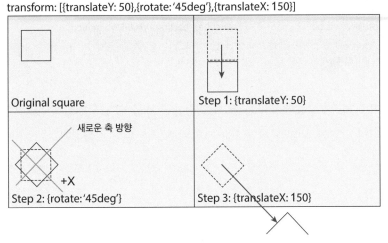

그림 5.11 정사각형(original square)에 transform: [{translateY: 50}, {rotate: '45deg'}, {translateX: 150}]를 적용한 모습. 정사각형을 회전하면 X축과 Y축의 방향이 변경되어 정사각형을 X 방향으로 150 포인트 이동하면 대각선 아래 방향으로 이동해서 뷰포트 밖으로 나가게 되고 결과적으로 화면에서 사라짐.

90도 이상 회전할 때 visibility 속성 지정하기

그림 5.7과 5.8을 보면, 정사각형을 X 축 또는 Y 축으로 90도 이상 회전했을 때에도 정사각형의 전면에 있는 원래의 글자를 볼 수 있었습니다. backfaceVisibility 속성은 요소가 90도 이상 회전할 때 해당 요소를 표시할지를 지정합니다. 이 속성의 값은 'visible' 또는 'hidden' 으로 지정할 수 있습니다. 이 속성은 요소의 변형 효과는 아니지만, 물체의 뒷면을 보여주거나 안 보이도록 처리할 수 있게 합니다.

backfaceVisibility 속성의 기본값은 'visible'입니다. 이 속성의 값을 'hidden'으로 바꾸면, 컴포넌트를 X 축 또는 Y 축 방향으로 90도 이상 회전할 때 요소를 볼 수 없게 됩니다. **그림 5.7과 5.8에서는 105도와 140도 회전에 해당하는 정사각형이 사라집니다. 이해가 어렵다면 그림 5.12를 다시 확인해 보도록 합니다.**

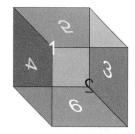

정육면체(cube): backfaceVisibility: 'visible'   정육면체(cube): backfaceVisibility: 'hidden'

그림 5.12 backfaceVisibility 속성값을 'hidden'으로 지정해서 90도 이상 회전한 요소가 사라진 모습. 왼쪽 정육면체(cube)에는 180도 회전했을 때 보이는 2, 4, 5의 면을 표시. 오른쪽 정육면체(cube)에는 2, 4, 5면이 나타나지 않는다.

그림에서 backfaceVisibility 속성값을 'hidden'으로 지정한 결과를 쉽게 확인할 수 있습니다. 애니메이션에서도 이런 효과가 유용할 것입니다. 정육면체의 한 면이 시야에서 사라지면 그 면을 보이지 않게 처리할 경우가 있습니다(예제코드의 'figures' 폴더에 있는 'BackfaceVisibility'의 코드를 참고하세요).

scale, scaleX, scaleY 속성으로 화면에서 크기 변경하기

이 절에서는 화면 위 물체의 크기를 변경하는 것을 다룹니다. 크기 변경scaling은 유용하게 사용되며 이 기능을 이용하는 다양한 패턴이 있습니다. 예를 들어, 요소의 섬네일을 만들 때 크기 변경을 이용할 수 있습니다. 많은 앱에서도 사용하는 방법으로 사용자가 섬네일을 탭하면 애니메이션 효과로 요소를 천천히 원래의 크기로 표시하며 시각적인 효과를 주는 일반적인 변형 방법입니다.

특정 요소의 크기를 변경하는 기본적인 방법을 살펴본 후에 이 방법을 이용해 이전 장에서 다룬 프로필 카드의 섬네일을 만들어 보도록 하겠습니다. 프로필 카드의 섬네일을 누르면 원래의 크기로 보이도록 합니다. 이 장의 후반에서는 flexbox에 대해 다루고 flexbox를 이용해서 다수의 프로필 카드 섬네일들을 갤러리 형태로 처리하는 방법을 배웁니다. 프로필 카드 섬네일을 누르면 좀 더 자세히 볼 수 있도록 프로필 카드가 표시됩니다.

scale 속성은 요소의 크기를 자신에 지정된 값만큼 확대/축소하는데 기본값은 1입니다. 요소의 크기를 키우려면 1보다 큰 값으로 지정하면 되고 작게 축소하려면 1보다 작은 값을 지정하면 됩니다.

scaleX 또는 scaleY 속성을 이용하면 요소를 특정한 축을 기준으로 크기 변경할 수 있습니다. scaleX 속성은 X 축을 기준으로 수평으로 엘리먼트의 크기를 변경하고 scaleY 속성은 Y 축을 기준으로 수직으로 요소의 크기를 변경합니다. **그림 5.13**에서 정사각형의 크기 변경 효과를 확인해 보도록 합니다.

크기를 변경하는 것은 직관적이어서 이해하기 어렵지 않습니다. 예제 5.2를 확인해 보면 크기를 변경하는 것이 얼마나 쉬운지 알 수 있습니다.

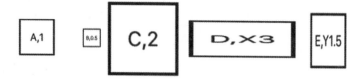

그림 5.13 정사각형을 크기 변경한 예

- 그림에 나오는 모든 정사각형은 기본 scale 속성값인 1이 적용된 A 정사각형의 크기와 모양에서 변형됨.

- B 정사각형은 0.5배만큼 축소됨

- C 정사각형은 2배만큼 확대됨

- D 정사각형은 scaleX 속성을 이용해서 X 축 방향으로 3배 확대됨

- E 정사각형은 scaleY 속성을 이용해서 Y 축 방향으로 1.5배 확대됨

예제 5.2 │ scale, scaleX, scaleY 속성을 이용해서 정사각형의 크기 변경하기

```
import React, { Component } from 'react';
import { StyleSheet, Text, View} from 'react-native';

export default class App extends Component {
  render() {
    return (
      <View style={styles.container}>
        <Example style={{}}>A,1</Example>
          <Example style={{transform: [{scale: 0.5}]}}>B,0.5</Example>
          <Example style={{transform: [{scale: 2}]}}>C,2</Example>
          <Example style={{transform: [{scaleX: 3}]}}>D,X3</Example>
          <Example style={{transform: [{scaleY: 1.5}]}}>E,Y1.5</Example>
      </View>
    );
  }
}
```

기본 50 X 50 크기의 정사각형의 크기를 0.5배만큼 축소

기본 50 X 50 크기의 정사각형. 크기가 변경되지 않음

기본 50 X 50 크기의 정사각형의 크기를 Y축 방향으로만 1.5배 확대

기본 50 X 50 크기의 정사각형의 크기를 X축 방향으로만 3배 확대

기본 50 X 50 크기의 정사각형의 크기를 2배만큼 확대

```
const Example = (props) => (
  <View style={[styles.example,props.style]}>
    <Text>
      {props.children}
    </Text>
  </View>
);

const styles = StyleSheet.create({
  container: {
    marginTop: 75,
    alignItems: 'center',
    flex: 1
  },
  example: {
    width: 50,
    height: 50,
    borderWidth: 2,
    margin: 15,
    alignItems: 'center',
    justifyContent: 'center'
  },
});
```

scale을 이용해 프로필 카드 섬네일 만들기

여기서는 크기를 scale 변형 속성을 이용해서 프로필 카드의 섬네일을 만들어 보겠습니다. 만들어진 결과를 보면 여러분은 깜빡임을 피하고자 애니메이션 효과를 쓰고 싶을 것이지만, 이번에는 확대/축소가 현실적으로 어떻게 사용하는지만 보도록 합시다. **그림 5.14**는 축소된 ProfileCard 컴포넌트, 즉 섬네일을 보여줍니다. 섬네일을 누르면 ProfileCard 컴포넌트의 원래의 크기로 표시됩니다. 원래 크기의 ProfileCard 컴포넌트를 누르면 다시 섬네일 크기로 축소되어 표시됩니다.

예제 5.1에 적용된 스타일 부분을 살펴보면, 프로필 카드를 원래 크기에서 섬네일 크기로 축소할 때 하나의 새로운 스타일만 추가하면 됩니다. 나머지 코드는 컴포넌트를 재사용 가능한 구조로 정리하고 onPress 이벤트를 처리하기 위해 터치 기능을 구현한 것입니다.

옮긴이 - 예제를 정상적으로 실행하기 위해서는 npm install immutability-helper--save를 이용해서 immutablitity-helper를 프로젝트에 추가해 주도록 합니다.

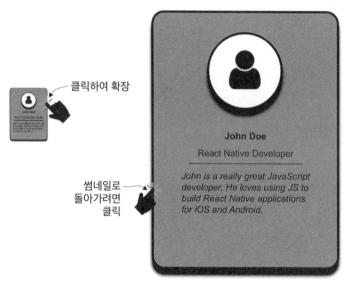

그림 5.14 원래 크기의 프로필 카드를 80%만큼 축소(20% 크기로 축소)해 섬네일 이미지를 만든다.

- 섬네일을 클릭하면, 원래의 프로필 카드가 표시됨
- 원래 크기의 프로필 카드를 클릭하면, 섬네일이 표시됨.

예제를 실행하려면 'npm install immutability-helper--save'를 추가적으로 설치해 주어야 합니다.

```
import React, { Component } from 'react';
import PropTypes from 'prop-types';
import update from 'immutability-helper';
import { Image, Platform, StyleSheet, Text, TouchableHighlight, View} from
'react-native';

const userImage = require('./user.png');

const data = [{
  image: userImage,
  name: 'John Doe',
  occupation: 'React Native Developer',
  description: 'John is a really great Javascript developer. He loves using
                JS to build React Native applications for iOS and Android',
  showThumbnail: true
}
];

const ProfileCard = (props) => {

  const { image, name, occupation, description, onPress, showThumbnail } =
props;
  let containerStyles = [styles.cardContainer];

  if (showThumbnail) {
    containerStyles.push(styles.cardThumbnail);
  }

  return (
    <TouchableHighlight onPress={onPress}>
      <View style={[containerStyles]}>
        <View style={styles.cardImageContainer}>
          <Image style={styles.cardImage} source={image}/>
        </View>
        <View>
          <Text style={styles.cardName}>
            {name}
          </Text>
        </View>
        <View style={styles.cardOccupationContainer}>
```

PropTypes를 이용해 ProfileCard
컴포넌트가 사용하는 속성을 지정

TouchableHighlight 컴포넌트로 터치 기능을 처리

immutability helper의 update 함수 - 특정
컴포넌트의 state를 갱신(update).

컴포넌트를 만들기 위한 데이터

ProfileCard 컴포넌트를 App 코드에서 분리

showThumbnail 값이 true면, ProfileCard
컴포넌트를 80%만큼(20% 크기로) 축소

누르는 프로세스로 컴포넌트를 최소화 및 극대화

```
          <Text style={styles.cardOccupation}>
            {occupation}
          </Text>
        </View>
        <View>
          <Text style={styles.cardDescription}>
            {description}
          </Text>
        </View>
      </View>
    </TouchableHighlight>
  )
};

ProfileCard.propTypes = {
  image: PropTypes.number.isRequired,
  name: PropTypes.string.isRequired,
  occupation: PropTypes.string.isRequired,
  description: PropTypes.string.isRequired,
  showThumbnail: PropTypes.bool.isRequired,
  onPress: PropTypes.func.isRequired
};

export default class App extends Component {

  constructor(props, context) {
    super(props, context);      ◄────────┐ ProfileCard 컴포넌트의 상태는 상위
    this.state = {                          컴포넌트인 App에서 관리
      data: data
    }
  }

  handleProfileCardPress = (index) => {  ◄───────┐ onPress 이벤트를 처리하는 함수

    const showThumbnail = !this.state.data[index].showThumbnail;

    this.setState({
      data: update(this.state.data, {[index]: {showThumbnail: {$set:
                                                 showThumbnail}}})
    });
  };
```

```
          render() {                                        onPress 이벤트를
            const list = this.state.data.map(function(item, index) {  처리하는 함수
              const { image, name, occupation, description, showThumbnail } = item;
              return <ProfileCard key={'card-' + index}
                                  image={image}
                                  name={name}
                                  occupation={occupation}
                                  description={description}
                                  onPress={this.handleProfileCardPress.bind(this, index)}
                                  showThumbnail={showThumbnail}/>
            }, this);

            return (
              <View style={styles.container}>
                {list}        ◄─┤ 모든 Profiles를 출력
              </View>
            );
          }
        }

        const profileCardColor = 'dodgerblue';

        const styles = StyleSheet.create({
          cardThumbnail: {  ◄───────────┤ 원래 컴포넌트 크기에서 80%를 축소
            transform: [{scale: 0.2}]
          }
        ...
```

컴포넌트의 구조를 정리해서 앱에 다수의 `ProfileCard` 컴포넌트를 추가할 수 있게 됐습니다. 5.3절에서는 다수의 프로필 카드를 추가하고 갤러리 형태로 정리하는 방법을 살펴보도록 하겠습니다.

skewX와 skewY 속성을 이용해 X 축과 Y축을 따라 기울이기

flexbox를 이용한 레이아웃을 배우기 전에 skewX와 skewY 속성을 이용한 변형을 살펴보겠습니다. 그림 5.12의 `backfaceVisibility` 속성을 다룬 예에서 만든 정육면체 코드를 보면, 정사

각형을 기울여서 정육면체 면에 3차원처럼 보이는 효과를 낼 수 있었습니다. skewX와 skewY를 배우고 나면, 이후 소스 코드를 볼 때, 좀 더 쉽게 이해할 수 있을 것입니다.

skewX 속성은 엘리먼트를 X 축을 따라 기울이고 skewY 속성은 엘리먼트를 Y 축을 따라 기울입니다. **그림 5.15**는 정사각형을 다음과 같이 기울인 결과를 보여줍니다.

- **정사각형 A**: 변형(transformation)이 적용되지 않는다.
- **정사각형 B**: X 축을 따라 45도 기울임
- **정사각형 C**: X 축을 따라 -45도 기울임
- **정사각형 D**: Y 축을 따라 45도 기울임
- **정사각형 E**: Y 축을 따라 -45도 기울임

요소의 확대/축소와 마찬가지로 기울이는 것은 간단합니다. 각도와 축을 지정하면 됩니다. 예제 5.4를 통해 자세히 살펴보겠습니다.

> 이 책을 집필하는 시점에서 skewX 속성을 이용한 변형(skewX transform)은 안드로이드에서 제대로 동작하지 않습니다.

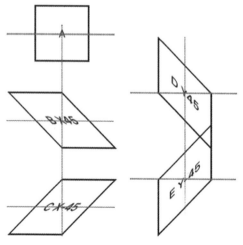

- **정사각형 A**: skew 변형이 적용되지 않는다.
- **정사각형 B**: X 축을 따라 45도 기울임
- **정사각형 C**: X 축을 따라 -45도 기울임
- **정사각형 D**: Y 축을 따라 45도 기울임
- **정사각형 E**: Y 축을 따라 -45도 기울임

그림 5.15 iOS에서 Y 축을 따라 정사각형을 기울인 예

```
import React, { Component } from 'react';
import { StyleSheet, Text, View} from 'react-native';

export default class App extends Component {
  render() {
    return (
      <View style={styles.container}>

        <Example style={{}}>A</Example>

        <Example style={{transform: [{skewX: '45deg'}]}}>B X45</Example>

        <Example style={{transform: [{skewX: '-45deg'}]}}>C X-45</Example>

        <Example style={{transform: [{skewY: '45deg'}]}}>D Y45</Example>

        <Example style={{transform: [{skewY: '-45deg'}]}}>E Y-45</Example>
      </View>
    );
  }
}

const Example = (props) => (
  <View style={[styles.example,props.style]}>
    <Text>
      {props.children}
    </Text>
  </View>
);

const styles = StyleSheet.create({
  container: {
    marginTop: 50,
    alignItems: 'center',
    flex: 1
  },
  example: {
    width: 75,
```

X축으로 -45도 기울이기

X 축으로 45도 기울이기

Y축으로 -45도 기울이기

Y축으로 45도 기울이기

```
      height: 75,
      borderWidth: 2,
      margin: 20,
      alignItems: 'center',
      justifyContent: 'center'
    },
  });
```

변형 효과의 핵심 포인트

이 절에서 다양한 변형을 배웠습니다. 일부는 비교적 쉬웠지만 어떤 것은 처음에 어떤 효과를 내는지 상상하기 힘들었을 수도 있습니다. 변형들을 결합해서 사용하는 예를 많이 다루지 않아서 각각의 변형이 어떻게 동작하는지에 집중할 수 있도록 했습니다. 지금까지 다룬 예에 별도의 변형을 추가해서 어떤 결과가 나타나는지 확인해 보시기 바랍니다.

7장에서는 애니메이션을 다룰 때, 변형을 이용해서 컴포넌트에 생기를 불어넣는 방법을 배우도록 하겠습니다. 우선은 다음 핵심 포인트를 정리해 보도록 합니다.

- X 축과 Y 축의 기준점은 왼쪽 위, 따라서 Y 축의 양의 방향은 화면의 아래쪽이다. 이전 장의 절대 위치 부분에서 다루며 기하학에서 익숙한 것과 반대이기 때문에 변형의 결과를 추측하기 어렵게 할 수 있다.

- 회전과 이동의 기준점은 항상 요소의 원래 위치, X 또는 Y 방향으로 이동한 후에 새로운 중심점(center point)에서 회전할 수 없다.

변형을 이용해서 화면의 컴포넌트를 이동할 수 있지만, 변형을 자주 사용하지는 않습니다. 오히려 Yoga를 좀 더 자주 사용하게 됩니다. Yoga는 W3C의 flexbox 웹 스펙flexbox web specification을 대부분 구현한 레이아웃 엔진layout engine입니다. 다음 절에서 Yoga를 이용해서 flexbox를 구현하는 것을 자세히 배워 보도록 하겠습니다.

flexbox를 이용해서 컴포넌트 배치하기

flexbox는 사용자가 UI를 만들고 위치 조정을 효율적으로 할 수 있도록 리액트 네이티브가 사용하는 레이아웃 구현체입니다. 리액트 네이티브가 구현한 flexbox는 W3C의 flexbox 웹 스펙flexbox web specification을 기반으로 만들었지만 100% 동일한 API를 지원하는 것은 아닙니다. 컴포넌트의 크기를 모르거나 동적으로 변경될지라도 레이아웃에서 컴포넌트들을 정렬하고 여백을 조정하는 것을 쉽게 할 수 있도록 만들어졌습니다.

> flexbox 레이아웃은 View 컴포넌트에서만 사용할 수 있습니다.

이미 지금까지 다룬 많은 예에서 flexbox를 이용했습니다. flexbox를 이용해서 컴포넌트들을 배치하는 것이 다른 방법에 비해 너무 쉬우므로 사용하지 않을 수가 없을 정도입니다. 이 절에서 다룰 내용을 시간을 들여 숙지하는 것이 큰 도움이 될 것입니다. 다음은 flexbox 레이아웃을 조정하는 정렬 속성들입니다.

- flex, flexDirection, justifyContent, alignItems, alignSelf, flexWrap

flex 속성으로 컴포넌트의 면적 변경하기

flex 속성은 컴포넌트가 속한 컨테이너에서 컴포넌트가 차지하는 면적을 변경할 수 있게 해줍니다. 이 속성값은 같은 컨테이너에 속한 다른 컴포넌트에 지정한 flex 속성값에 상대적으로 지정합니다.

- **첫 번째 예**: A와 B는 1:1 비율로 배치돼서 각각 50%씩 공간을 차지함. A = {flex: 1}, B = {flex: 1}

- **중간 예**: C와 D는 1:2 비율로 배치돼서 C는 33%, D는 66%의 공간을 차지함. C = {flex: 1}, D = {flex: 2}

- **마지막 예**: E와 F는 1:3 비율로 배치돼서 E는 25%, F는 75%의 공간을 차지함. E = {flex: 1}, F = {flex: 3}

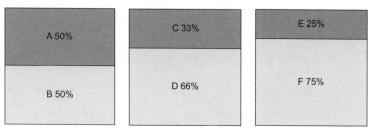

그림 5.16 flex 속성을 이용한 세 가지 레이아웃 예

300×300 크기의 View 컴포넌트가 있고 그 컴포넌트의 자식 View 컴포넌트의 flex 속성값이 1이라면, 자식 View 컴포넌트는 부모 View 컴포넌트의 전체를 채우게 됩니다. 이 부모 View 컴포넌트에 또 하나의 flex 속성값이 1인 자식 View 컴포넌트를 추가하면, 각 자식 View 컴포넌트는 부모 컨테이너에서 똑같은 공간을 차지합니다. flex 속성값은 같은 공간을 차지하는 다른 컴포넌트의 flex 속성값에 대해서 상대적인 의미가 있을 뿐입니다.

flex 속성값은 퍼센트처럼 생각해서 지정할 수도 있습니다. 예로 두 개의 자식 컴포넌트에 각각 66.6%와 33.3%의 공간을 분배하려면, 각 자식 컴포넌트에 flex:66과 flex:33으로 지정할 수 있습니다. flex:66과 flex:33으로 지정하지 않고 flex:2와 flex:1로 지정해도 같은 결과를 얻을 수 있습니다.

그림 5.16에 나오는 예를 통해 flex 속성값이 어떻게 동작하는지 좀 더 자세히 살펴보도록 하겠습니다. 각 요소에 적절한 flex 값을 지정하면 됩니다. 예제 5.5는 이런 레이아웃을 만드는 코드입니다.

예제 5.5   flex 속성에 1:1 비율, 1:2 비율, 1:3 비율을 적용한 예

```
...
  render() {
    return (
      <View style={styles.container}>
        <View style={[styles.flexContainer]}>
          <Example style={[styles.darkgrey]}>A 50%</Example>
```

똑같은 flex 값을 가져서 부모 컨테이너에서 똑같은 공간을 차지

```
        <Example>B 50%</Example>
      </View>
      <View style={[styles.flexContainer]}>
        <Example style={[styles.darkgrey]}>C 33%</Example>    ◀─────┐
        <Example style={{flex: 2}}>D 66%</Example>
      </View>                                                  C는 전체 공간에서 1/3, D는
      <View style={[styles.flexContainer]}>                    전체 공간에서 2/3을 차지
        <Example style={[styles.darkgrey]}>E 25%</Example>    ◀─────┐
        <Example style={{flex: 3}}>F 75%</Example>
      </View>                                                  E는 전체 공간에서 1/4, F는
    </View>                                                    전체 공간에서 3/4을 차지
  );
...
```

flexDirection 속성으로 flex 진행 방향 지정하기

이전 예에서 flex가 적용된 컨테이너 내의 각 컴포넌트는 횡(Y 축)으로 배치되었습니다. 즉, 위에서 아래 방향입니다.

옮긴이 – 이렇게 항목들이 배치되는 방향을 진행 축(main axis)이라고 합니다. 진행 축과 상대되는 개념으로 진행 축의 90도 방향을 교차 축(cross axis) 혹은 보조 축(secondary axis)이라고 합니다.

A는 B 위에 있고, C는 D 위에 있고, E는 F 위에 있습니다. flexDirection 속성을 이용해서 레이아웃의 진행 축axis을 변경해서 레이아웃의 방향을 바꿀 수 있습니다. flexDirection 속성은 부모 View 컨테이너에 지정합니다.

각 컴포넌트의 부모 컨테이너에 적용되는 flexContainer 스타일에 코드 한 줄을 추가해서 **그림 5.17**처럼 레이아웃 방향을 변경하였습니다. 부모 컨테이너의 flexDirection 속성을 변경하면 모든 flex가 적용되는 하위 컴포넌트들의 레이아웃에 영향을 줍니다. 스타일 코드에 flexDirection: 'row'를 추가해서 레이아웃이 어떻게 바뀌는지 확인해 보도록 합니다.

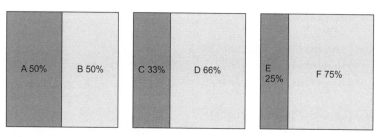

그림 5.17 그림 5.16과 같은 예지만 flexDirection에 'row'를 지정함. 컨테이너 안쪽에 배치되는 방향이 열(row) 내에서 수평적으로 배치

예제 5.6 │ **부모 컨테이너에 flexDirection: 'row' 추가**

```
flexContainer: {        ◄─────┐ flexContainer는 각 예의 부모 컨테이너
  width: 150,
  height: 150,
  borderWidth: 1,
  margin: 10,
  flexDirection: 'row'  ◄─────┐ 방향을 수평으로 배치
},
```

flexDirection에 'row'를 지정해서 자식 요소(컴포넌트)들은 이제 왼쪽에서 오른쪽으로 배치됩니다. flexDirection 속성값으로 'row'와 'column'을 사용할 수 있으며 기본값은 'column'입니다. flexDirection 속성값을 지정하지 않으면 기본으로 column 값이 수직으로 배치됩니다. 이 속성값은 리액트 네이티브로 앱을 개발할 때 많이 사용하게 되므로 어떻게 동작하는지 정확하게 이해해 두어야 합니다.

justifyContent 속성으로 컴포넌트 주위 여백 정하기

flex 속성을 이용해서 각 컴포넌트가 부모 컨테이너에서 어느 정도의 공간을 차지할지 지정할 수 있었지만, 부모 컨테이너의 전체 공간을 사용하지 않게 하려면 어떻게 해야 할까요? flexbox를 이용해 컴포넌트가 원래 자신의 크기로 배치되게 하는 방법은 무엇일까요?

justifyContent 속성은 컨테이너의 flex direction의 방향에 따라 배치되는 flex 적용 대상들의 사이 간격과 주변의 여백을 지정합니다. justifyContent 속성은 부모 컨테이너에 적용하며 다음 다섯 개의 옵션을 사용할 수 있습니다.

- center: 부모 컨테이너 내의 자식 엘리먼트를 중앙에 배치, 남는 여백(space)은 모여 있는 자식 요소들의 양 측면에 배치
- flex-start: flexDirection 속성에 지정된 값을 기준으로 행(row)이나 열(column)의 시작점부터 자식 요소들을 배치
- flex-end: flex-start와 반대로 동작, 자식 요소들을 부모 컨테이너의 끝에 배치
- space-around: 각 요소 주변으로 공간을 고르게 배치함. 부모 컨테이너에 요소들을 같은 간격으로 배치하는 것과 혼동하면 안 되며, 여백을 자식 요소들 주변으로 배치함. 내용이 되는 요소들을 기준으로 생각해 보면 '**여백-요소-여백-요소-여백**'과 같이 배치될 것으로 생각할 수 있지만, 실제로는 요소들 주변에 동일한 크기의 여백을 붙여서 '**여백-요소-여백-여백-요소-여백**'과 같은 배치결과를 만들어 냅니다. 두 경우 모두 여백의 크기는 동일하기 때문에 후자의 경우에 두 요소의 사이가 더 크게 됩니다.

옮긴이 - 그림 5.18에서 space-around 관련 부분을 보면 중간에 공백이 2배인 것을 확인할 수 있습니다.

- space-between: 컨테이너의 시작과 끝에 여백을 주지 않는다. 연속된 요소들 사이의 여백은 동일하게 배치

그림 5.18은 각 justifyContent 속성이 flex로 배치된 요소들간의 간격과 주변 여백을 어떻게 배치하는지를, 각 예는 두 개의 요소들을 이용해 어떤 결과가 나오는지 보여줍니다.

예제 5.7은 **그림 5.18**의 결과를 만드는 코드입니다. 잘 살펴보고 어떻게 동작하는지 이해한 후에 다음을 따라 해보기 바랍니다.

- 각 예에 하위 요소들을 추가해서 적용할 항목들이 늘어날 때 어떤 결과가 나오는지 확인하기
- flexDirection 속성값을 row로 지정해서 수직이 아니라 수평 방향으로 배치될 때 어떤 결과가 나오는지 확인하기

```
render() {
  return (
    <View style={styles.container}>
      <FlexContainer style={[{justifyContent: 'center'}]}>   ◄         justifyContent: 'center' 옵션 값 적용
        <Example>center</Example>
        <Example>center</Example>
      </FlexContainer>

      <FlexContainer style={[{justifyContent: 'flex-start'}]}>   ◄
        <Example>flex-start</Example>
        <Example>flex-start</Example>                 justifyContent: 'flex-start' 옵션 값 적용
      </FlexContainer>

      <FlexContainer style={[{justifyContent: 'flex-end'}]}>   ◄
        <Example>flex-end</Example>                   justifyContent: 'flex-end' 옵션 값 적용
        <Example>flex-end</Example>
      </FlexContainer>

      <FlexContainer style={[{justifyContent: 'space-around'}]}>   ◄
        <Example>space-around</Example>              justifyContent: 'space-around' 옵션 값 적용
        <Example>space-around</Example>
      </FlexContainer>

      <FlexContainer style={[{justifyContent: 'space-between'}]}>   ◄
        <Example>space-between</Example>
        <Example>space-between</Example>            justifyContent: 'space-between' 옵션 값 적용
      </FlexContainer>
    </View>
  );
}
```

그림 5.18 justifyContent 속성값에 따라 하위 요소들의 간격과 여백이 배치되는 모습. 적용된 속성값: `center`, `flex-start`, `flex-end`, `space-around`, `space-between`

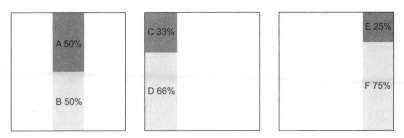

그림 5.19 그림 5.18에 나온 예를 수정한 모습. 각 예의 `alignItems` 속성에 `center`, `flex-start`, `flex-end`를 지정함.

alignItems 속성으로 하위 요소들 정렬하기

`alignItems` 속성은 부모 컨테이너의 보조 축을 따라 자식 요소들을 어떻게 정렬할 것인지를 지정합니다. 이 속성은 `flexDirection` 속성과 마찬가지로 부모 `View` 컴포넌트에 선언하며 flex가 적용 가능한 자식 요소들에 영향을 미칩니다. 속성값으로 `stretch`, `center`, `flex-start`, `flex-end`를 사용할 수 있습니다.

`stretch`가 기본 속성값이며 **그림 5.17**과 **5.18**에 사용되었습니다. 각 Example 컴포넌트는 부모 컨테이너를 채울 수 있도록 늘어납니다. **그림 5.19**는 **그림 5.16**에 나온 예에 다른 옵션 값(`center`, `flex-start`, `flex-end`)을 적용해서 어떤 결과가 나오는지 보여줍니다. Example 컴포넌트의 폭 크기를 정확히 지정하지 않았기 때문에 남는 공간을 채울 수 있도록 늘리지 않고 자신의 크기 만큼을 렌더링합니다. `alignItems` 속성값으로 첫 번째 예에서 'center'로, 두 번째 예에서는 'flex-start'로, 마지막 예에서는 'flex-end'로 지정했습니다. 예제 5.8을 이용해서 예제 5.5에 나오는 각 Example 컴포넌트의 정렬을 변경해 보기 바랍니다.

```
render() {
  return (
    <View style={styles.container}>
      <View style={[styles.flexContainer,{alignItems: 'center'}]}>
        <Example style={[styles.darkgrey]}>A 50%</Example>
        <Example>B 50%</Example>
      </View>
      <View style={[styles.flexContainer,{alignItems: 'flex-start'}]}>
        <Example style={[styles.darkgrey]}>C 33%</Example>
        <Example style={{flex: 2}}>D 66%</Example>
      </View>
      <View style={[styles.flexContainer,{alignItems: 'flex-end'}]}>
        <Example style={[styles.darkgrey]}>E 25%</Example>
        <Example style={{flex: 3}}>F 75%</Example>
      </View>
    </View>
  );
}
```

alignItems 속성값을 center로 변경

alignItems 속성값을 flex-start로 변경

alignItems 속성값을 flex-end로 변경

alignItems 속성의 기본값 외의 옵션 값을 사용하는 방법과 위에서 아래로 배치되는 flexdirection이 column인 상태에서 정렬이 미치는 결과를 확인해 봤습니다. flexDirection 속성의 값을 'row'로 변경해서 레이아웃 결과가 어떻게 달라지는지도 확인해 보시기 바랍니다.

alignSelf 속성으로 부모에 지정된 정렬 기준 재정의하기

지금까지 배운 모든 flex 속성을 부모 컨테이너에 적용했습니다. 반면, alignSelf 속성은 자식 요소에 직접 적용합니다.

alignSelf 속성으로 부모 컨테이너 내의 자식 요소에서 alignItems 속성을 조정할 수 있습니다. alignSelf 속성은 부모 컨테이너에 지정된 정렬 기준을 재정의해서 특정한 자식 요소가 다른 자식 요소들과는 별개로 정렬할 수 있게 합니다. 이 속성에서 사용할 수 있는 옵션값은 auto, stretch, center, flexstart, flex-end입니다. 기본 속성값은 auto이며 부모 컨테

이너의 `alignItems` 속성값을 그대로 사용합니다. 나머지 속성값들은 `alignItems` 속성의 옵션 값들과 동일하게 동작합니다.

그림 5.20 부모 컨테이너의 alignItems 속성에 기본값인 stretch가 지정됐을 때, 각 alignSelf 속성값이 레이아웃에 미치는 영향

그림 5.20에서 부모 컨테이너에 `alignItems` 속성 값이 지정되지 않았기 때문에 기본값인 stretch를 사용합니다. 따라서 첫 번째 예에서 auto 속성 값은 부모 컨테이너의 stretch를 상속해서 사용합니다. 이후에 나오는 네 가지 예에서 속성값은 예상한 대로 정확히 엘리먼트를 배치합니다. 마지막 예에서 `alignSelf` 속성값이 지정되지 않았기 때문에 기본값은 auto를 이용하고 첫 번째 예와 동일하게 배치됩니다.

예제 5.9는 이전 예제와 조금 다르게 구성되어 있습니다. Example 컴포넌트에 직접 스타일을 지정하지 않고 align이라는 새로운 속성을 만들어 사용합니다. align 속성은 Example 컴포넌트에 전달돼서 `alignSelf` 속성을 지정합니다. 예제 자체의 내용은 이 장에 나온 다른 예들과 동일하며 스타일에 적용된 각 속성값의 결과를 보여줍니다.

예제 5.9 · `alignSelf` 속성을 이용해서 부모 컨테이너의 `alignItems` 속성값 오버라이드하기

```
import React, { Component } from 'react';
import { StyleSheet, Text, View} from 'react-native';

export default class App extends Component {
  render() {
    return (
      <View style={styles.container}>
        <FlexContainer style={[]}>
          <Example align='auto'>auto</Example>       ◀── alignSelf 속성값을 auto 지정해서 부모
                                                          컨테이너의 stretch 값을 상속

          <Example align='stretch'>stretch</Example>  ◀── 프로필 카드를 alignSelf 속성값을
                                                          stretch로 지정 수평축에서
                                                          중앙으로 정렬
```

```
        <Example align='center'>center</Example>        ◄─── alignSelf 속성값을 center로 지정

        <Example align='flex-start'>flex-start</Example>  ◄─── alignSelf 속성값을
                                                               flex-start로 지정

        <Example align='flex-end'>flex-end</Example>     ◄─── alignSelf 속성값을
                                                               flex-end로 지정

        <Example>default</Example>   ◄─── alignSelf 속성의
      </FlexContainer>                    기본값은 auto
    </View>
  );
  }
}

const FlexContainer = (props) => (
  <View style={[styles.flexContainer,props.style]}>
    {props.children}
  </View>
);

const Example = (props) => (
  <View style={[styles.example,
    styles.lightgrey,
    {alignSelf: props.align || 'auto'},   ◄─── props내 align 속성값을 이용
    props.style                                Example컴포넌트의 alignItems
  ]}>                                          속성값 지정
    <Text>
      {props.children}
    </Text>
  </View>
);

const styles = StyleSheet.create({
  container: {
    marginTop: 50,
    alignItems: 'center',
    flex: 1
  },
  flexContainer: {
    backgroundColor: '#ededed',
    width: 120,
    height: 180,
```

```
    borderWidth: 1,
    margin: 10
  },
  example: {
    height: 25,
    marginBottom: 5,
    backgroundColor: '#666666'
  },
});
```

flexWrap 속성으로 잘려나가지 않도록 하기

이 절의 전반부에서 `flexDirection` 속성은 옵션 값으로 column(기본값)과 row의 두 가지를 사용할 수 있다고 배웠습니다. column은 항목들을 수직으로 배치하고 row는 항목들을 수평으로 배치합니다. 여러 개의 항목이 있는 경우 컨테이너 공간이 모자라서 밖으로 벗어나는 상황은 아직 다루지 않았습니다.

`flexWrap` 속성은 nowrap과 wrap의 두 가지의 속성값을 사용합니다. 기본값은 nowrap이며 항목들이 많아서 화면에 공간이 모자라게 되면 어떤 항목들은 화면 밖으로 벗어나게 됩니다. 사용자는 잘려나간 항목이 무엇인지 제대로 볼 수 없습니다. 이 문제를 해결하려면 wrap 속성값을 사용하면 됩니다.

그림 5.21에서 첫 번째 예는 nowrap으로 지정해서 정사각형이 화면을 벗어나고 있습니다. 정사각형이 있는 열은 오른쪽 끝에서 중간에 잘려 보이게 됩니다. 두 번째 예는 wrap으로 지정해서 정사각형 형태를 잘 유지하면서 새로운 열에서 시작됩니다. 예제 5.10은 이 예를 구현하는 코드입니다.

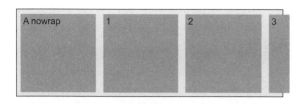

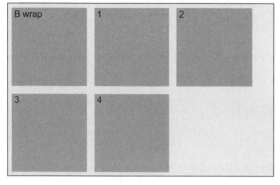

그림 5.21 부모 영역을 벗어나는 항목들의 경우. 각 flexWrap 속성값은 nowrap과 wrap으로 지정

예제 5.10 | `flexWrap` 속성이 레이아웃에 미치는 결과

```
import React, { Component } from 'react';
import { StyleSheet, Text, View} from 'react-native';

export default class App extends Component {
  render() {
    return (
      <View style={styles.container}>
        <FlexContainer style={[]}>
          <Example align='auto'>auto</Example>          alignSelf 속성값을 auto 지정해서 부모
                                                        컨테이너의 stretch 값을 상속

          <Example align='stretch'>stretch</Example>       alignSelf 속성값을 stretch로 지정

          <Example align='center'>center</Example>      alignSelf 속성값을 center로 t지정

          <Example align='flex-start'>flex-start</Example>
                                                        alignSelf 속성값을 flex-start로 지정
          <Example align='flex-end'>flex-end</Example>
                                                        alignSelf 속성값을 flex-end로 지정
          <Example>default</Example>
```

```
        </FlexContainer>          ← alignSelf 속성의 기본값은 auto
      </View>
    );
  }
}

const FlexContainer = (props) => (
  <View style={[styles.flexContainer,props.style]}>
    {props.children}
  </View>
);

const Example = (props) => (
  <View style={[styles.example,
    styles.lightgrey,
    {alignSelf: props.align || 'auto'},    ← props내 align 속성값을 이용
    props.style                               Example컴포넌트의 alignItems
  ]}>                                         속성값 지정
    <Text>
      {props.children}
    </Text>
  </View>
);

const styles = StyleSheet.create({
  container: {
    marginTop: 50,
    alignItems: 'center',
    flex: 1
  },
  flexContainer: {
    backgroundColor: '#ededed',
    width: 120,
    height: 180,
    borderWidth: 1,
    margin: 10
  },
  example: {
    height: 25,
    marginBottom: 5,
    backgroundColor: '#666666'
  },
});
```

안쪽의 요소들을 배치할 때 어떻게 배치하는 것을 선호할지는 명확하지만 nowrap을 사용하는 게 나을 때가 있을 수 있습니다. 어떤 것을 사용하든 flexbox에 대해서 이제는 정확히 알고 있어야 합니다. 이를 통해서 리액트 네이티브에 반응형 레이아웃을 다양한 방식으로 만드는 데 도움이 될 것입니다.

정리

- 디스플레이에서 컴포넌트의 크기를 다룰 때, iOS에서는 포인트, 안드로이드에서는 밀도 독립 화소 (density-independent pixels)를 사용합니다. 두 OS 사이의 단위 체계가 다르지만, 픽셀 단위의 정밀함을 요구하는 그래픽이 아니라면 개발에 큰 영향을 미치지는 않습니다.

- 일부 스타일은 특정 플랫폼에서만 적용됩니다. ShadowPropTypeIOS는 iOS에서만 사용할 수 있고 elevation은 안드로이드에서만 사용합니다.

- translateX와 translateY를 이용해서 컴포넌트를 X와 Y 방향으로 이동할 수 있습니다.

- rotateX, rotateY, rotateZ를 이용해서 컴포넌트를 X, Y, Z 축을 기준으로 회전시킬 수 있습니다. 회전의 기준점은 변형(transforms)이 적용되기 전, 대상의 원래 위치입니다.

- 컴포넌트를 X와 Y 방향으로 크기를 변경해서 컴포넌트를 확대하거나 축소할 수 있습니다.

- 컴포넌트를 X와 Y 방향으로 기울일 수 있습니다.

- 복수의 변형 효과를 동시에 적용할 수 있지만 적용하는 순서가 중요합니다. 컴포넌트를 회전하면, 이후에 적용하는 변형 효과의 방향이 변경됩니다.

- flexDirection 속성은 진행 방향을 지정하며 기본값은 column(Y 축)입니다.

- justifyContent 속성은 컴포넌트들을 진행 방향에 따라서 어떻게 배치할지를 지정합니다.

- alignItems 속성은 컴포넌트들을 보조 축(secondary axis 혹은 교차축)을 따라서 어떻게 배치할지를 지정합니다.

- alignSelf 속성은 부모 컨테이너에 지정된 alignItems 속성값을 오버라이드할 때 사용합니다.

- flexWrap 속성은 flexbox가 화면 밖으로 벗어나는 항목들을 처리하는 방법을 지정합니다.

6장

내비게이션

이 장에서 다루는 내용

☑ 리액트 네이티브와 웹에서의 내비게이션 비교

☑ 탭(tabs), 스택(stacks), 드로어(drawers)를 이용한 내비게이션 방식

☑ 중첩 네이게이션 구조 관리하기

☑ 라우팅시 데이터 및 메서드 전달

모바일 앱에서 가장 핵심 기능 중 하나는 내비게이션입니다. 앱을 개발하기 전에 앱에서 내비게이션과 라우팅을 어떻게 처리할지 계획하는 시간을 갖는 것이 좋습니다. 이 장에서는 모바일 앱에서 주로 사용하는 세 가지 내비게이션 형태인 탭(tab-based) 내비게이션, 스택(stack-based) 내비게이션, 드로어(drawer-based) 내비게이션을 다룹니다.

탭 내비게이션은 보통 화면의 위나 아래에 탭이 있고 탭을 누르면 탭과 연결된 화면으로 이동합니다. 트위터, 인스타그램, 페이스북과 같은 다수의 인기 앱의 메인 화면이 탭 내비게이션으로 구현되었습니다.

스택 내비게이션은 현재 화면을 대신해서 다른 화면이 보여지는 방식으로(기존의 화면 위에 다

른 화면이 스택 구조로 쌓이는 방식) 다른 화면으로 이동할 때 애니메이션 이동 효과를 구현해 넣기도 합니다. 화면 이동 후에 스택에 있는 이전 화면으로 되돌아가거나 계속해서 다음 화면으로 이동할 수 있습니다. 스택 내비게이션을 컴포넌트의 배열로 생각해도 됩니다. 배열에 새 컴포넌트를 추가하면 새 컴포넌트의 화면이 나타납니다. 이전 화면으로 되돌아가려면, 스택의 마지막 화면을 꺼내서 이전 화면으로 이동합니다. 대부분의 내비게이션 라이브러리가 스택 구조에 추가하고 삭제하는 과정을 대신 처리해 줍니다.

드로어 내비게이션은 화면의 왼쪽 또는 오른쪽에서 나오는 전형적인 사이드 메뉴이며 옵션 목록을 표시합니다. 옵션을 누르면, 드로어가 닫히고 새 화면으로 이동합니다.

리액트 네이티브 프레임워크에는 내비게이션 라이브러리가 포함되어 있지 않습니다. 리액트 네이티브 앱에서 내비게이션을 만들려면 서드 파티 내비게이션 라이브러리를 이용해야 합니다. 좋은 내비게이션 라이브러리들이 몇 가지 있지만, 이 장에서 데모 앱을 만들 때, React Navigation 라이브러리를 이용하도록 하겠습니다. React Navigation 라이브러리는 리액트 네이티브 개발팀에서 추천한 라이브러리이며 리액트와 리액트 네이티브 커뮤니티에 속한 다수의 사람이 참여하고 있습니다.

React Navigation 라이브러리는 자바스크립트로 구현되었습니다. 모든 화면 이동이나 조정은 자바스크립트로 처리합니다. 일부 개발 조직에서는 여러 가지 이유로 네이티브 방식으로 내비게이션을 구현하는 것을 선호합니다. 예를 들어, 기존의 네이티브 앱에 리액트 네이티브를 추가하는 것이어서 앱 전체에 일관되게 내비게이션 방식을 유지하려고 하는 경우입니다. 네이티브 방식으로 내비게이션을 구현하는 방법이 궁금하다면, React Native Navigation을 확인해 보시기 바랍니다. React Native Navigation은 Wix의 개발자들이 개발하고 관리하는 오픈 소스 라이브러리입니다.

리액트 네이티브 내비게이션과 웹 내비게이션의 비교

웹에서의 내비게이션과 리액트 네이티브에서의 내비게이션 방법이 상당히 다르므로 내비게이션은 리액트 네이티브를 새로 시작한 개발자들을 힘들게 하는 부분입니다. 웹에서는 URL을 이용해 내비게이션을 처리합니다. 새로운 화면으로 이동하는 라우팅은 프레임워크나 개발 환경에 따라서 다양한 방법이 있겠지만 보통 사용자를 새 URL로 보내는 방법을 사용하고 필요하다면 URL에 파라미터들을 추가하기도 합니다.

리액트 네이티브에서 라우팅은 컴포넌트가 기준입니다. 내비게이터를 이용해 컴포넌트를 로드하거나 표시합니다. 탭 내비게이션이나 스택 내비게이션, 또는 드로어 내비게이션 중 하나를 사용하든지 아니면 이들 내비게이션을 결합해서 사용함에 따라 라우팅이 달라집니다. 다음 절에서 데모 앱을 만들 때 이 모든 방법을 살펴보도록 하겠습니다.

라우트 간에 데이터와 state를 유지하고, 앱의 다른 곳에서 정의된 메서드에 접근하는 방법이 필요할 수 있으므로 데이터와 메서드를 공유할 수 있는 계획을 미리 세워야 합니다. 데이터와 메서드를 다른 곳에서 사용하기 위해서 내비게이션이 정의되는 앱의 최상위 단계에서 데이터와 메서드를 관리하거나, 리덕스 또는 MobX와 같은 상태state 관리 라이브러리를 이용할 수도 있습니다. 이 장의 예제에서는 앱의 최상위 단계에 정의된 클래스class에서 데이터와 메서드를 관리합니다.

 ## 내비게이션이 구현된 앱 만들기

이 장에서는 탭 내비게이션과 스택 내비게이션을 모두 이용하는 앱을 만들면서 내비게이션을 구현하는 방법을 배워 보도록 하겠습니다. **그림 6.1**에서 보이는 Cities라는 앱을 만들 것입니다. 이 앱은 여행 관련 앱으로 여러분이 가봤거나 가보고 싶은 도시를 기록하는 앱입니다.

또한, 여러분이 방문하고 싶은 도시의 장소를 추가할 수도 있습니다.

주 내비게이션은 탭으로 이루어졌고 탭 중의 하나에 스택 내비게이션이 포함되어 있습니다. 왼쪽 탭에서는 여러분이 만든 도시 목록을 보여주며, 오른쪽 탭에는 새로운 도시를 추가할 수 있는 폼이 포함되어 있습니다. 왼쪽 탭에서 각 도시를 눌러 도시를 확인할 수도 있고, 각 도시 내에 있는 주요 장소를 보거나 추가할 수도 있습니다.

그림 6.1 완성된 Cities 앱의 모습. 도시 추가, 도시 목록, 도시 상세 조회, 도시 내 주요 장소 보기 화면이 있다.

먼저, 새 리액트 네이티브 앱을 만듭니다. 터미널에서 빈 디렉토리로 이동하고 다음과 같이 리액트 네이티브 CLI를 이용해서 새 리액트 네이티브 앱을 설치합니다.

```
(npx) react-native init CitiesApp
```

다음으로 새 디렉토리로 이동해서 React Navigation과 uuid, 두 개의 의존성 라이브러리를 설치합니다. React Navigation은 내비게이션을 위한 라이브러리이며 uuid는 각 도시를 구별하기 위해서 각 도시에 고유 UI를 부여하기 위해 사용합니다. 추가적으로 네이티브의 제스처를 이용하는 라이브러리와 이를 연결하는 작업을 진행합니다.

옮긴이 - react-navigation 모듈은 4버전부터 각 기능별로 모듈이 분리되어 있기 때문에 여러 모듈을 개별적으로 설치하는 방식으로 추가해야만 합니다.

만들어진 프로젝트에 폴더로 이동해서 다음과 같은 모듈들을 설치합니다.

```
cd CitiesApp

npm install --save react-native-gesture-handler react-native-reanimated
npm install --save uuid react-navigation react-navigation-stack react-
                                               navigation-tabs
```

React Native 버전이 0.60 미만이라면 link를 통해 외부 모듈과 네이티브의 연결이 필요합니다 (0.60버전부터는 자동 링킹처리가 되므로 처리할 필요가 없습니다).

```
(npx) react-native link react-native-gesture-handler
```

이제 컴포넌트를 만들어 보도록 하겠습니다. 앱의 루트 경로에 src라는 새 메인 디렉토리를 만듭니다. 이 src 디렉토리에는 앱에서 사용하는 대부분의 새 코드가 들어갑니다. src 디렉토리에 Cities, AddCity, components라는 세 개의 하위 디렉토리를 추가합니다.

앱에서 이용하는 주요 내비게이션은 탭이기 때문에 두 개의 주요 컴포넌트(Cities와 AddCity)로 분리하고 각각의 탭을 갖도록 합니다. AddCity 폴더에는 AddCity.js라는 하나의 컴포넌트만 있습니다. Cities 폴더에는 두 개의 컴포넌트가 있습니다. Cities.js는 도시 목록을 보여줄 때 사용하고, City.js는 개별 도시를 표시할 때 사용합니다. components 폴더에는 재사용 가능한 컴포넌트를 넣게 되며 이 예제에서는 하나의 컴포넌트만 포함합니다.

또한 src/index.js와 src/theme.js 파일도 있는데 src/index.js 파일에는 모든 내비게이션 설정 정보를 가지도록 할 것입니다. theme.js 파일에는 모든 테마 관련 설정을 저장하는데 여기서는 앱의 테마 색상 정보가 들어 있습니다. **그림 6.2**를 보면 앱project의 전체 폴더folder 구조를 볼 수 있습니다.

폴더 구조를 만들고 필요한 의존성 라이브러리 설치를 마쳤으므로 코드 작성을 시작해 보겠습니다. 첫 번째 코드를 작성할 파일은 src/theme.js입니다. 이 파일에서 앱의 테마 색상을 정의하고 앱에서 가져와서 사용할 수 있도록 합니다. 앱의 테마 색상은 파랑이며 여러분이 원하는 색상으로 변경해도 됩니다. 이 파일의 색상 값을 변경해도 앱의 동작에는 전혀 영향을 미치지 않습니다.

그림 6.2 전체 src 폴더(folder) 구조

| 예제 6.1 | 앱의 테마 색상을 정의하는 theme.js 만들기 |

```
const colors = {
  primary: '#1976D2'
}

export {
  colors
}
```

앱 전체에서 필요에 따라 여기서 정의한 색상primary color을 가져올 수 있으며, 색상을 변경할 때도 여기 한 부분만 수정하면 됩니다.

다음으로 src/index.js 파일을 수정해서 앱의 주요 내비게이션 설정을 만들어 봅니다. 여기서 탭 내비게이션과 스택 내비게이션, 이 두 개의 내비게이션 인스턴스를 생성합니다.

동일 경로를 기준으로 3개의
컴포넌트 가져오기

```
import Cities from './Cities/Cities'
import City from './Cities/City'
import AddCity from './AddCity/AddCity'

import { colors } from './theme'        ◀──   테마 색상 가져오기

import {createAppContainer} from 'react-navigation'
import {createStackNavigator} from 'react-navigation-stack'
import {createBottomTabNavigator} from 'react-navigation-tabs'  ◀──
```

'react-navigation'에서 내비게이터 가져오기
'react-navigation v3부터는 createAppContainer
필요, v4부터는 분리

```
const CitiesNav = createStackNavigator({
  Cities: { screen: Cities },
  City: { screen: City }
  },
  {
  navigationOptions: {
    headerStyle: {
      backgroundColor: colors.primary
    },
    headerTintColor: '#fff'
  }
})

const AppTabs = createBottomTabNavigator({
  Cities: { screen: CitiesNav },
  AddCity: { screen: AddCity }
})

const Tabs = createAppContainer(AppTabs)   ◀──   내비게이션 가능한 컴포넌트

export default Tabs
```

options 객체를 생성하면, 스택 내비게이터는 자동으로 각 라우트 상단에 헤더를 만듭니다. 헤더에는 보통 현재 라우트의 제목과 뒤로가기 버튼과 같은 버튼이 들어갑니다. options 객체에 배경색과 헤더의 엷은 색도 정의되었습니다.

첫 번째 내비게이션 인스턴스를 생성하는 **createStackNavigator**는 두 개의 인수를 사용합니다. 하나는 라우트 설정 관련 인수이고, 또 다른 하나는 내비게이션에 적용할 스타일 설정 관련 인수입니다. 첫 번째 인수에 두 개의 라우트를 전달하고, 두 번째 인수에 **options** 객체를 전달했습니다.

다음으로 앱을 실행할 때 진입점이 되는 새 내비게이션을 포함할 App.js 파일을 업데이트하겠습니다. App.js는 내비게이션 컴포넌트를 렌더링할 뿐 아니라 앱 전체에서 사용할 수 있는 메서드와 데이터를 포함하고 제어합니다.

예제 6.3 │ **내비게이션 설정을 사용하는 App.js 파일 수정하기**

```
import React, { Component } from 'react';
import {
  Platform,
  StyleSheet,
  Text,
  View,
} from 'react-native';

import Tabs from './src'          ◄──────  src/index.js의 네비게이터를 가져오기

export default class App extends Component {
  state = {  ◄────┐
    cities: []     │ cities 배열 만들고
  }                │ 초기화하기. 지금은 빈 배열

  addCity = (city) => {  ◄──────┐
    const cities = this.state.cities   │ state에 저장된 cities 도시
    cities.push(city)                  │ 목록에 새 도시를 추가
    this.setState({ cities })
  }
                                            ┌ 선택된 도시에 속한 장소
  addLocation = (location, city) => {  ◄────┤ 배열에 새 장소를 추가
    const index = this.state.cities.findIndex(item => {
      return item.id === city.id
    })
    const chosenCity = this.state.cities[index]
```

```
      chosenCity.locations.push(location)
      const cities = [
        ...this.state.cities.slice(0, index),
        chosenCity,
        ...this.state.cities.slice(index + 1)
      ]
      this.setState({
        cities
      })
    }
    render() {                      ┌─── Tabs 컴포넌트를 반환하고 screenProps 객체를 전달
      return (  ◄─────────────────┤   screenProps 객체는 cities 배열, addCity 메서드,
        <Tabs                      └─── addLocation 메서드를 포함
          screenProps={{
            cities: this.state.cities,
            addCity: this.addCity,
            addLocation: this.addLocation
          }}
        />
      )
    }
  }
```

App.js에는 세 가지 주요 기능이 있습니다. 앱의 초기 state를 지정합니다. cities라는 빈 배열을 만듭니다. 각 도시는 객체이며 이름, 나라, ID, 장소 배열을 갖습니다. addCity 메서드는 state에 저장된 cities 배열에 새 도시를 추가합니다. addLocation 메서드는 장소를 추가하려는 도시를 확인해서 도시 정보를 업데이트하고 변경된 데이터로 state를 재지정합니다.

리액트 내비게이션은 내비게이터가 이용하는 모든 라우트에 이 메서드와 state를 전달할 수 있습니다. 참조하려는 모든 정보를 포함하는 screenProps라는 속성props을 통해서 이 메서드와 state를 전달합니다. 이후에는 모든 라우트에서 this.props.screenProps를 이용해서 이 데이터나 메서드를 참조할 수 있습니다.

다음으로 CenterMessage라는 재사용 가능한 컴포넌트를 만들어 보도록 하겠습니다. 이 컴포

넌트는 Cities.js와 City.js에서 이용합니다(src/components/CenterMessage.js). 이 컴포넌트는 배열이 빈 경우에 메시지를 표시합니다. 예로, 앱을 처음 실행하면 화면에 표시할 도시 목록이 없으므로 **그림 6.3**처럼 빈 화면으로 남겨두지 않고 안내 메시지를 표시합니다.

예제 6.4   **CenterMessage 컴포넌트**

```
import  React from 'react'
import {Text, View, StyleSheet} from 'react-native'

import { colors } from '../theme'

const CenterMessage = ({ message }) => (
  <View style={styles.emptyContainer}>
    <Text style={styles.message}>{message}</Text>
  </View>
)

const styles = StyleSheet.create({
  emptyContainer: {
    padding: 10,
    borderBottomWidth: 2,
    borderBottomColor: colors.primary
  },
  message: {
    alignSelf: 'center',
    fontSize: 20
  }
})

export default CenterMessage
```

CenterMessage 컴포넌트는 단순한 구조입니다. 속성prop으로 단 하나의 메시지만을 전달받아 메시지에 약간의 스타일을 적용해 화면에 표시하는 stateless 컴포넌트입니다.

다음으로 src/AddCity/AddCity.js 파일에서 **그림 6.4**에서와 같이 cities 배열에 새 도시를 추가하는 **AddCity** 컴포넌트를 만들어 보도록 합니다. 이 컴포넌트에는 두 개의 텍스트 입력 폼 form이 있습니다. 한 텍스트 입력에는 도시 이름이 들어가고 또 다른 텍스트 입력에는 나라 이름을 저장합니다. 이 컴포넌트에 있는 submit 버튼을 누르면, App.js에 정의된 addCity 메서드를 호출합니다.

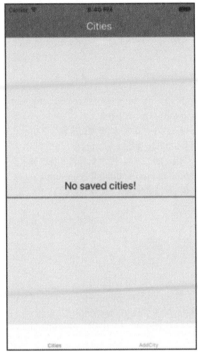

그림 6.3 재사용 가능한 CenterMessage 컴포넌트. 화면의 중앙에 메시지를 표시

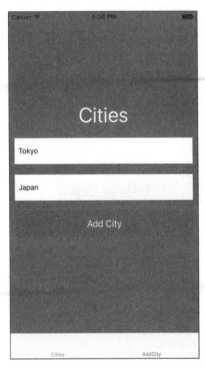

그림 6.4 새 도시 이름과 나라 이름을 입력하는 AddCity 탭

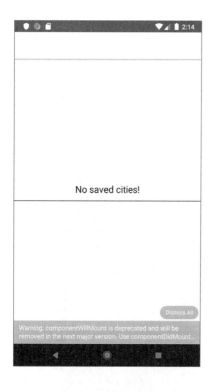

No saved cities!

Dismiss All

Warning: componentWillMount is deprecated and will be
removed in the next major version. Use componentDidMount...

옮긴이 - react-navigation-tabs 모듈 v4의 경우
'componentWillMount' 메소드가 경고 메시지를 보이게 됩니다. 이는
개발 모드에서만 나오는 경고창이고, 실제 production에서는 보이지
않습니다. 만일 경고 메시지를 개발 모드에서도 보이지 않게 하고 싶다면
YellowBox를 이용해서 처리하거나 run-android 혹은 run-ios에
'—varient=release'같은 추가적인 옵션을 이용할 수 있습니다.

예제 6.5 | **AddCity 탭(기능)**

```
import React, {Component} from 'react'
import {
  View,
  Text,
  StyleSheet,
  TextInput,
  TouchableOpacity
} from 'react-native'

import uuidV4 from 'uuid/v4'

import { colors } from '../theme'

export default class AddCity extends Component {

  state = {
```
◄— 도시 이름과 나라 이름을 저장하는
state. 초깃값은 빈 문자열

```
    city: '',
    country: ''
}

onChangeText = (key, value) => {        ◄─┐ 도시 또는 나라의 이름 값으로 state를
  this.setState({ [key]: value })            업데이트
}

submit = () => {    ◄─┐ 이 컴포넌트의 대부분 기능을 처리
  if (this.state.city === '' || this.state.country === '') alert('please
                                                    complete form')

  const city = {
    city: this.state.city,
    country: this.state.country,
    id: uuidV4(),
    locations: []
  }
  this.props.screenProps.addCity(city)
  this.setState({
    city: '',
    country: ''
  }, () => {
    this.props.navigation.navigate('Cities')
  })
}
render() {
  return (
    <View style={styles.container}>
      <Text style={styles.heading}>Cities</Text>
      <TextInput
        placeholder='City name'
        onChangeText={val => this.onChangeText('city', val)}
        style={styles.input}
        value={this.state.city}
      />
      <TextInput
        placeholder='Country name'
        onChangeText={val => this.onChangeText('country', val)}
        style={styles.input}
        value={this.state.country}
      />
```

```
        <TouchableOpacity onPress={this.submit}>
          <View style={styles.button}>
            <Text style={styles.buttonText}>Add City</Text>
          </View>
        </TouchableOpacity>
      </View>
    )
  }
}
```

먼저, city나 country가 빈 문자열이 아닌지 확인합니다. 이 둘 중 하나 또는 둘 다 빈 값이
면(두 값이 모두 입력되지 않았을 경우), 데이터를 저장할 필요가 없으므로 아무 작업도 하지 않
습니다. 다음으로 cities 배열에 추가할 도시를 저장하는 객체를 생성합니다. state의 city와
country에 저장된 값에 uuidV4 메서드를 이용해 ID 값을 부여하고 비어 있는 locations 배
열을 추가합니다. this.props.screenProps.addCity를 호출해서 새 도시 정보를 전달합니다.
이후에 state에 저장된 값을 초기화하기 위해 state를 재지정합니다. 마지막으로 this.props.
navigation.navigate를 호출하고 이동할 라우트 문자열을 전달해서, 새로 추가된 도시 목록
을 표시하는 Cities 탭으로 이동합니다. 이동할 라우트 문자열은 Cities입니다.

내비게이터 안에서 동작하는 모든 컴포넌트는 자동으로 두 개의 속성(screenProps와
navigation)를 참조할 수 있습니다. 예제 6.3에서 내비게이션 컴포넌트를 만들 때, 세 개의
screenProps를 전달했습니다. 예제 6.5의 submit 메서드는 this.props.screenProps.addCity
를 호출해서 App.js에 정의된 addCity 메서드를 호출합니다. this.props.navigation.navigate
를 호출해서 navigation prop을 참조합니다. navigate는 리액트 내비게이션에서 각 라우트 사
이를 이동할 때 사용합니다.

다음으로 이 컴포넌트에 적용할 스타일을 추가해 보도록 하겠습니다. 예제 6.6에 나오는 코드
는 src/AddCity/AddCity.js 파일의 클래스 선언의 아랫부분에 들어 갑니다.

```
const styles = StyleSheet.create({
  button: {
    height: 50,
    backgroundColor: '#666',
    justifyContent: 'center',
    alignItems: 'center',
    margin: 10
  },
  buttonText: {
    color: 'white',
    fontSize: 18
  },
  heading: {
    color: 'white',
    fontSize: 40,
    marginBottom: 10,
    alignSelf: 'center'
  },
  container: {
    backgroundColor: colors.primary,
    flex: 1,
    justifyContent: 'center'
  },
  input: {
    margin: 10,
    backgroundColor: 'white',
    paddingHorizontal: 8,
    height: 50
  }
})
```

이제 **그림 6.5**에서와 같이 앱에 저장된 모든 도시 목록을 보여주고 각 도시로 이동할 수 있게 하는 src/Cities/Cities.js 파일을 만들어 보겠습니다. 다음 예제 6.7은 이 컴포넌트의 기능 부분의 코드이고 예제 6.8은 스타일 관련 코드입니다.

그림 6.5 앱에 추가된 도시 목록을 보여주는 Cities.js 파일

예제 6.7 **Cities 라우트(기능)**

```
import React from 'react'
import {
  View,
  Text,
  StyleSheet,
  TouchableWithoutFeedback,
  ScrollView
} from 'react-native'

import CenterMessage from '../components/CenterMessage'    ← 예제 6.4에서 만든
                                                             CenterMessage 가져오기

import { colors } from '../theme'
```

```
export default class Cities extends React.Component {

  static navigationOptions = {    ◄──  클래스에 static navigationOptions
    title: 'Cities',                    속성을 선언. 이 라우트의 설정
    headerTitleStyle: {
      color: 'white',
      fontSize: 20,
      fontWeight: '400'
    }
  }
                                              navigation.navigate에
                                          두 번째 인수로 도시를 전달

  navigate = (item) => {
    this.props.navigation.navigate('City', { city: item })  ◄──
  }
  render() {
                                                    screenProps props를 비구조
    const { screenProps: { cities } } = this.props  ◄──  할당해서 cities 배열 참조
    return (
      <ScrollView  contentContainerStyle={[!cities.length && { flex: 1 }]}>

        <View style={[!cities.length && { justifyContent: 'center', flex: 1 }]}>
          {
            !cities.length && <CenterMessage message='No saved cities!' />}  ◄──
            cities 배열 내 모든 도시를 맵핑해 도시 이름과 나라 이름을 목록으로 표시.      cities 배열이 비어 있는지 확인.
          {       TouchableWithoutFeedback 컴포넌트에 navigate 메서드를 연결         빈 상태면 앱에 도시 정보가
            cities.map((item, index) => (  ◄──                                없다는 안내 메시지를 표시
              <TouchableWithoutFeedback onPress={() => this.navigate(item)}
                                                              key={index} >
                <View style={styles.cityContainer}>
                  <Text style={styles.city}>{item.city}</Text>
                  <Text style={styles.country}>{item.country}</Text>
                </View>
              </TouchableWithoutFeedback>
            ))
          }
        </View>
      </ScrollView>
    )
  }
}
```

이 예제에서 먼저 CenterMessage를 가져옵니다. 리액트 내비게이션에서는 라우트 내에서 내비게이션의 일부 옵션을 조정할 방법이 있습니다. 클래스에 static으로 navigationOptions 속성을 선언하고 조정할 라우트의 설정을 선언합니다. 라우트 설정을 조정해서 title과 headerTitleStyle 속성을 선언해서 라우트 제목과 제목 스타일을 지정합니다.

navigate 메서드는 this.props.navigation.navigate를 호출하고 City 라우트에서 참조할 라우트 이름과 도시 정보 객체를 전달합니다. 두 번째 인수로 도시 정보 객체를 전달하는데 City 라우트의 props.navigation.state.params에서 전달된 도시 정보 객체를 참조할 수 있게 됩니다. render 메서드는 cities 배열을 참조해서 구조 분해 할당 처리합니다. render 메서드에서는 cities 배열의 상태를 확인해서 배열이 빈 상태면 도시 목록이 없다는 안내 메시지를 표시합니다. 배열에 도시 목록이 저장되어 있으면, 배열에 포함된 모든 도시를 매핑해서 도시 이름과 나라 이름을 보여줍니다. TouchableWithoutFeedback 컴포넌트에 navigate 메서드를 연결해 선택한 도시로 이동할 수 있게 합니다.

예제 6.8 　Cities 라우트(스타일)

```
const styles = StyleSheet.create({
  cityContainer: {
    padding: 10,
    borderBottomWidth: 2,
    borderBottomColor: colors.primary
  },
  city: {
    fontSize: 20,
  },
  country: {
    color: 'rgba(0, 0, 0, .5)'
  },
})
```

그림 6.6 도시 내 장소를 보여주는 City.js 파일

다음으로 City 컴포넌트(src/Cities/City.js)를 만들어 보겠습니다. City 컴포넌트는 **그림 6.6**에서

와 같이 각 도시에 포함된 주요 장소를 저장하고 새 장소를 추가할 수 있는 폼이 들어갑니다.

이 컴포넌트에서는 screenProps에 있는 도시를 참조할 수 있고 screenProps의 addLocation

메서드를 이용해서 도시에 새 장소를 추가합니다.

예제 6.9　　City 라우트(기능)

```
import React, {Component} from 'react'
import {
  View,
  Text,
  StyleSheet,
  ScrollView,
```

```
  TouchableWithoutFeedback,
  TextInput,
  TouchableOpacity
} from 'react-native'

import CenterMessage from '../components/CenterMessage'
import { colors } from '../theme'

class City extends React.Component {

  static navigationOptions = (props) => {        ◄─── Cities.js 파일과 같이 static
    const { city } = props.navigation.state.params        navigationOptions 속성
    return {
      title: city.city,
      headerTitleStyle: {
        color: 'white',
        fontSize: 20,
        fontWeight: '400'
      }
    }
  }
  state = {
    name: '',
    info: ''
  }
  onChangeText = (key, value) => {
    this.setState({
      [key]: value
    })
  }


  addLocation = () => {
    if (this.state.name === '' || this.state.info === '') return
    const { city } = this.props.navigation.state.params  ◄───
    const location = {                          city 객체를 구조 분해 할당하고
      name: this.state.name,                     location 객체를 만든다
      info: this.state.info
    }
    this.props.screenProps.addLocation(location, city)  ◄─── 도시에 새 장소를 추가하고
    this.setState({ name: '', info: '' })                state를 재지정
  }
```

```
render() {
  const { city } = this.props.navigation.state.params     ◄───┤ 도시 정보 비구조화
  console.log('props: ', this.props)
  return (
    <View style={{ flex: 1 }}>
      <ScrollView contentContainerStyle={[!city.locations.length && {
                                            flex: 1 }]}>
        <View style={[styles.locationsContainer, !city.locations.length
                        && { flex: 1, justifyContent: 'center' }]}>
          {
            !city.locations.length && <CenterMessage message='No
                                        locations for this city!' />
          }
                                                        ┌─ cities 배열에 포함된 모든 도시를
                                                        │  매핑하고 도시 이름과 정보를
          {                                             │  표시하는 컴포넌트를 반환
            city.locations.map((location, index) => (  ◄──┘
              <View key={index} style={styles.locationContainer}>
                <Text style={styles.locationName}>{location.name}</Text>
                <Text style={styles.locationInfo}>{location.info}</Text>
              </View>
            ))
          }
        </View>
      </ScrollView>
      <TextInput     ◄───┤ 입력 폼 생성
        onChangeText={val => this.onChangeText('name', val)}
        placeholder='Location name'
        value={this.state.name}
        style={styles.input}
        placeholderTextColor='white'
      />
      <TextInput
        onChangeText={val => this.onChangeText('info', val)}
        placeholder='Location info'
        value={this.state.info}
        style={[styles.input, styles.input2]}
        placeholderTextColor='white'
      />
      <View style={styles.buttonContainer}>
        <TouchableOpacity onPress={this.addLocation}>
          <View style={styles.button}>
```

```
            <Text style={styles.buttonText}>Add Location</Text>
          </View>
        </TouchableOpacity>
      </View>
    </View>
  )
  }
}

const styles = StyleSheet.create({
  container: {
    flex: 1
  },
  locationsContainer: {
    paddingBottom: 104
  },
  input: {
    height: 50,
    backgroundColor: colors.primary,
    color: 'white',
    paddingHorizontal: 8,
    position: 'absolute',
    width: '100%',
    bottom: 104,
    left: 0
  },
  input2: {
    bottom: 52
  },
  buttonContainer: {
    position: 'absolute',
    bottom: 0,
    left: 0,
    width: '100%'
  },
  button: {
    height: 50,
    backgroundColor: colors.primary,
    justifyContent: 'center',
    alignItems: 'center'
  },
```

```
  buttonText: {
    color: 'white'
  },
  locationContainer: {
    padding: 10,
    borderBottomColor: colors.primary,
    borderBottomWidth: 2
  },
  locationName: {
    fontSize: 20
  },
  locationInfo: {
    color: 'rgba(0, 0, 0, .5)'
  }
})

export default City
```

먼저 navigationOptions 속성을 만듭니다. 단순히 객체로 선언하지 않고 객체를 반환하기 위해 콜백 함수를 이용합니다. navigation이 전달한 도시 정보를 참조할 수 있도록 props를 참조할 수 있어야 하기 때문입니다. 라우트의 제목으로 도시 이름을 쓰기 때문에 도시 이름을 알아야 합니다.

addLocation 메서드는 this.props.navigation.state.params에서 전달된 도시 정보 객체를 비구조화해서 나중에 함수에서 사용할 수 있도록 합니다. 다음으로는 장소의 이름과 정보를 가지는 location 객체를 생성합니다. this.props.screenProps.addLocation을 호출해서 location을 현재 보고 있는 도시 정보에 추가하고 다시 state를 지정합니다.

다시 한번 navigation의 state를 비구조 할당합니다. 도시 정보에 있는 location 객체들을 매핑하고, 새로운 장소에 도시를 추가할 때 인수로 사용하기 위해서 도시 정보 객체가 필요합니다. 최종적으로 도시 정보의 배열을 매핑해서 선택된 도시의 이름과 정보를 표시하는 컴포넌트를 반환하고, 두 개의 텍스트 입력과 버튼으로 만들어진 폼을 생성합니다.

6.3 데이터 유지하기

이제 앱을 다 만들었고 실행할 준비가 됐습니다. 앱을 사용해서 도시나 장소를 추가하고 화면을 새로 고침해 보도록 합니다. 앱을 다시 실행하면 지금까지 저장한 도시가 모두 사라지는 것을 알 수 있습니다. 데이터를 메모리에 저장했기 때문입니다. AsyncStorage를 이용해서 state를 유지해서 사용자가 앱을 종료하거나 화면을 새로 고쳐도 앱의 데이터가 계속 남아 있도록 만들어 보겠습니다.

> 옮긴이 - AsyncStorage는 0.60버전에서는 Deprecated 된 상태이므로 'npm install @react-native-community/async-storage'를 이용해서 추가 설치가 필요합니다.

App.js 파일에서 App 컴포넌트에 다음 내용을 추가합니다.

- 새 도시를 추가할 때마다 AsyncStorage에 cities 배열 저장하기

- 도시에 새 장소를 추가할 때마다 AsyncStorage에 cities 배열 저장하기

- 앱을 실행할 때, AsyncStorage를 확인해서 저장된 도시가 있는지 확인하고 저장된 도시가 있을 때 state를 저장된 도시로 업데이트하기

- AsyncStorage는 저장할 값으로 문자열만 사용할 수 있음. 따라서 문자열이 아닌 값을 저장할 때, JSON.stringify를 호출해 문자열로 변환해야 함. AsyncStorage에 저장된 값을 사용하기 전에 JSON.parse를 이용해 저장된 값을 파싱해서 사용.

App.js 파일을 열고 다음과 같이 수정합니다.

1. AsyncStorage를 가져오고 key 변수를 만듭니다.

```
import React, { Component } from 'react';
import {
  Platform,
  StyleSheet,
  Text,
  View,
} from 'react-native';
```

```
import AsyncStorage from '@react-native-community/async-storage'

//src/index.js의 네비게이터를 가져오기
import Tabs from './src'

const key = 'state'

const initialState = [{
  city: 'Paris',
  country: 'France',
  id: 0,
  locations: []
},
{
  city: 'Busan',
  country: 'Korea',
  id: 1,
  locations: []
}]
```

2. AsyncStorage를 확인하고 key 변수에 선언된 값으로 AsyncStorage에 저장된 도시 목록을
   가져오는 componentDidMount 함수를 만든다.

```
async componentDidMount() {
    console.log("component did mount")
    try {
      let cities = await AsyncStorage.getItem(key)
      if(cities){
        cities = JSON.parse(cities)
        this.setState({ cities })
      }
    } catch (e) {
      console.log('error from AsyncStorage: ', e)
    }

  }
```

3. addCity 메서드에서 새 cities 배열을 만든 후에 AsyncStorage에 cities 배열 저장하기

```
// state에 저장된 cities 도시 목록에 새 도시를 추가
addCity = (city) => {
  const cities = this.state.cities
  cities.push(city)
  this.setState({ cities })
  AsyncStorage.setItem(key, JSON.stringify(cities))
    .then(() => console.log('storage updated!'))
    .catch(e => console.log('e: ', e))
}
```

4. addLocation 메서드를 수정해서 setState를 호출한 후에 AsyncStorage에 cities 배열에 저장하기

```
//선택된 도시에 속한 장소 배열에 새 장소를 추가
addLocation = (location, city) => {
  ...
  this.setState({
    cities
  }, () => {
    AsyncStorage.setItem(key, JSON.stringify(cities))
      .then(() => console.log('storage updated!'))
      .catch(e => console.log('e: ', e))
  })
}
```

이제 사용자가 앱을 종료했다가 다시 실행해도 이전에 저장된 데이터가 남아 있게 됩니다.

DrawerNavigator를 이용해서 드로어 내비게이션 만들기

지금까지 탭 네이게이션과 스택 내비게이션을 만드는 방법을 배웠고 이번에는 드로어 내비게이션을 만드는 API를 배워 볼 차례입니다.

옮긴이 - react-navigation v4에서는 react-navigation-drawer 모듈로 따로 분리되었습니다.

드로어 내비게이션이 사용하는 API는 탭 내비게이션과 스택 내비게이션에서 사용하는 API와 매우 유사합니다. 리액트 내비게이션의 `createDrawerNavigator` 함수를 이용해서 드로어 내비게이션을 만들어 봅니다. 먼저 사용할 라우트를 정의합니다.

```
import Page1 from './routeToPage1'
import Page2 from './routeToPoage2'
```

다음으로 내비게이터에서 사용할 화면을 정의합니다.

```
const screens = {
  Page1: { screen: Page1 },
  Page2: { screen: Page2 }
}
```

이제 화면 설정을 이용해서 내비게이터를 정의하고 앱에서 사용할 수 있습니다.

```
const DrawerNav = createDrawerNavigator(screens)
// somewhere in our app
<DrawerNav/>
```

⦙ 정리

- 앱을 만들기 전에 시간을 내서 내비게이션과 라우팅을 어떻게 처리할지 계획해야 합니다.

- 리액트 네이티브에서 사용할 수 있는 다수의 내비게이션 라이브러리가 있지만 추천할 만한 두 가지는 React Navigation과 React Native Navigation 라이브러리입니다. React Navigation은 자바스크립트로 구현된 라이브러리이고 React Native Navigation은 네이티브 방식으로 구현된 라이브러리입니다.

- 다음과 같이 세 가지 주요 내비게이터가 있습니다.

  - **탭 내비게이션**: 화면 상단이나 하단에 탭이 있습니다. 탭을 누르면 탭과 연결된 화면으로 이동합니다. 예로 createBottomTabNavigator는 화면의 하단에 탭을 만듭니다.

  - **스택 내비게이션**: 현 화면에서 다른 화면으로 이동합니다. 스택에 있는 이전 화면으로 이동하거나 다음 화면으로 이동할 수 있습니다. 스택 내비게이션은 보통 화면 이동 시 애니메이션도 함께 구현합니다. createStackNavigator 함수를 이용해 스택 내비게이션을 만듭니다.

  - **드로어 내비게이션**: 화면의 왼쪽 또는 오른쪽에서 나오는 메뉴이며 옵션 목록을 표시합니다. 옵션을 선택하면 드로어가 닫히고 새 화면으로 이동합니다. createDrawerNavigator 함수를 이용해 드로어 내비게이션을 만듭니다.

- 어떤 내비게이션(탭 내비게이션, 스택 내비게이션, 드로어 내비게이션 또는 이들의 조합)을 사용할지에 따라 라우팅이 달라집니다. 리액트 내비게이션 라이브러리가 관리하는 모든 라우트나 화면은 내비게이션 상태를 제어하기 위해서 navigation 속성을 사용할 수 있습니다.

- AsyncStorage로 state를 유지해서 사용자가 앱을 종료하거나 새로 고쳐도 데이터가 유지될 수 있게 할 수 있습니다.

애니메이션

리액트 네이티브의 장점 중 하나가 Animated API를 이용해서 쉽게 애니메이션을 만들어 낼 수 있다는 점입니다. 애니메이션은 리액트 네이티브 API 중 좀 더 안정되고 사용하기 쉬운 편입니다. 또한 애니메이션은 내비게이션이나 상태state 관리와는 달리 리액트 네이티브에서 문제를 해결하는 방법이 잘 정립된 분야이기도 합니다.

애니메이션은 앱의 UI를 향상하거나 기존 디자인을 좀 더 생기 있게 만들 때 사용합니다. 적절한 때에 적절하게 실행되는 애니메이션은 평범한 사용자 경험과 평범함을 뛰어넘는 사용자 경험의 차이를 만들어 낼 수 있으며 결국 유사한 앱 사이에서 여러분이 개발하는 앱을 돋보이게 만들 수 있습니다.

다음은 이 장에서 다룰 애니메이션의 실사용 예들입니다.

- 사용자 입력 부분이 포커스될 때 애니메이션을 적용해 사용자 입력 확대하기
- 앱 시작할 때 정적인 시작 화면(welcome screen)이 아니라 애니메이션이 적용된 시작 화면을 만들 경우
- 애니메이션을 적용해서 사용자 정의 로딩 중 표시(인디케이터, indicator)를 만들 경우

 ## Animated API 소개

리액트 네이티브는 내장 Animated API를 제공하므로 다른 리액트 네이티브 API나 컴포넌트
처럼 가져와서 사용하면 됩니다. 애니메이션을 만들 때, 다음 네 가지 단계를 거칩니다.

1. 'react-native'에서 Animated를 가져오기
2. Animated API를 이용해서 애니메이션 효과 만들기
3. 컴포넌트에 스타일로 애니메이션 효과 연결하기

함수를 이용해서 애니메이션 효과 실행하기

Animated API를 이용해서 애니메이션이 적용 가능한 컴포넌트는 다음 네 가지입니다.

- View 컴포넌트
- ScrollView 컴포넌트
- Text 컴포넌트
- Image 컴포넌트

이 장에서 다룰 애니메이션 예들은 앞의 네 개의 컴포넌트에서 동일하게 동작합니다. 7.5절에
서는 어떤 요소나 컴포넌트를 createAnimatedComponent를 이용해서 사용자 정의 애니메이
션 컴포넌트로 만드는 법을 배웁니다.

Animated를 이용해서 기본 애니메이션^{basic animation}이 어떤 모습인지 확인해 보도록 하겠습니다. 예에서는 **그림 7.1**과 같이 상자^{box}의 상단 마진^{top margin}에 애니메이션을 적용합니다.

예제 7.1 | **Animated로 marginTop 속성 업데이트하기**

```
import React, { Component } from 'react';
import {
  StyleSheet,
  View,
  Animated,          ◀── Animate API 가져오기
  Button
} from 'react-native';

export default class RNAnimations extends Component {
  marginTop = new Animated.Value(20);  ◀──
                                            marginTop이라는 클래스 속성을
                                            만들고 애니메이션효과를 만들고,
  animate = () => {   ◀── 애니매이션 효과를 실행하는 함수   시작 값을 전달(여기서는 20)
    Animated.timing(
      this.marginTop,
      {
        toValue: 200,
        duration: 500,
      }
    ).start();
  }
  render() {
    return (
      <View style={styles.container}>
        <Button    ◀──
          title='Animate Box'     onPress에 이벤트
          onPress={this.animate}  핸들러로 animate 지정
        />
        <Animated.View
          style={[styles.box, { marginTop: this.marginTop }]} /> ◀──
      </View>                                      View 컴포넌트 대신에
    );                                       Animateed.View 컴포넌트 사용
  }
}
const styles = StyleSheet.create({
  container: {
```

```
    flex: 1,
    padding: 10,
    paddingTop: 50,
  },
  box: {
    width: 150,
    height: 150,
    backgroundColor: 'red'
  }
});
```

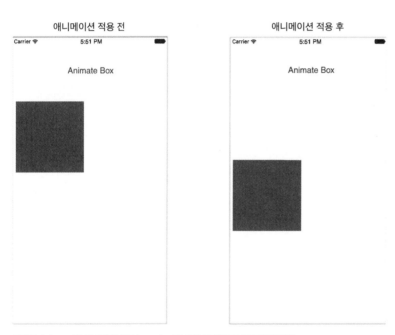

그림 7.1 Animated로 정사각형 상자(square box)의 상단 마진에 애니메이션을 적용

이 예는 timing 함수를 이용해 애니메이션 효과를 만들어 냅니다. timing 함수는 두 개의 인수로 시작 값과 설정 객체를 받습니다. 설정 객체는 애니메이션의 종료 값인 toValue와 애니메이션 길이를 지정하는 밀리 초 단위의 duration을 전달합니다.

일반적인 View 컴포넌트가 아니라 Animated.View 컴포넌트를 이용했습니다. Animated는 애니메이션을 적용할 수 있는 네 개의 컴포넌트(View, Image, ScrollView, Text 컴포넌트)를 제공합니다. Animated.View 컴포넌트에 일련의 스타일로 구성된 기본 스타일(styles.box)과 애니메이션 스타일을 함께 적용했습니다.

기본 애니메이션 컴포넌트를 만들어 보았고 이제는 앞으로 유용하게 쓸 수 있도록 실사용 예들에 적용할 수 있는 애니메이션을 만들어 보겠습니다.

입력창에 포커스 애니메이션 적용하기

예제로 입력 폼이 포커스될 때 확장되는 예제를 만들어 보도록 하겠습니다. 입력 폼이 포커스 상태가 아니라면 다시 축소되도록 합니다. 많이 사용하는 UI 패턴이기도 합니다.

이 책에서 지금까지 사용했던 TextInput 컴포넌트의 value, placeholder, onChangeText props 외에 onFocus와 onBlur를 이용해서 폼 입력이 포커스되거나 흐려질 때 함수를 호출할 수 있습니다. 이 방법으로 **그림 7.2**에 나오는 것 같은 애니메이션을 만들 수 있습니다.

예제 7.2	포커스 때 확장되도록 TextInput에 애니메이션 적용하기

```
import React, { Component } from 'react';
import {
  StyleSheet,
  View,
  Animated,
  Button,
  TextInput,
  Text,
} from 'react-native';

export default class RNAnimations extends Component {

  animatedWidth = new Animated.Value(200);
```

animatedWidth 변수와
애니메이션 초깃값 만들기

```
      animate = (value) => {                    animatiedWidth 속성에 애니메이션
        Animated.timing(                         효과를 함수로 만들기
          this.animatedWidth,
          {
            toValue: value,
            duration: 750,
          }
        ).start()
      }
      render() {
        return (
          <View style={styles.container}>

            <Animated.View style={{ width: this.animatedWidth }}>
              <TextInput                                       TextInput 컴포넌트를 감싼
                style={[styles.input]}                          컨테이너 뷰의 스타일에
                onBlur={() => this.animate(200)}               animatedWidth 값 연결
                onFocus={() => this.animate(325)}
                ref={input => this.input = input}
              />
            </Animated.View>                        onBlur와 onFocus 이벤트
            <Button                                  핸들러에 animate 메서드를
              title='Submit'                         연결, 각 이벤트가 발생할 때
              onPress={() => this.input.blur()}      해당하는 width 값 전달
            />
          </View>
        );
      }
    }

const styles = StyleSheet.create({
  container: {
    flex: 1,
    padding: 10,
    paddingTop: 50,
  },
  input: {
    height: 50,
    marginHorizontal: 15,
    backgroundColor: '#ededed',
    marginTop: 10,
```

```
    paddingHorizontal: 9,
  },
});
```

그림 7.2 포커스 때 확장되도록 TextInput에 애니메이션을 적용한 모습

 ## 7.3 애니메이션을 연결해 사용자 정의 애니메이션 만들기

로딩 중을 표시하거나 액티비티 인디케이터와 같이 무한 반복되는 애니메이션이 필요한 경우
가 있습니다. 이런 경우 `Animated.loop` 함수를 이용해 무한 반복되는 애니메이션을 쉽게 만
들 수 있습니다. 이 절에서는 API 중에서 Easing 모듈과 `Animated.loop` 함수를 이용해서 무
한 반복해서 이미지를 회전시키는 로딩 인디케이터를 만들어 보도록 하겠습니다.

지금까지는 `Animated.timing` 함수를 이용해서 애니메이션을 실행하는 방법을 썼습니다. 이번
예에서는 애니메이션이 멈추지 않고 계속 실행되도록 할 것이며 `loop.Animated.loop`라는 새
로운 static 메서드를 이용합니다. 이 메서드는 지정된 애니메이션을 계속 반복해서 실행하며
애니메이션이 끝나면 처음부터 다시 시작합니다.

다음에 다룰 예제에서는 이전에 배운 것과는 조금 다르게 스타일을 적용합니다. 예제 7.1과 7.2에서는 컴포넌트의 style 속성에서 직접 애니메이션 효과를 이용했습니다. 다음에 다룰 예제에서는 이러한 애니매이션 효과들을 변수로 저장하고 style 속성에서 새로운 애니메이션 효과를 사용하기 전에 변수로 저장된 애니메이션 효과를 결합합니다. 회전 효과를 내는 애니메이션을 만들기 때문에 숫자 대신 문자열을 사용합니다. 예로 style에서 360deg를 사용하는 것처럼 값을 참조할 때 문자열을 사용합니다.

Animated API는 interpolate 클래스 메서드를 지원하며 이를 이용해서 애니메이션 효과를 조정할 수 있습니다. interpolate 메서드는 inputRange(배열)와 outputRange(배열), 이 두 개의 키로 구성된 설정 객체configuration object를 인수로 사용합니다. inputRange는 클래스에서 현재 작업하는 원래의 애니메이션 효과이고 outputRange는 앞으로 변경될 애니메이션의 효과입니다.

마지막으로 애니메이션의 easing 값을 변경합니다. **Easing**은 애니메이션의 움직임을 조정합니다(애니메이션 진행 시 가속/감속 변화를 지정해서 부드럽게 움직이는 효과). 다음 예에서는 회전이 부드럽고 같은 속도로 변화하도록 linear easing 함수을 사용합니다.

리액트 네이티브는 일반적인 easing 기능을 기본적으로 제공합니다. 다른 API와 컴포넌트를 가져와서 사용했던 것처럼 Easing 모듈을 가져와서 Animated API와 함께 사용할 수 있습니다. Easing은 Animated.timing 함수의 두 번째 인수로 toValue와 duration 값을 지정한 부분인 설정 객체에서 설정할 수 있습니다. 앞에서 animatedMargin이라는 애니메이션 효과를 갖는 예를 생각해 보겠습니다. timing 함수에서 animatedMargin 값을 0부터 200까지 직접 변하게 하는 방법으로, animatedMargin의 초깃값을 0으로 지정하고 200까지 애니메이션을 적용하면, easing 효과를 얻을 수 있습니다.

이런 방식 외에 애니메이션 효과를 연결해서 이용하게 되면 timing 함수에서 0과 1까지의 값을 지정하는데 나중에 interpolate라는 클래스 메서드를 이용해서 애니메이션이 진행될 때 적용된 애니메이션 효과들을 연결합니다. 주로 `render` 메소드에서는 이렇게 연결된 애니메이션 효과를 변수로 참조해서 사용하게 됩니다.

```
const marginTop = animatedMargin.interpolate({
inputRange: [0, 1],
outputRange: [0, 200],
});
```

이제 애니메이션 효과를 연결해서 로딩 인디케이터를 만들어 봅니다. 앱이 로딩될 때 `componentDidMount`, 인디케이터를 표시합니다. 그 이후 `setTimeout`을 호출해서 2,000 밀리 초 후에 loading 상태를 `false`로 변경합니다. **그림 7.3**을 참고하도록 합니다. 예제에서 사용한 아이콘은 예제 코드 내에 '/assets/35633-200.png' 파일을 이용합니다. 원한다면 본인이 원하는 아이콘을 사용해도 됩니다.

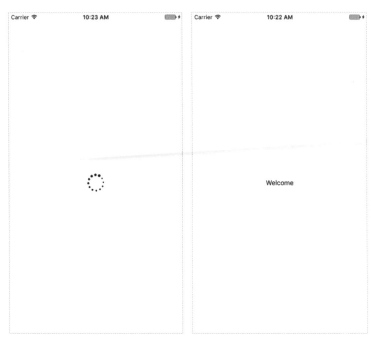

그림 7.3 보간과 Animated.loop 함수를 이용해 회전하는 로딩 인디케이터를 만든 모습

```
import React, { Component } from 'react';
import {
  Easing,
  StyleSheet,
  View,
  Animated,
  Button,
  Text,
} from 'react-native';

export default class RNAnimations extends Component {
  state = {
    loading: true,        ◀── 초기 상태로 loading 아이콘이 필요한 상황인지(true)
  }

  componentDidMount() {   ◀── 2000(2초) 후에 loading state를 변경하도록
    this.animate();              setTimeout 함수를 호출, 로딩을 false로 설정
    setTimeout(() => this.setState({ loading: false }), 2000)
  }

  animatedRotation = new Animated.Value(0);   ◀── animationRotation 변수의 상태를 0으로 지정

  animate = () => {   ◀─────────────
    Animated.loop(              animate 클래스 메서드를 만들고
      Animated.timing(          Animated.loop 함수를 호출할 때
        this.animatedRotation,  Animated.timing을 인수로 전달
        {
          toValue: 1,
          duration: 1800,
          easing: Easing.linear,
        }
      )
    ).start()                          animationRotation에
  }                                   애니메이션 효과를 연결해서
  render() {                          새로운 rotaion변수 생성

    const rotation = this.animatedRotation.interpolate({  ◀──────
      inputRange: [0, 1],   ◀── 애니매이션의 시작과 끝 (0 과 1)
      outputRange: ['0deg', '360deg'],   ◀── 애니매이션의 진행 변화
    });
```

```
      const { loading } = this.state;
      return (
        <View style={styles.container}>
          {
            loading ? (        ◄─────────┐ 로딩이 true인지 확인하고 이에 따라 응답
              <Animated.Image
                source={require('./assets/35633-200.png')}
                style={{ width: 40, height: 40, transform: [{ rotate:
rotation }] }}
              />
            ) : (
              <Text>Welcome</Text>
            )
          }
        </View>
      );
    }
  }

  const styles = StyleSheet.create({
    container: {
      flex: 1,
      justifyContent: 'center',
      alignItems: 'center',
      padding: 10,
      paddingTop: 50,
    },
    input: {
      height: 50,
      marginHorizontal: 15,
      backgroundColor: '#ededed',
      marginTop: 10,
      paddingHorizontal: 9,
    },
  });
```

animate 클래스 메서드는 Animated.loop 함수를 호출할 때 Animated.timing을 인수로 전
달합니다. 부드러운 회전 효과를 내기 위해서 설정 객체에서 toValue에는 1, duration에는
1800, easing에는 Easing.linear를 지정했습니다.

interpolate 메서드를 이용해서 animatedRotation 값으로 rotation이라는 새 값을 만들었습니다. inputRange는 애니메이션의 시작 값과 종료 값을 지정하고 outputRange는 inputRange 값으로 매핑할 값을 지정합니다. 시작 값은 0도이고 종료 값은 360도가 되며 온전한 360도 회전을 만듭니다.

return 문에서 먼저 loading 값이 true인지 확인합니다. 이 값이 true면, 애니메이션이 적용된 로딩 인디케이터를 화면에 표시하고 이 값이 false면, 'welcome…' 메시지를 화면에 표시합니다. 로딩 인디케이터에 사용할 이미지의 경로를 여러분의 앱 경로에 맞게 수정해야 합니다. Animated.Image 컴포넌트의 인라인 스타일 속성으로 transform 속성에 rotate 속성과 rotation 변수를 지정합니다.

병렬처리되는 애니메이션 만들기

복수의 애니메이션을 만들어 동시에 실행할 필요가 있는 경우가 있습니다. Animated 라이브러리는 parallel이라는 클래스 메서드를 지원하며 이 메서드를 이용해서 복수의 애니메이션을 동시에 실행할 수 있습니다. parallel 메서드는 애니메이션 배열을 동시에 실행합니다.

예를들어, 두 개의 메시지와 버튼으로 구성된 시작 화면이 한 번에 화면으로 이동하는 것처럼 보이게 만들고 싶을 때 세 개의 별도 애니메이션을 만들고 각 애니메이션에서 .start()를 호출할 수도 있습니다. 하지만, Animated.parallel 함수를 이용해서 애니메이션 배열을 전달하고 전달된 애니메이션을 동시에 실행하는 것이 좀 더 효율적인 방법입니다.

다음 예제에서 그림 7.4에서와 같이 컴포넌트가 마운트될 때 두 개의 메시지와 한 개의 버튼이 애니메이션으로 동작하는 시작 화면을 만들어 보겠습니다. Animated.parallel 함수를 이용하므로 세 개의 애니메이션은 정확히 동시에 시작합니다. 이후에 설정에 delay 속성을 추가해서 두 개의 애니메이션 시작 시간을 조정합니다.

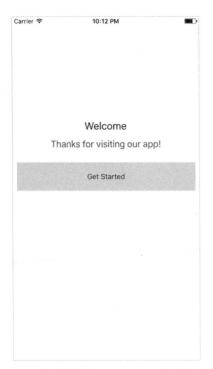

Carrier 📶   10:12 PM   🔋

Welcome

Thanks for visiting our app!

Get Started

그림 7.4 병렬 애니메이션(parallel animations)을 이용한 시작 화면(welcome screen)

| 예제 7.4 | 애니메이션 효과가 적용된 시작 화면 만들기 |

```
import React, { Component } from 'react';
import {
  Easing,
  StyleSheet,
  View,
  Animated,
  Text,
  TouchableHighlight,
} from 'react-native';

export default class RNAnimations extends Component {
  animatedTitle = new Animated.Value(-200);
  animatedSubtitle = new Animated.Value(600);
  animatedButton = new Animated.Value(800);
```

클래스를 생성할 때 에 세개의
애니메이션 값도 같이 생성

```
componentDidMount() {
  this.animate();           ◄─┐ componentDidMount()시에 애니메이션도 시작되도록
}
animate = () => {             ┌─ 세 개의 애니메이션이 동시에 실행 되도록
  Animated.parallel([        │  Animated.parallel 호출하고 세 개의
    Animated.timing(         │  Animated.timing을 전달
      this.animatedTitle,
      {
        toValue: 200,
        duration: 800,
      }
    ),
    Animated.timing(
      this.animatedSubtitle,
      {
        toValue: 0,
        duration: 1400,
        delay: 800,
      }
    ),
    Animated.timing(
      this.animatedButton,
      {
        toValue: 0,
        duration: 1000,
        delay: 2200,
      }
    )
  ]).start();
}
render() {
  return (
    <View style={styles.container}>    ◄─┤ 움직이는 각각의 애니메이션을 컴포넌트에 추가해서 확인
      <Animated.Text style={[styles.title, { marginTop: this.
                              animatedTitle }]}>Welcome</Animated.Text>
      <Animated.Text style={[styles.subTitle, { marginLeft: this.
        animatedSubtitle }]}>Thanks for visiting our app!</Animated.Text>
      <Animated.View style={{ marginTop: this.animatedButton }}>
        <TouchableHighlight style={styles.button}>
          <Text>Get Started</Text>
        </TouchableHighlight>
```

```
        </Animated.View>
      </View>
    );
  }
}

const styles = StyleSheet.create({
  container: {
    flex: 1,
  },
  title: {
    textAlign: 'center',
    fontSize: 20,
    marginBottom: 12,
  },
  subTitle: {
    width: '100%',
    textAlign: 'center',
    fontSize: 18,
    opacity: .8,
  },
  button: {
    marginTop: 25,
    backgroundColor: '#ddd',
    height: 55,
    justifyContent: 'center',
    alignItems: 'center',
    marginHorizontal: 10,
  }
});
```

순차적으로 처리되는 애니메이션 만들기

Animated.sequence는 일련의 애니메이션이 순서대로 실행되게 합니다. 즉, 각 애니메이션은 이전 애니메이션이 끝나고 나서야 실행됩니다. Animated.sequence 함수를 이용해서 연속적인 애니메이션을 만들 수 있습니다. Animated.parallel 함수와 마찬가지로 Animated.sequence 함수도 애니메이션 배열을 인수로 사용합니다.

```
Animated.sequence([
  animationOne,
  animationTwo,
  animationThree
]).start()
```

다음 예에서 **그림 7.5**에 나오는 것처럼 숫자 1, 2, 3이 500 밀리 초 간격으로 화면에서 떨어지는 것처럼 보이게 순차적인 애니메이션 효과를 만듭니다.

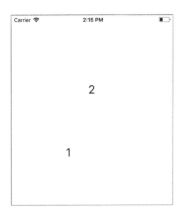 

그림 7.5 숫자로 구성된 순차적인 애니메이션 효과 만들기

예제 7.5 　순차적인 애니메이션 만들기

```
import React, { Component } from 'react';
import {
  StyleSheet,
```

```
    View,
    Animated  ◄─────┐ 'react-native'에서 Animated 가져오기
} from 'react-native';

export default class RNAnimations extends Component {

  componentDidMount() {
    this.animate();  ◄────┐ 컴포넌트가 마운트될 때, animiate 함수를 호출
  }

  AnimatedValue1 = new Animated.Value(-30);        ┐ 세 개의 애니매이션 효과를 만들고 시작
  AnimatedValue2 = new Animated.Value(-30);        │ 값으로 -30을 전달
  AnimatedValue3 = new Animated.Value(-30);        ┘

  animate = () => {  ◄────┐ 새 timing 애니메이션을 만드는 함수를 반환하는 createAnimation 지정
    const createAnimation = (value) => {
      return Animated.timing(
        value, {
          toValue: 290,
          duration: 500
        })
    }

    Animated.sequence([
      createAnimation(this.AnimatedValue1),        ┐ 애니메이션 효과에 createAnimation의
      createAnimation(this.AnimatedValue2),        │ 결과를 적용해서 순차적으로 실행
      createAnimation(this.AnimatedValue3)         ┘
    ]).start()
  }
  render() {                                       애니메이션 갑을 3개의 Animated.Text
    return (                                       컴포넌트에 전달
      <View style={styles.container}>
        <Animated.Text style={[styles.text, { marginTop: this.AnimatedValue1}]}>
          1
        </Animated.Text>
        <Animated.Text style={[styles.text, { marginTop: this.AnimatedValue2}]}>
          2
        </Animated.Text>
        <Animated.Text style={[styles.text, { marginTop: this.AnimatedValue3}]}>
          3
        </Animated.Text>
```

```
      </View>
    );
  }
}

const styles = StyleSheet.create({
  container: {
    flex: 1,
    justifyContent: 'center',
    flexDirection: 'row',
  },
  text: {
    marginHorizontal: 20,
    fontSize: 26
  }
});
```

앞의 예는 애니메이션 효과의 초깃값으로 −30을 지정했습니다. 이 값은 Animated.Text 요소의 marginTop 값으로 사용되며 텍스트가 애니메이션이 시작되기 전에는 화면의 바깥쪽에(눈에 보이지 않게) 숨겨져 있어야 하기 때문입니다. createAnimation 함수는 애니메이션 효과를 인수로 전달받습니다.

Animated.stagger 함수를 이용해서 간격 주기

마지막으로 배울 애니메이션 함수는 Animated.stagger입니다. parallel과 sequence 함수처럼 stagger 함수도 애니메이션 효과의 배열을 인수로 사용합니다. stagger 함수를 이용하면 애니메이션 효과의 배열을 한 번에 실행하지만, 각 애니메이션은 동일한 시간 간격을 두고 시작됩니다. parallel과 sequence 함수와는 다르게 stagger 함수의 첫 번째 인수는 stagger이며 시간 간격을 의미합니다. 이 함수의 두 번째 인수는 애니메이션 배열입니다.

```
Animated.stagger(
100,
[
Animation1,
Animation2,
Animation3 ]
).start()
```

다음 예에서 **그림 7.6**처럼 시간 간격을 두고 일련의 빨간색 상자를 화면에 표시하기 위해 다수의 애니메이션을 동적으로 만듭니다.

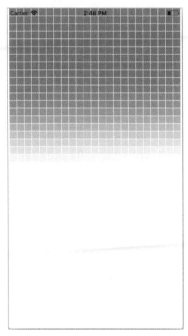

그림 7.6 Animated.stagger로 일정 간격으로 실행되는 애니메이션을 만든 모습

```
import React, { Component } from 'react'
import {
  StyleSheet,
  View,
  Animated          ◄────────────┐ 'react-native'에서 Animated API 가져오기
} from 'react-native'

export default class RNAnimations extends Component {
  constructor () {
    super()                                          1,000개의 애니메이션효과를
    this.animatedValues = []                         포함한 배열 만들기. 초깃값은
    for (let i = 0; i < 1000; i++) {                 0으로 지정
      this.animatedValues[i] = new Animated.Value(0)
    }

    this.animations = this.animatedValues.map(value => {
      return Animated.timing(                        animatedValues 배열에
        value,                                       Animated.timing 이 적용된
        {                                            애니메이션 배열 만들기
          toValue: 1,
          duration: 6000
        }
      )
    })
  }
  componentDidMount() {
    this.animate()
  }

  animate = () => {
    Animated.stagger(15, this.animations).start()  ◄──┐ 15ms 간격으로 실행되는 애니메이션 시작
  }
  render() {
    return (                                      애니메이션을 매핑하여 배열의 각
      <View style={styles.container}>             항목에 대한 Animated.View를 만든다
        {
          this.animatedValues.map((value, index) => ( ◄
            <Animated.View key={index} style={[{opacity: value}, styles.box]} /> ◄
          ))
```

```
        }
      </View>
    );
  }
}

const styles = StyleSheet.create({
  container: {
    flex: 1,
    justifyContent: 'center',
    flexDirection: 'row',
    flexWrap: 'wrap'
  },
  box: {
    width: 15,
    height: 15,
    margin: .5,
    backgroundColor: 'red'
  }
})
```

 ## 7.7 Animated API 라이브러리 이용 시 유용한 팁

지금까지 배운 Animated API 외에 다음 팁들도 알아 두면 유용하게 사용할 수 있습니다. 알아 두면 좋은 기법으로는 애니메이션 효과를 재지정하기, 콜백 함수 호출하기, 네이티브 스레드에서 애니메이션 실행하기, 애니메이션 적용이 가능한 사용자 정의 컴포넌트 만들기 등이 있습니다. 이 절에서는 이러한 팁들을 간단히 소개합니다.

애니메이션 효과 재지정하기

애니메이션을 호출할 때, `setValue`을 이용해서 재지정할 수 있습니다. 어떤 애니메이션을 호출한 후 해당 애니메이션을 다시 호출할 필요가 있을 때 원래의 값 또는 새로운 값으로 재지정할 수 있습니다.

```
animate = () => {
  this.animatedValue.setValue(300);
    #continue here with the new animated value
}
```

애니메이션 끝난 뒤 실행되는 콜백 함수

다음 예처럼 애니메이션이 끝났을 때, 필요하다면 콜백 함수를 호출할 수 있습니다.

```
Animated.timing(
  this.animatedValue,
  {
    toValue: 1,
    duration: 1000
  }
).start(() => console.log('animation is complete!'))
```

네이티브 UI 스레드에서 애니메이션 실행하기

Animated API 라이브러리는 기본적으로 자바스크립트 스레드에서 애니메이션을 실행합니다. 자바스크립트 스레드에서 애니메이션을 실행해도 대부분은 문제없이 잘 동작하고 성능에 문제가 없어야 합니다. 하지만, 자바스크립트 스레드에 문제가 발생하면 애니메이션 프레임의 응답이 느려 지거나 건너 뛰는 문제가 발생할 수 있습니다.

이런 문제를 해결하기 위해 애니메이션을 자바스크립트 스레드에서 실행하지 않을 수도 있습니다. useNativeDriver라는 Boolean 타입의 설정값을 이용하면 됩니다. useNativeDriver는 애니메이션이 네이티브 UI 스레드에서 실행되게 해서 네이티브 코드가 UI 스레드^{UI thread}에서 직접 뷰를 업데이트할 수 있게 합니다. 다음 예를 참고하시기 바랍니다.

```
Animated.timing(
    this.animatedValue,
    {
        toValue: 100,
        duration: 1000,
        useNativeDriver: true
    }
).start();
```

useNativeDriver를 이용해서 모든 애니메이션을 네이티브 UI 스레드에서 실행할 수 있는 것은 아닙니다. useNativeDriver를 사용하기 전에 Animated API 문서를 확인하기 바랍니다. 이 책을 집필하는 시점을 기준으로 레이아웃 속성이 아닌 경우에만 이 방법을 적용할 수 있습니다. 즉 flexbox, 마진, 패딩에는 이 방법을 적용할 수 없습니다.

createAnimatedComponent로 애니메이션 적용 가능 컴포넌트 만들기

7.1절에서 설명한 것처럼 기본 제공되는 애니메이션 적용 가능 컴포넌트는 View, Text, Image, ScrollView 컴포넌트뿐입니다. 하지만, 기존의 리액트 네이티브의 요소나 컴포넌트 혹은 사용자 정의 리액트 네이티브 요소나 컴포넌트를 애니메이션 적용 가능 컴포넌트로 만들 수 있는 방법도 있습니다. 다음 예처럼 createAnimatedComponent 함수를 호출할 때 애니메이션을 적용하려는 컴포넌트를 감싸면 됩니다.

```
const Button = Animated.createAnimatedComponent(TouchableHighlight)
<Button onPress={somemethod} style={styles.button}>
 <Text>Hello World</Text>
</Button>
```

이제 button을 기존의 리액트 네이티브 컴포넌트처럼 사용할 수 있습니다.

⫶ 정리

- 리액트 네이티브에서 애니메이션을 만들 때, 기본 제공하는 Animated API를 사용하도록 추천합니다.

- Animated API 라이브러리로 애니메이션을 만들 때 주로 사용하는 메서드는 Animated.timing입니다.

- 기본 제공되는 애니메이션 적용 가능 컴포넌트는 View, Text, Image, ScrollView 컴포넌트뿐입니다. 하지만, createAnimatedComponent를 이용해서 사용자 정의 애니메이션 적용 가능 컴포넌트를 만들 수 있습니다.

- interpolate 메서드를 이용해서 애니메이션 효과들을 연결하거나 재사용할 수 있습니다.

- Animated.parallel를 이용해서 애니메이션의 배열을 동시에 만들고 실행할 수 있습니다.

- Animated.loop를 이용해서 무한 반복되는 애니메이션을 만들 수 있습니다.

- Animated.sequence를 이용해서 차례로 실행되는 순차적인 애니메이션을 만들 수 있습니다.

- Animated.stagger를 이용해서 간격을 두고 실행되는 애니메이션 배열을 만들 수 있습니다. 각 애니메이션은 전달되는 시간 값을 기준으로 간격을 두고 시작합니다.

8장

리덕스 데이터 아키텍처 라이브러리 이용하기

이 장에서 다루는 내용

☑ React context API의 동작 원리

☑ 리덕스 스토어(store) 만들기

☑ 전역 state 관리를 위해 리덕스 액션(actions)과 리듀서(reducers)를 이용하는 방법

☑ combineReducers를 이용한 리듀서 결합

실제로 리액트나 리액트 네이티브 앱을 만들 때, 데이터를 정확하고 계획적으로 관리하지 않으면 데이터 계층data layer이 금방 복잡해지고 관리하기 힘들게 된다는 것을 알게 됩니다. 데이터를 관리하는 방법의 하나는 이 책에서 줄곧 사용했던 방법으로 컴포넌트의 상태state에 데이터를 저장하고 속성props으로 전달하는 것입니다. 또 다른 방법으로 데이터 아키텍처 패턴이나 라이브러리를 이용할 수도 있습니다. 이 장에서는 리덕스 라이브러리를 다룹니다. 리덕스는 리액트 생태계에서 데이터를 관리할 때 가장 많이 사용하는 방법이며 리액트나 리액트 네이티브와 마찬가지로 페이스북에서 관리합니다.

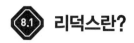 **리덕스란?**

리덕스 공식 문서에 따르면, 리덕스 라이브러리를 '자바스크립트 앱을 위한 예측 가능한 상태state 컨테이너'로 설명합니다. 리덕스는 기본적으로 앱에 단 하나밖에 없는 전역 상태 객체 (single source of truth, 믿을 수 있는 단일 소스)입니다. 이 전역 상태state 객체는 리액트 네이티브 컴포넌트에서 props로 전달됩니다. 리덕스 state의 데이터가 변경되면, 변경된 새 데이터가 전체 앱에 props로 전달됩니다.

리덕스는 앱의 상태state를 모두 스토어store라는 곳으로 이동시켜 데이터 관리를 편리하게 합니다. 어떤 값이 필요할 때, 리덕스를 통해 어디서 찾아야 할지 알 수 있고 전체 앱에서 같은 값을 사용하게 됩니다.

리덕스는 어떻게 동작할까요? 리덕스는 리액트의 context라는 기능을 이용합니다. context는 전역 state를 만들고 관리하는 매커니즘입니다.

 context를 이용해서 앱의 전역 상태 관리하기

context는 앱 전체에서 참조할 수 있는 전역 변수를 만드는 React API입니다. 여기서 context 를 전달받는 컴포넌트는 context를 만든 컴포넌트의 자식 컴포넌트여야 합니다. 보통은 데이터를 전달하려면 컴포넌트 구조의 단계별로 props를 전달해야 하지만, context를 이용하면 props를 사용할 필요가 없습니다. props를 단계별로 전달하지 않고도 앱 전체에서 context를 참조할 수 있습니다.

> context는 이해하기 쉬우며 다수의 오픈 소스 라이브러리에서 사용하지만, 여러분이 오픈 소스 라이브러리를 개발하거나 context를 이용하지 않고는 문제를 해결할 수 없는 경우를 제외하고는 여러분이 개발할 앱에서 context를 이용할 필요가 없을 수도 있습니다. 리덕스가 어떻게 동작하는지를 설명하려고 context를 배우고 있습니다.

세 개의 컴포넌트(Parent, Child1, Child2 컴포넌트)로 이루어진 기본 컴포넌트 구조에서 context를 만드는 방법을 살펴보겠습니다. 다음 예제는 부모 컴포넌트 수준에서 앱 전체의 테마를 적용하는 방법을 보여줍니다. 이렇게 해서 필요할 때 앱 전체의 스타일을 관리할 수 있게 됩니다.

예제 8.1 | context 만들기

```
const ThemeContext = React.createContext()    ◄── context를 참조하는 ThemeContext 변수 생성

class Parent extends Component {

  state = { themeValue: 'light' }    ◄── themeValue라는 state 변수를 만들고 'light' 값을 지정

  toggleThemeValue = () => {    ◄── 현재의 themeValue 값을 확인하고 'light'와 'dark'를 토글
    const value = this.state.themeValue === 'dark' ? 'light' : 'dark'
    this.setState({ themeValue: value })
  }
  render() {
                                        자식 컴포넌트에 context
                                        전달(provides), Provider로 감싼 모든
                                        데이터나 함수는 Consumer로 감싼
    return (                            자식 컴포넌트에서 참조할 수 있다
      <ThemeContext.Provider    ◄──
        value={{
          themeValue: this.state.themeValue,
          toggleThemeValue: this.toggleThemeValue
        }}
      >
        <View style={styles.container}>
          <Text>Hello World</Text>
        </View>
        <Child1 />                       컴포넌트를 반환하는 stateless 함수.
      </ThemeContext.Provider>           부모 컨테이너와 Child2 컴포넌트
    );                                   사이에 props가 전달되지 않는 것을
  }                                      보여준다
}

const Child1 = () => <Child2 />    ◄──

                                        ThemeContext.Consumer가 감싸고
const Child2 = () => (    ◄──           있는 컴포넌트를 반환하는 stateless 함수
```

```
    <ThemeContext.Consumer>
      {(val) => (
        <View style={[styles.container,
          val.themeValue === 'dark' &&
          { backgroundColor: 'black' }]}>
          <Text style={styles.text}>Hello from Component2</Text>
          <Text style={styles.text}
                onPress={val.toggleThemeValue}>
            Toggle Theme Value
          </Text>
        </View>
      )}
    </ThemeContext.Consumer>
  )
  const styles = StyleSheet.create({
    container: {
      flex: 1,
      justifyContent: 'center',
      alignItems: 'center',
      backgroundColor: '#F5FCFF',
    },
    text: {
      fontSize: 22,
      color: '#666'
    }
  })
```

Child2 stateless 함수는 ThemeContext.Consumer가 감싸고 있는 컴포넌트를 반환합니다. ThemeContext.Consumer는 자식 컴포넌트로 함수를 인수로 전달해야 합니다. 인수로 전달된 함수는 참조할 수 있는 context를 포함하고 있는 인수를 전달받습니다(여기서는 val 객체가 두 개의 props를 포함하고 있습니다.). 이제 컴포넌트 내에서 context 값들을 사용할 수 있게 됩니다.

리액트에서 리덕스를 사용하려면, connect 함수를 이용해야 합니다. connect 함수는 기본적으로 context를 컴포넌트의 props처럼 사용할 수 있게 합니다. context를 이해하고 있어야 리덕스를 쉽게 배울 수 있습니다.

리액트 네이티브 앱에 리덕스 구현하기

리덕스가 무엇인지와 context에 대해서도 배웠으니 이제 새 리액트 네이티브 앱을 만들고 리덕스를 추가해 보도록 하겠습니다. 이제부터 만들 앱은 **그림 8.1**에서 보는 것처럼 여러분이 읽은 도서 목록을 관리하는 앱입니다. 다음 단계를 따라 해 보겠습니다.

1. RNRedux라는 새 리액트 네이티브 앱을 만듭니다.

   ```
   (npx) react-native init RNRedux
   ```

2. 새 폴더로 이동합니다.

   ```
   cd RNRedux
   ```

3. 리덕스 관련 의존성 라이브러리를 설치합니다.

   ```
   npm install --save redux react-redux
   ```

4. 루트 폴더 아래 src 폴더를 만들고 이 폴더에 Books.js와 actions.js 파일을 추가합니다. src 폴더 아래 reducers 폴더를 만들고 이 폴더에 bookReducer.js와 index.js 파일을 만듭니다. src 폴더의 구조는 이제 **그림 8.2**와 같아야 합니다.

다음으로 bookReducer.js 파일에 첫 번째 리덕스의 상태state를 만듭니다. 8.1 절에서 설명한 것처럼 리덕스는 전역 객체라고 생각할 수 있습니다. 이 전역 객체는 리듀서를 이용해서 여러 조각의 객체들을 모아 전역 객체를 만듭니다.

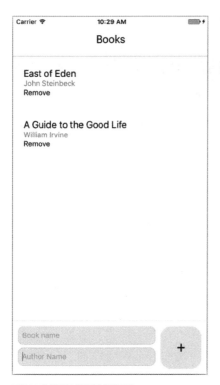

그림 8.1 완성된 도서 목록 앱의 모습

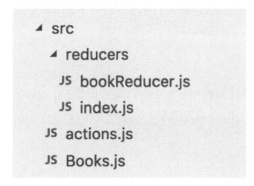

그림 8.2 RNRedux 앱의 src 폴더 구조

8.4 리덕스 리듀서로 리덕스 상태 관리하기

리듀서^{reducer}는 객체를 반환하는 함수입니다. 여러 리듀서들을 묶어 전역 상태^{state}를 만들게 됩니다. 리듀서를 데이터의 저장소라고 쉽게 생각해도 무방합니다. 각각의 데이터 저장소에는 데이터의 조각이 들어있는데 이것이 리듀서 아키텍쳐에서 리듀서가 하는 일입니다.

reducers 폴더에는 bookReducer.js와 index.js의 두 개의 파일이 있습니다. index.js 파일에 앱에서 사용하는 모든 리듀서를 결합해서 전역 상태^{state}를 구성합니다. 우리가 만들 도서 목록 앱은 하나의 리듀서^{bookReducer}만을 사용하므로 전역 상태^{state}는 다음과 같은 형태입니다.

```
{
  bookReducer: {}
}
```

bookReducer에 저장할 데이터는 도서 목록을 저장하는 배열입니다. 이 리듀서는 하나의 state를 만들고 반환합니다. 이 state는 이후에 리덕스 스토어에서 참조할 수 있게 됩니다. / bookReducer.js 파일에서 첫 번째 리듀서를 만들어 보도록 하겠습니다. 다음 예제에서 state를 반환하는 역할만 하는 함수를 하나 만듭니다.

예제 8.2 　　**리듀서 만들기**

```
const initialState = {          ◄─────────┐ 초기 상태 만들기
  books: [{ name: 'East of Eden', author: 'John Steinbeck'}]
}

const bookReducer = (state = initialState) => {  ◄───┐ state 인수의 기본 값을 initialState로 지정
  return state    ◄───┐ state를 반환
}
export default bookReducer
```

initialState 객체는 시작될 때 초기 상태state 데이터를 보관할 것입니다. 여기에 저장될 값은 도서 목록 배열이며 이 배열에 name과 author를 속성으로 가지는 객체를 추가합니다. state라는 인수를 사용하는 함수 하나를 만들고 인수의 기본값에 initialState를 지정합니다. 이 함수를 처음 호출하면, state는 undefined 상태이므로 initialState 객체를 반환합니다. 지금으로서는 이 함수의 유일한 기능은 state를 반환하는 것입니다.

첫 번째 리듀서를 만들었습니다. 이제 reducers/index.js 파일의 rootReducer 부분으로 가서 전역 상태state를 만들어 보겠습니다. 루트 리듀서root reducer는 앱의 모든 리듀서를 모아 전역 상태state를 만들게 됩니다.

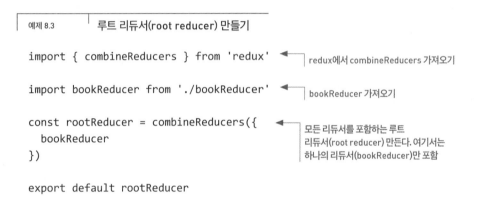

예제 8.3   루트 리듀서(root reducer) 만들기

```
import { combineReducers } from 'redux'    ◄─── redux에서 combineReducers 가져오기

import bookReducer from './bookReducer'    ◄─── bookReducer 가져오기

const rootReducer = combineReducers({    ◄─── 모든 리듀서를 포함하는 루트
  bookReducer                                   리듀서(root reducer) 만든다. 여기서는
})                                              하나의 리듀서(bookReducer)만 포함

export default rootReducer
```

다음으로 지금 만든 것을 사용할 수 있도록, App.js 파일에서 리덕스 스토어를 만들고 Redux와 React-Redux 헬퍼 함수를 이용해 이 스토어를 모든 자식 컴포넌트에서 참조할 수 있게 합니다.

provider를 추가하고 스토어 만들기

이 절에서는 앱에 **provider**를 추가합니다. provider는 자식 컴포넌트에 데이터를 전달하는 부모 컴포넌트입니다. 리덕스에서 provider는 앱 전체에 전역 상태^{state}를 전달합니다. App.js 파일에 다음 예제에 나오는 코드를 입력합니다.

예제 8.4 　　**provider와 스토어 추가하기**

```
import React from 'react'

import Books from './src/Books'          ◀── 예제 8.5에서 만들 Books 컴포넌트 가져오기
import rootReducer from './src/reducers'  ◀── rootReducer 가져오기

import { Provider } from 'react-redux'    ◀── react-redux에서 Provider
import { createStore } from 'redux'       ◀── 래퍼(Provider wrapper) 가져오기
                                              redux에서 createStore 가져오기

const store = createStore(rootReducer)    ◀── rootReducer를 이용해서 store 객체 생성

export default class App extends React.Component {
  render() {
    return (
                                              Provider 컴포넌트로 감싼 Books 컴포넌트 반환.
      <Provider store={store} >             Provider의 prop으로 store를 전달
        <Books />
      </Provider>
    )
  }
}
```

그림 8.3 리덕스 스토어에 저장된 도서 목록을 화면에 표시한 모습

Provider로 메인 컴포넌트인 Books 컴포넌트를 감싸는 형태로 제작합니다. Provider의 모든 자식 컴포넌트들은 리덕스 스토어를 참조할 수 있습니다. createStore는 리덕스의 유틸리티 함수이며 리덕스의 스토어를 만들기 위해 사용됩니다. createStore 함수의 인수로 rootReducer를 전달합니다. 이제 기본적인 리덕스 세팅을 마쳤고 지금부터는 앱에서 리덕스 스토어를 참조할 수 있습니다.

Books 컴포넌트에서는 **그림 8.3**에서와 같이 리덕스 스토어와 연동해서 books 배열을 참조하고 이 배열에 담긴 도서 목록을 매핑해서 UI에 표시합니다. Books 컴포넌트는 Provider의 자식 컴포넌트이므로 리덕스 스토어에 저장된 모든 객체를 참조할 수 있습니다.

8.6 connect 함수를 이용해서 데이터 참조하기

react-redux의 connect 함수를 이용해 자식 컴포넌트에서 리덕스 스토어를 참조합니다. connect 함수의 첫 번째 인수는 리덕스의 전역 상태state를 참조할 수 있게 해주는 함수입니다. 이 함수는 store에서 참조하려는 데이터를 포함한 객체를 반환합니다.

connect는 커링 함수입니다. 커링 함수를 가장 간단히 설명하면, 다른 함수를 반환하는 함수란 뜻입니다. 두 개의 인수를 사용하는 connect 함수의 구조는 다음과 같습니다.

```
connect(args)(args)
```

connect 함수의 첫 번째 인수로 실행된 결과로 만들어진 객체는 두 번째 인수로 전달된 컴포넌트의 props로 사용할 수 있습니다.

Books.js 컴포넌트에서 사용할 connect 함수를 살펴보고 이 말이 어떤 의미인지 알아보도록 합니다.

| 예제 8.5 | **Books.js 파일에 있는 connect 함수** |

```
connect(
(state) => {          ◄─── Redux의 전역 상태 객체를 인수로 한다
    return {
      books: state.bookReducer.books    ◄─── 함수의 결과를 반환되는 객체
    }
  }
)(Books)    ◄─── 첫 번째 함수의 결과에서 반환된
                 객체를 Books 컴포넌트에 전달
```

---

connect 함수의 첫 번째 인수는 리덕스의 전역 상태state를 인수로 사용하는 함수입니다. 이 state 객체를 참조해서 리덕스가 유지하는 모든 데이터를 참조할 수 있습니다. 이 함수는 하나의 객체를 반환합니다. 반환된 객체는 두 번째 실행될 때 인수(여기서는 Books 컴포넌트)의 props로 사용됩니다.

보통 다음과 같이 이 함수를 분리하고 변수에 저장해서 읽기 쉽게 만들기도 합니다.

```
const mapStateToProps = state => ({
  books: state.bookReducer.books
})
```

connect의 결과를 props로 사용하는 컴포넌트에서는 this.props.books라는 새로운 속성을 이용하게 되는데 여기서는 bookReducer에 저장된 books 배열입니다. 다음 예제(Books.js)와 같이 이 모든 것을 연결해서 books 배열을 참조하고 매핑된 도서 목록을 UI에 표시합니다.

| 예제 8.6 | 리덕스 스토어와 bookReducer 데이터 참조하기 |

```
import React from 'react'
import {
  Text,
  View,
  ScrollView,
  StyleSheet
} from 'react-native'

import { connect } from 'react-redux'       ◄──  'react-redux'에서 connect 가져오기

class Books extends React.Component<{}> {
  render() {
    const {books} = this.props       ◄──  connect 함수가 books 배열을 반환하므로(이 예제의
                                            하단 부분 참조)이 배열을 props로 참조할 수 있다
    return (
      <View style={styles.container}>
        <Text style={styles.title}>Books</Text>
        <ScrollView
          keyboardShouldPersistTaps='always'
          style={styles.booksContainer}
        >
                                            배열을 매핑해서 각 도서의
                                            이름과 저자를 표시
          {
            books.map((book, index) => (   ◄──
              <View style={styles.book} key={index}>
                <Text style={styles.name}>{book.name}</Text>
                <Text style={styles.author}>{book.author}</Text>
```

```
                    </View>
                ))
            }
        </ScrollView>
      </View>
    )
  }
}

const styles = StyleSheet.create({
  container: {
    flex: 1
  },
  booksContainer: {
    borderTopWidth: 1,
    borderTopColor: '#ddd',
    flex: 1
  },
  title: {
    paddingTop: 30,
    paddingBottom: 20,
    fontSize: 20,
    textAlign: 'center'
  },
  book: {
    padding: 20
  },
  name: {
    fontSize: 18
  },
  author: {
    fontSize: 14,
    color: '#999'
  }
})

const mapStateToProps = (state) => ({  ◀──┐ 리덕스의 상태 객체를 인수로 전달받고
  books: state.bookReducer.books          │ 하나의 키를 포함한 객체를 반환, 이 키는
})                                             books 배열을 포함하고 있다

export default connect(mapStateToProps)(Books)  ◀──┐ connect 함수의 결과를 외부에 export
```

이 예제는 먼저 react-redux의 connect 함수를 가져옵니다. 예제 8.5에서 connect의 인수를 함수로 직접 작성하도록 만들었습니다. 예제 8.6에서는 리덕스의 명명 규칙convention에 따라 첫 번째 인수인 함수를 분리해서 mapStateToProps라는 함수를 만들었습니다. 실제로 이 함수는 리덕스의 전역 상태state를 두 번째 인수인 컴포넌트의 속성props에 매핑하기 때문에 이 함수의 이름은 적절한 이름이라고 볼 수 있습니다. 이 함수는 리덕스의 전역 상태state를 인수로 전달받아 하나의 키를 포함한 객체를 반환합니다. 예제에서 키는 bookReducer의 books 배열을 포함하고 있습니다. 마지막으로 connect 함수의 결과를 외부로 export 합니다. 이 함수에 첫 번째 인수로 mapStateToProps 함수를 전달하고, 두 번째 인수로는 Books를 전달합니다.

앱을 실행하면, **그림 8.3**에서 본 것처럼 도서 목록이 화면에 표시됩니다.

 ## 8.7 액션 추가하기

리덕스의 전역 상태state를 참조하는 방법을 배웠고 이제는 리덕스 스토어의 **books** 배열에 도서를 추가하는 기능을 추가해 보도록 합니다. 도서를 추가하는 기능을 만들기 위해 액션을 사용합니다. 액션은 스토어에 데이터를 보내고 리듀서를 업데이트하는 객체를 반환하는 함수입니다. 액션을 통해서만 스토어의 데이터를 변경할 수 있습니다. 각 액션은 리듀서가 사용할 수 있도록 **type** 속성을 포함합니다. 다음은 액션의 예들입니다.

```
function fetchBooks() {
    return { type: 'FETCH_BOOKS'}
  }

  function addBook(book) {
    return { type: 'Add_BOOK', book: book }
  }
```

리덕스의 dispatch 함수로 액션을 호출하면, 앱의 모든 리듀서에 액션이 전달됩니다. 이때 액션은 리듀서의 두 번째 인수로 전달됩니다(이 장의 후반에서 리덕스의 dispatch 함수를 연결하는 방법을 다룹니다). 리듀서가 액션을 전달받으면, 액션의 type 속성을 확인하고 리듀서와 관련된 액션에 따라 리듀서가 반환한 것을 업데이트합니다.

이 예제에서 우리가 필요한 유일한 액션은 addBook이며 도서 목록 배열에 도서를 추가하는 역할을 합니다. actions.js 파일에 다음 액션을 추가하도록 합니다.

예제 8.7 　첫 번째 액션 만들기

```
export const ADD_BOOK = 'ADD_BOOK'       ◀── 리듀서에서 재사용할 수 있도록
                                              ADD_BOOK 상수를 만들어서 export

export function addBook (book) {         ◀── addBook이라는 함수를 만들고 type 정보와
  return {                                  하나의 인수로 전달된 도서 객체를 반환
    type: ADD_BOOK,
    book
  }
}
```

이제 bookReducer에서 addBook 액션을 이용할 수 있게 만들어 보겠습니다.

예제 8.8 　addBook 액션을 이용할 수 있도록 bookReducer 수정하기

```
import { ADD_BOOK, REMOVE_BOOK } from '../actions'   ◀── actions 파일에서 ADD_BOOK
                                                          상수를 가져온다
const initialState = {
  books: [{ name: 'East of Eden', author: 'John Steinbeck' }]
}

const bookReducer = (state = initialState, action) => {   ◀── bookReducer의 두 번째
                                                              인수로 액션을 추가

  switch(action.type) {    ◀── 액션의 type에 따라 분기하는 switch 문 추가
    case ADD_BOOK:    ◀── 액션의 type이 ADD_BOOK이면, 새 books 배열을 반환
      return {
```

```
      books: [
        ...state.books,
        action.book
      ]
    }
  default:  ◄──────── 해당되지 않으면 기존의 state를 그대로 반환
    return state
  }
}

export default bookReducer
```

앞선 예제에서 액션의 type이 **ADD_BOOK**이면, 기존의 모든 도서 목록에 새 도서가 포함된 갱신된 books 배열을 반환합니다. 스프레드 연산자를 이용해서 기존의 books 배열에 있는 내용을 새 배열에 추가한 후에 액션의 book 속성으로 전달된 새 도서를 이 새 배열에 추가합니다.

이제까지 리덕스를 이용하기 위한 모든 리덕스와 관련된 설정을 마쳤습니다. 마지막으로 다룰 내용은 UI와 지금까지 배운 내용을 결합하는 것입니다. **그림 8.4**처럼 사용자에게 도서 정보를 얻기 위해 폼을 만들도록 합니다.

이 폼은 두 개의 입력을 사용하며 하나에는 도서 이름을 넣고 다른 하나에는 작가 이름을 넣습니다. 이 폼에는 submit 버튼도 있습니다. 사용자가 폼을 입력하면, 입력된 값을 로컬 state에 저장합니다. 그 후에 사용자가 submit 버튼을 누르면 폼에 입력된 값을 액션에 전달합니다.

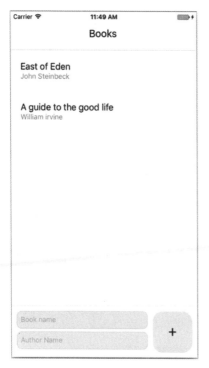

그림 8.4 도서 제목과 작가 이름을 입력받는 부분이 추가된 UI

이 기능을 구현하기 위해 Books.js 파일을 수정하겠습니다. 기능 구현을 위해 몇몇 컴포넌트와 actions 파일의 **addBook** 함수를 가져옵니다. `initialState` 변수를 추가해 로컬 컴포넌트 state를 저장하는 데 사용합니다.

예제 8.9 　　**Books.js 파일에 컴포넌트와 함수 가져오기**

```
import {
  Text,
  View,
  ScrollView,
  StyleSheet,
  TextInput,
  TouchableOpacity,
} from 'react-native'
```

```
import { addBook } from './actions'  ◄─────┐ actions 파일의 addBook 함수 가져오기

import { connect } from 'react-redux'  ◄───┐ 'react-redux'에서 connect 가져오기

const initialState = {  ┌──── name과 author 필드를 포함하는
  name: '',             │     initialState 객체 만들기
  author: ''
}
...
```

클래스의 내용에는 다음 세 가지를 추가합니다. 컴포넌트의 state, textInput 값이 변경될 때 컴포넌트 state를 업데이트하는 메서드, 사용자가 submit 버튼을 눌렀을 때 새로운 책(name과 author로 구성)을 포함한 데이터를 리덕스에 액션을 보내는 메서드. render 메서드 앞에 다음 코드를 추가합니다.

┌──────────┬──
│ 예제 8.10 │ **Books.js에 state와 클래스 메서드 추가하기**
└──────────┘

```
class Books extends React.Component {

state = initialState  ◄───┐ 컴포넌트 state에 initialState 변수의 값을 지정

updateInput = (key, value) => {  ◄──┐ key와 value, 두 개의 인수를 사용하는 updateInput 메서드 만들기
  this.setState({                    │ spread 연산자를 이용해서 state를 업데이트
    ...this.state,                   │ spread 연산자는 기존의 state 키-값 쌍들을 새 state에 저장한 후,
    [key]: value                     │ 새로운 키-값 쌍을 새 state에 추가
  })
}
                          ┌── dispatchAddBook을 호출함. connect
                          │   함수의 props로 참조 가능
addBook = () => {  ◄──────┘
  this.props.dispatchAddBook(this.state)
  this.setState(initialState)
}
```

addBook 메서드는 connect 함수의 props로 참조할 수 있는 함수인 dispatchAddBook을 호출합니다. dispatchAddBook 함수는 전체 state를 인수로 전달받는데 이때 state는 name과 author 속성을 포함한 객체입니다. addBook 함수 내에서 dispatchAddBook을 호출한 후에는 컴포넌트의 state를 initialState 변숫값으로 재지정합니다.

기능 구현이 끝났습니다. 이제 UI를 만들어서 위에서 만든 메서드와 UI를 연결하겠습니다. Books.js 파일의 ScrollView 컴포넌트의 닫는 태그 밑에 UI 부분을 추가합니다.

예제 8.11   **UI에 입력 폼 추가**

```
class Books extends React.Component<{}> {

  ...
  render() {

    ...

        </ScrollView>

        <View style={styles.inputContainer}>
          <View style={styles.inputWrapper}>
            <TextInput
              value={this.state.name}
              onChangeText={value => this.updateInput('name', value)}
              style={styles.input}
              placeholder='Book name'
            />
            <TextInput
              value={this.state.author}
              onChangeText={value => this.updateInput('author', value)}
              style={styles.input}
              placeholder='Author Name'
            />
          </View>

          <TouchableOpacity onPress={this.addBook}>
            <View style={styles.addButtonContainer}>
              <Text style={styles.addButton}>+</Text>
```

onChangeText의 속성으로 updateInput 메서드를 전달받음. updateInput 메서드의 첫 번째 인수에는 'name' 또는 'author', 두 번째 인수에는 TextInput의 값을 전달

addBook 메서드를 호출. View 컴포넌트를 TouchableOpacity 컴포넌트로 감싸서 터치 이벤트를 처리할 수 있게 한다.

```
          </View>
        </TouchableOpacity>
      </View>

    </View>
  )
 }
}


const styles = StyleSheet.create({
  ...
  inputContainer: {        ◀──┐ 새로운 스타일 추가
    padding: 10,
    backgroundColor: '#ffffff',
    borderTopColor: '#ededed',
    borderTopWidth: 1,
    flexDirection: 'row',
    height: 100
  },
  inputWrapper: {
    flex: 1
  },
  input: {
    height: 44,
    padding: 7,
    backgroundColor: '#ededed',
    borderColor: '#ddd',
    borderWidth: 1,
    borderRadius: 10,
    flex: 1,
    marginBottom: 5
  },
  addButton: {
    fontSize: 28,
    lineHeight: 28
  },
  addButtonContainer: {
    width: 80,
    height: 80,
    backgroundColor: '#ededed',
    marginLeft: 10,
```

```
      justifyContent: 'center',
      alignItems: 'center',
      borderRadius: 20
    },
  })
```

리덕스의 상태 객체를 인수로 전달받고 하나의 키를 포함한 객체를 반환, 이 키는 books 배열을 포함하고 있다.

```
const mapStateToProps = (state) => ({
  books: state.bookReducer.books
})
```

mapDispatchToProps 객체를 생성

```
const mapDispatchToProps = {
  dispatchAddBook: (book) => addBook(book)
}
```

connect 함수의 결과를 외부에 export, mapDispatchToProps를 connect 함수의 두 번째 인수로 전달

```
export default connect(mapStateToProps, mapDispatchToProps)(Books)
```

mapDispatchToProps 객체에서 컴포넌트에서 props로 참조하려는 함수를 선언합니다. dispatchAddBook 함수를 만들고 이 함수가 addBook 액션을 호출하게 합니다. 여기서 book을 addBook 액션의 인수로 전달합니다. mapStateToProps가 state를 컴포넌트의 props로 매핑했던 것과 유사하게 mapDispatchToProps도 리듀서에 전달dispatch하게 될 액션을 컴포넌트의 props에 매핑합니다. 리덕스 리듀서에서 액션을 인식하려면 액션을 mapDispatchToProps 객체에 선언해야 합니다. connect 함수의 두 번째 인수로 mapDispatchToProps를 전달합니다.

이제 도서 목록에 새로운 도서를 쉽게 추가할 수 있게 되었습니다.

8.8 리듀서에서 리덕스 스토어에 저장된 내용 지우기

도서 목록에 새 도서를 추가하는 기능을 만들었으니 도서를 삭제하는 기능도 필요할 것입니다. 지금까지 배운 내용을 이용하면 **그림 8.5**처럼 삭제하는 기능도 어렵지 않게 만들 수 있습니다. 도서 목록에서 도서를 삭제하는 것처럼 배열에서 항목을 제거하려면, 먼저 도서를 고

유하게 식별할 수 있어야 합니다. 도서 목록에는 같은 저자 이름으로 된 복수의 도서들이 있을 수 있고, 같은 이름의 다수의 도서가 있을 수 있습니다. 따라서 기존 속성들로는 도서를 고유하게 식별할 수 없습니다. uuid와 같은 라이브러리를 이용해서 고유한 식별자를 만들어 보도록 하겠습니다. uuid 라이브러리를 이용할 수 있도록 먼저 node_modules에 uuid 라이브러리를 설치합니다. 다음 명령을 명령 줄에 입력합니다.

```
npm i uuid -save
```

그림 8.5 Books.js UI에 Remove 버튼을 추가한 모습

다음으로 리듀서에서 initialState의 books 배열에 있는 항목에 고유 식별자를 부여합니다. reducers/bookReducer.js 파일에서 imports와 initialState 부분을 다음 예제와 같이 수정합니다.

```
import uuidV4 from 'uuid/v4'  ◄─┐ v4 알고리즘 가져오기
import { ADD_BOOK } from '../actions'

const initialState = {  ◄── initialState에 id 속성을 추가하고 id 속성에 새로운 고유 식별자를 지정
  books: [{ name: 'East of Eden', author: 'John Steinbeck', id: uuidV4()
}]
}
```

uuid 라이브러리는 몇 개의 ID 생성 알고리즘을 제공합니다. 여기서는 v4 알고리즘을 사용하며 임의의 32글자로 된 문자열을 만들어 냅니다. initialState의 books 배열에 id라는 속성을 추가하고 uuidV4()를 호출해 새 고유 식별자를 부여합니다.

books 배열의 항목을 고유하게 식별할 수 있게 됐으니 도서 삭제 기능을 만들 준비가 끝났습니다. 다음 단계는 actions.js 파일에 새 액션을 추가하는 것입니다. 도서를 삭제할 때 이 액션을 호출합니다. addBook 액션도 수정해서 새로 추가된 도서에 ID를 부여합니다.

예제 8.13 | removeBook 액션 만들기

```
export const ADD_BOOK = 'ADD_BOOK'
export const REMOVE_BOOK = 'REMOVE_BOOK'  ◄── 재사용 가능한 상수인 REMOVE_BOOK을 만들어서 리듀서에서도 사용
import uuidV4 from 'uuid/v4'  ◄── 'uuid/v4'에서 uuid 라이브러리 가져오기

export function addBook (book) {
  return {
    type: ADD_BOOK,
    book: {
      ...book,
      id: uuidV4()  ◄── book에 새 키를 추가, id에 uuidV4 함수를 이용해 새로 생성된 고유 식별자를 지정
    }
  }
}

export function removeBook (book) {  ◄── removeBook 함수를 추가, 이 함수는 type과 인수로 전달된 book을 포함한 객체를 반환
```

```
  return {
    type: REMOVE_BOOK,
    book
  }
}
```

다음으로 리듀서가 새로 추가한 액션을 인식하도록 만들어 보겠습니다. reducers/
bookReducer.js 파일에 REMOVE_BOOK 타입을 처리하는 리스너를 추가합니다. 또한 리덕스 state
에 저장된 도서 목록 배열에서 도서를 삭제하는 기능을 추가합니다.

예제 8.14 　리덕스 리듀서의 배열에서 항목 삭제하기

```
import uuidV4 from 'uuid/v4'
import { ADD_BOOK, REMOVE_BOOK } from '../actions'    ◀── REMOVE_BOOK 상수 가져오기

const initialState = {    ◀── initialState에 id 속성을 추가하고 id 속성에 새로운 고유 식별자를 지정
  books: [{ name: 'East of Eden', author: 'John Steinbeck', id: uuidV4()
}]
}
                                                    bookReducer의 두 번째
const bookReducer = (state = initialState, action) => {    ◀── 인수로 액션을 추가

  switch(action.type) {    ◀── 액션의 type에 따라 분기하는 switch 문 추가
    ...
    case REMOVE_BOOK:    ◀── type이 REMOVE_BOOK인 액션을
                             처리하기 위한 switch 구문 추가
      const index = state.books.findIndex(    ◀── 삭제할 도서의 index 찾기
        book => book.id === action.book.id)

      return {        기존 books 배열에서 삭제할 도서의 index를
        books: [    ◀── 제외하고 나머지 항목을 포함한 새 배열을 반환
          ...state.books.slice(0, index),
          ...state.books.slice(index + 1)
        ]
      }
    ...
  }
```

```
}

export default bookReducer
```

마지막으로 새로 만든 removeBook 기능을 Books 컴포넌트((Books.js)의 UI에 구현하겠습니다. removeBook 액션을 가져오고 각 도서 항목에 remove 버튼을 추가하고 remove 버튼과 removeBook 액션을 연결합니다.

예제 8.15 **removeBook 기능 추가하기**

```
...
import { addBook, removeBook } from './actions'  ◀──  actions 파일의 addBook,
...                                                    removeBook 함수 가져오기
class Books extends React.Component<{}> {
  ...                                  removeBook이라는 새 클래스 메서드를 만들고, mapDispatchToProps의
  removeBook = (book) => {  ◀──        새 키로 this.props.dispatchRemoveBook을 호출
    this.props.dispatchRemoveBook(book)
  }

  render() {

    ...                                          새 Text 컴포넌트를 반환하고
        {                                        Text 컴포넌트의 onPress 이벤트에
          books.map((book, index) => (  ◀──      removeBook을 연결
            <View style={styles.book} key={index}>
              <Text style={styles.name}>{book.name}</Text>
              <Text style={styles.author}>{book.author}</Text>
              <Text onPress={() => this.removeBook(book)}>Remove</Text>
            </View>
          ))
        }
...                              mapDispatchToProps에
const mapDispatchToProps = {  ◀──  dispatchRemoveBook 함수 추가
  dispatchAddBook: (book) => addBook(book),
  dispatchRemoveBook: (book) => removeBook(book)
}
```

정리

- context를 이용해서 개별 자식 컴포넌트에 속성을 전달할 필요 없이 리액트 네이티브 앱의 모든 자식 컴포넌트에 속성과 데이터를 전달할 수 있습니다.

- 리듀서는 데이터를 유지하고 반환한다는 점에서 전통적인 데이터 저장소와 유사합니다. 리듀서는 스토어의 데이터를 업데이트할 수도 있다는 점에서 차이가 납니다.

- 액션을 이용해서 리덕스 스토어의 데이터를 업데이트할 수 있습니다.

- connect 함수로 리덕스 상태(state)에 있는 데이터를 props로 참조할 수 있습니다. 액션을 이용해서 리듀서와 상호 작용하는 dispatch 함수를 만들 수 있습니다.

- 리듀서에서 데이터를 변경하려면 액션을 통해서 해야 합니다.

Part 03

API 레퍼런스

리액트 네이티브는 풍부한 API를 기본적으로 제공합니다. 이번 파트에서는 크로스 플랫폼 API와 iOS 또는 안드로이드에서만 동작하는 플랫폼별 API를 배웁니다.

9장에서는 iOS와 안드로이드에서 모두 동작하는 리액트 네이티브의 크로스 플랫폼 API를 다룹니다. 경고창(alerts)를 만들고, 포그라운드 상태 또는 백그라운드 상태 혹은 비활성화 상태에 있는지 확인하고, 데이터를 저장/조회/삭제하고, 디바이스 클립보드에 텍스트를 저장 및 업데이트하고, 다수의 유용한 작업을 수행하는 API를 배워 보도록 하겠습니다. 10장과 11장에서는 iOS 또는 안드로이드에서만 동작하는 리액트 네이티브의 플랫폼별 API를 배웁니다.

크로스 플랫폼 API 구현하기

리액트 네이티브의 주요 장점 중 하나가 네이티브 API를 자바스크립트로 쉽게 사용할 수 있다는 것입니다. 이 장에서는 리액트 네이티브에서 사용할 수 있는 대부분의 크로스 플랫폼 API를 다룹니다. 크로스 플랫폼 API를 이용하면 코드 한 줄로 iOS와 안드로이드의 플랫폼별 기능을 구현할 수 있습니다.

네이티브 컴포넌트와 네이티브 API의 차이는 네이티브 컴포넌트는 UI와 관련된다는 점입니다. 예로 네이티브 컴포넌트는 특정 UI 요소를 화면에 표시합니다. 반면, API는 핸드폰의 네이티브 기능이나 하드웨어와 관련된 일을 합니다. 예로 디바이스에 저장된 데이터(geolocation, application state 등)를 디바이스와 통신하거나 참조합니다.

이 장에서 다룰 크로스 플랫폼 API는 다음과 같습니다.

- Alert

- AppState

- AsyncStorage

- Clipboard

- Dimensions

- Geolocation

- Keyboard

- NetInfo

- PanResponder

앞에 나온 API 외에 리액트 네이티브에서 제공하는 다른 크로스 플랫폼 API도 있지만 앞에서 언급한 API들을 가장 많이 사용합니다.

리액트 네이티브는 크로스 플랫폼 API 외에 플랫폼별 API도 지원합니다. 플랫폼별 API는 iOS 또는 안드로이드에서만 동작하는 API를 의미합니다. 10장에서는 iOS에서만 동작하는 플랫폼별 API를, 11장에서는 안드로이드에서만 동작하는 플랫폼별 API를 다룹니다.

9.1 Alert API를 이용해서 크로스 플랫폼용 알림 만들기

Alert API는 플랫폼의 경고창/다이얼로그^{alert dialog}를 화면에 표시합니다. alert 대화 상자는 제목, 내용, 경고창/다이얼로그를 누르면 동작하는 메서드 등을 포함합니다. 경고창은 Alert API의 alert 메소드를 통해서 실행됩니다. Alert.alert 메소드는 **표 9.1**에서와 같이 네 개의 인수를 사용합니다.

```
Alert.alert(title, message, buttons, options)
```

표 9.1 Alert.alert 메서드의 인수

인수	형태	설명
title	문자열	alert 버튼의 제목
message	문자열	alert 버튼의 내용(Secondary message)
buttons	배열	버튼으로 구성된 배열. 각 버튼은 두 개의 키를 갖는 객체 title(문자열)과 onPress(함수)
options	객체	부울 값을 갖는 객체(options: { cancelable: true })

alert API(alerts) 활용 예

alert은 웹과 모바일 디바이스에서 흔히 사용하는 UI 패턴이며 error 또는 success와 같은 앱의 상태나 결과를 사용자에게 쉽게 알려 줄 수 있는 방법입니다. 내려받기가 끝났거나, 오류가 발생했거나, 로그인과 같은 비동기 작업이 끝났을 때 alert을 이용해 그 결과를 보여줍니다.

alert API를 사용하는 예제

Alert.alert()를 호출하고 메서드에 인수를 전달해서 alert을 화면에 표시합니다. 다음 예제에서 두 개의 옵션을 포함한 alert 대화 상자를 만듭니다. **그림 9.1**처럼 Cancel과 Show Message 옵션이 있습니다. cancel을 누르면, alert 대화 상자가 사라집니다. Show Message를 누르면, 메시지를 화면에 표시하도록 state를 업데이트 합니다.

```
import React, { Component } from 'react'
import { TouchableHighlight, View, Text, StyleSheet, Alert }
from 'react-native'      ◄──  'react-native'에서 alert API(alert) 가져오기

let styles = {}

export default class App extends Component {
  constructor () {
    super()

    this.state = {            │  state로 showMessage의 초깃값을 false로 지정
      showMessage: false      │
    }

    this.showAlert = this.showAlert.bind(this)
  }
  showAlert () {  ◄──  showAlert 메서드를 정의, 두 개의 버튼과 함께 title을 'Title'로, message를 'Message!'로

    Alert.alert(
      'Title',
      'Message!',
      [
        {
          text: 'Cancel',
          onPress: () => console.log('Dismiss called...'),
          style: 'destructive'
        },                        Show Message 버튼을 누르면, state의
        {                         showMessage를 true로 업데이트
          text: 'Show Message',
          onPress: () => this.setState({ showMessage: true })
        }
      ]
    )
  }
  render () {
    const { showMessage } = this.state
    return (
      <View style={styles.container}>
        <TouchableHighlight onPress={this.showAlert} style={styles.button}>
          <Text>SHOW ALERT</Text>
        </TouchableHighlight>
```

```
      {
        showMessage && <Text>Showing message - success</Text>
      }
    </View>
  )
}
}

styles = StyleSheet.create({
  container: {
    justifyContent: 'center',
    flex: 1
  },
  button: {
    height: 70,
    justifyContent: 'center',
    alignItems: 'center',
    backgroundColor: '#ededed'
  }
})
```

state의 showMessage의
값이 false면 메시지지를 숨긴다.

그림 9.1 두 개의 옵션 버튼(options)을 포함하는 alert 대화 상자(onPress alert). 왼쪽: iOS, 오른쪽: 안드로이드

9.2 AppState API를 이용해서 현재 앱 상태 확인하기

AppState를 이용하면 현재 앱이 활성화된 상태인지, 비활성화된 상태인지, 백그라운드 상태인지를 확인할 수 있습니다. 앱의 상태가 변경될 때마다 메서드를 호출해서 앱의 상태에 따라 플랫폼의 특정 기능을 수행하거나 다른 메서드를 호출하게 할 수 있습니다.

AppState는 앱의 상태가 변경될 때마다 호출되며 'active' 또는 'inactive' 또는 'background'를 반환합니다. 앱의 상태가 변하면 이벤트가 발생하게 되고, 이를 이벤트 리스너를 통해서 메서드를 호출합니다. AppState가 활용하는 이벤트는 change와 memorywarning입니다. 이 절에서 배우는 예제에서는 change 이벤트를 사용하며 이 이벤트를 실제 개발할 때 주로 많이 사용하게 됩니다.

AppState API 활용 예

실제 앱을 개발할 때, AppState API를 유용하게 사용합니다. 앱이 포그라운드 상태가 됐을 때는 보통 최신 데이터를 가져와야 할 것입니다. 이런 경우가 AppState API를 활용할 좋은 예입니다.

AppState API를 사용하는 또 다른 예로는 인증authentication입니다. 앱이 포그라운드 상태가 됐을 때, 화면의 잠금 상태를 풀기 위해 비밀번호 입력이나 지문 인식과 같은 보안 단계를 추가할 수 있습니다.

15초마다 데이터베이스에 접근해서 최신 데이터가 있는지 확인하는 경우와 같이 데이터를 주기적으로 폴링한다면 앱이 백그라운드 상태에 있을 때는 폴링을 멈춰야 할 것입니다. 이 경우도 AppState API를 활용하는 좋은 예입니다.

AppState API를 사용하는 예제

다음 예제는 componentDidMount에 change 이벤트를 감지하는 이벤트 리스너를 추가해서 앱의 현재 상태를 콘솔에 표시합니다.

```
import React, { Component } from 'react'    ◄─── 'react-native'에서 AppState API 가져오기
import { AppState, View, Text, StyleSheet } from 'react-native'
let styles = {}

class App extends Component {    ◄─── AppState.addEventListener를 호출하고
  componentDidMount () {              change와 콜백 함수를 인수로 전달
    AppState.addEventListener('change', this.handleAppStateChange)
  }

  handleAppStateChange (currentAppState) {    ◄─── currentAppState를 콘솔에 표시
    console.log('currentAppState:', currentAppState)

  }

  render () {
    return (
      <View style={styles.container}>
        <Text>Testing App State</Text>
      </View>
    )
  }
}

styles = StyleSheet.create({
  container: {
    justifyContent: 'center',
    flex: 1
  }
})

export default App
```

앱을 실행하고 iOS 시뮬레이터에서는 [CMD-Shift-H]를 누르고 안드로이드 에뮬레이터에서는 [Home] 버튼을 눌러서 테스트해 보시기 바랍니다. 앱의 현재 상태가 'active' 또는 'inactive' 또는 'background'가 콘솔에 표시될 겁니다.

AsyncStorage API를 이용해서 데이터 유지하기

AsyncStorage는 데이터를 유지하고 저장하는 좋은 방법의 하나이며 비동기 방식입니다. promise 또는 `async await`를 이용해서 데이터를 조회할 수 있고 데이터를 조회하거나 저장할 때 '키-값(key-value)'을 사용합니다.

react-native 내에서 AysncStorage API는 v0.59부터는 Deprecated 되었기 때문에 별도로 추가해 주는 작업이 필요합니다.

```
npm install --save @react-native-community/async-storage
```

리액트 네이티브 버전 0.60 미만에서는 라이브러리를 추가한 후에는 플랫폼에서 사용할 수 있도록 링킹 작업을 해 주어야 합니다.

```
react-native link @react-native-community/async-storage
```

앱을 사용하고 종료한 후에 다시 앱을 실행하면 앱의 state는 재지정됩니다. AsyncStorage의 주요 장점 중 하나는 데이터를 사용자의 디바이스에 직접 저장하고, 데이터가 필요할 때 조회해서 사용할 수 있다는 것입니다.

AsyncStorage의 메서드와 인수는 표 9.2에 나열된 것과 같습니다.

표 9.2 AsyncStorage의 메서드와 인수

메서드	인수	설명
`setItem`	`key, value, callback`	AsyncStorage에 항목 저장
`getItem`	`key, callback`	AsyncStorage에서 항목 조회
`removeItem`	`key, callback`	AsyncStorage의 항목 삭제
`mergeItem`	`key, value, callback`	두 개의 값 병합. 두 개의 값은 반드시 JSON 문자열이어야함
`clear`	`callback`	AsyncStorage의 모든 값 삭제

메서드	인수	설명
getAllKeys	callbackcallback	앱에 저장된 모든 키를 가져옴
flushGetRequests	없음	펜딩(pending)된 요청(아직 끝나지 않은 요청) 비우기(flush)
multiGet	[keys], callback	키의 배열(array of keys)을 이용해 복수의 값(value)을 가져옴
multiSet	[keyValuePairs], callback	한 번에 복수의 '키-값(key-value)' 묶음을 지정
multiRemove	[keys], callback	키의 배열(array of keys)을 이용해 복수의 값을 삭제
multiMerge	[keyValuePairs], callback	한 번에 여러 '키-값(key-value)' 묶음을 병합

AsyncStorage API 활용 예

AsyncStorage API는 인증 목적 또는 앱을 종료했을 때도 사용자 데이터와 정보를 유지하려고 할 때 자주 사용합니다. 예로 사용자가 로그인할 때, AsyncStorage API를 이용해서 사용자 이름, 사용자 ID, 아바타 등의 사용자 정보를 가져올 수 있는 경우에 사용자가 앱을 실행할 때마다 로그인을 다시 할 필요가 없습니다. 사용자가 처음 로그인한 경우에만 사용자 정보를 AsyncStorage에 저장하고, 그 이후에는 저장된 데이터를 이용하고, 필요한 경우에만 저장된 데이터를 업데이트하면 됩니다.

AsyncStorage의 또 다른 활용 예로는 대용량 데이터나 응답이 느린 API를 이용해 작업할 때 처음 외에는 추가적으로 데이터를 요청하지 않으려는 경우입니다. 예로, 데이터를 조회하는 데 몇 초가 걸릴 때 AsyncStorage에 데이터를 저장하고 앱이 실행되면 사용자에게 저장된 데이터를 표시합니다. 그 이후 백그라운드 작업으로 데이터를 업데이트해서 사용자가 앱이 데이터를 가져올 때까지 기다리지 않고 앱을 바로 사용하게 합니다.

AsyncStorage API를 사용하는 예제

다음 예제에서는 componentDidMount에서 사용자 객체 하나를 AsyncStorage에 저장합니다. 그 이후에 버튼을 이용해 AsyncStorage에 저장된 데이터를 가져와서 state에 추가하고, 뷰에 렌더링합니다.

```javascript
import React, { Component } from 'react'
import { TouchableHighlight, View, Text, StyleSheet } from 'react-native'
import AsyncStorage from '@react-native-community/async-storage'
```

@react-native-community/async-storage에서 AsyncStorage 가져오기

```javascript
let styles = {}

const person = {
```

person 객체를 생성하고 사용자 정보를 저장

```javascript
  name: 'James Garfield',
  age: 50,
  occupation: 'President of the United States'
}

const key = 'president'
```

AsyncStorage에 데이터를 저장하고 삭제할 때 사용할 키 만들기

```javascript
class App extends Component {
  constructor () {
    super()

    this.state = {
```

state에 person 객체 생성

```javascript
      person: {}
    }
    this.getPerson= this.getPerson.bind(this)
  }

  componentDidMount () {

    AsyncStorage.setItem(key, JSON.stringify(person))
      .then(() => console.log('item stored...'))
      .catch((err) => console.log('err: ', err))
  }
```

AsyncStorage.setItem을 호출하고 key와 person을 인수로 전달. AsyncStorage에 저장할 값은 문자열이어야 하므로 JSON.stringify를 호출해 문자열로 변경

AsyncStorage.getItem을 호출하고 이전에 만든 key를 전달. AsyncStorage에서 가져온 데이터를 포함한 콜백 함수를 받기

```javascript
  getPerson () {

    AsyncStorage.getItem(key)
      .then((res) => this.setState({ person: JSON.parse(res) }))
      .catch((err) => console.log('err: ', err))
  }
```

JSON.parse로 문자열을 JS의 객체로 변환 후에 state로 지정

```javascript
  render () {
    const { person } = this.state
```

```
    return (
      <View style={styles.container}>
        <Text style={{textAlign: 'center'}}>Testing AsyncStorage</Text>
        <TouchableHighlight onPress={this.getPerson} style={styles.button}>
          <Text>Get President</Text>
        </TouchableHighlight>
        <Text>{person.name}</Text>
        <Text>{person.age}</Text>
        <Text>{person.occupation}</Text>
      </View>
    )
  }
}

styles = StyleSheet.create({
  container: {
    justifyContent: 'center',
    flex: 1,
    margin: 20
  },
  button: {
    justifyContent: 'center',
    marginTop: 20,
    marginBottom: 20,
    alignItems: 'center',
    height: 55,
    backgroundColor: '#dddddd'
  }
})

export default App
```

예제에서 확인할 수 있는 것처럼 promise를 이용해서 AsyncStorage에 값을 저장하고 가져왔습니다. async await를 이용해서도 같은 기능을 만들 수 있습니다.

```
async componentDidMount () {
  try {
    await AsyncStorage.setItem(key, JSON.stringify(person))
    console.log('item stored')
  } catch (err) {
    console.log('err:', err)
  }
}
async getPerson () {
  try {
    var data = await AsyncStorage.getItem(key)
    var person = await data
    this.setState({ person: JSON.parse(person) })
  } catch (err) {
    console.log('err: ', err)
  }
}
```

async await를 이용하려면, 먼저 함수 이름 앞에 async 키워드를 추가해서 함수를 async라고 표시합니다. 이제 await 키워드를 이용해서 마치 동기화 방식처럼 promise 기반의 코드를 작성해서 함수의 반환값을 사용하면 됩니다. promise를 await로 처리하면, 함수는 promise가 처리될 때까지 기다립니다. UI에 방해되지 않는 방식으로 처리하며, 반환된 값을 변수에 할당합니다.

 9.4　Clipboard API를 이용해서 텍스트를 사용자 클립보드에 복사하기

Clipboard API는 iOS와 안드로이드에서 데이터를 클립보드에 저장하거나 가져올 수 있게 해줍니다. Clipboard API에는 표 9.3에 나오는 것처럼 getString()과 setString()의 두 개의 메서드가 있습니다.

표 9.3 Clipboard API의 메서드

메서드	인수	설명
getString	없음	클립보드의 데이터를 가져옴.
setString	content	클립보드에 데이터를 저장

Clipboard API 활용 예

Clipboard API를 사용하는 가장 흔한 경우는 사용자가 텍스트의 문자열을 복사하는 경우입니다. 텍스트 내용을 기억해서 입력하는 것보다 클립보드에 복사해서 다시 붙여넣고 사용할 수 있습니다.

Clipboard API를 사용하는 예제

다음 예제에서 componentDidMount에 클립보드의 초깃값으로 "Hello World"를 지정하고 TextInput에 연결된 메서드를 이용해 클립보드의 내용을 업데이트합니다. 현재의 ClipboardValue를 배열에 넣고 화면에 표시하는 버튼을 추가합니다.

예제 9.5 　클립보드에 데이터 저장하고 업데이트하기

```
import React, { Component } from 'react'
import { TextInput, Clipboard, TouchableHighlight,
  getString, View, Text, StyleSheet } from 'react-native'  ◀  'react-native'에서
                                                               Clipboard 가져오기

let styles = {}

export default class App extends Component {
  constructor() {
    super()
    this.state = {
      clipboardData: []  ◀  state에 clipboardData라는 빈 배열을 지정
    }
    this.pushClipboardToArray = this.pushClipboardToArray.bind(this)
  }
  componentDidMount () {
    Clipboard.setString('Hello World! ');  ◀  Clipboard의 값을 "Hello World"로 업데이트
  }
```

```
  updateClipboard (string) {
    Clipboard.setString(string);
  }
```
updateClipboard 메서드를 추가, 이 메서드는
기존의 Clipboard의 값을 업데이트

예제 9.4에서 살펴 본 async await 구문을 이용해
async pushClipboardToArray 메서드를 추가
```
  async pushClipboardToArray() {
    const { clipboardData } = this.state
    var content = await Clipboard.getString();
```
Clipboard의 값을 content라는 변수에 저장
```
    clipboardData.push(content)
```
clipboardData 배열에 content를 추가
```
    this.setState({clipboardData})
  }
```
clipboardData 배열의 state를 재지정
```
  render () {
    const { clipboardData } = this.state
    return (
      <View style={styles.container}>
        <Text style={{textAlign: 'center'}}>Testing Clipboard</Text>

        <TextInput style={styles.input} onChangeText={(text) =>  this.
                                        updateClipboard(text)} />
        <TouchableHighlight onPress={this.pushClipboardToArray}
                                          style={styles.button}>
          <Text>Click to Add to Array</Text>
        </TouchableHighlight>

        {
          clipboardData.map((d, i) => {
            return <Text key={i}>{d}</Text>
          })
        }
      </View>
    )
  }
}

styles = StyleSheet.create({
  container: {
    justifyContent: 'center',
    flex: 1,
    margin: 20
  },
```
updateClipboard 메서드를
TextInput에 연결

TouchableHighlight를 누르면
pushClipboardToArray
메서드가 실행

clipboardData 배열의 값을 매핑해 화면에 표시

```
  input: {
    padding: 10,
    marginTop: 15,
    height: 60,
    backgroundColor: '#dddddd'
  },
  button: {
    backgroundColor: '#dddddd',
    justifyContent: 'center',
    alignItems: 'center',
    height: 60,
    marginTop: 15,
  }
})
```

Dimensions API를 이용해서 디바이스의 화면 정보 확인하기

Dimensions API를 이용하면 디바이스 화면의 높이와 폭을 알 수 있습니다. 이를 통해 화면 크기를 기준으로 UI의 크기를 계산해 낼 수 있습니다.

Dimensions API 활용 예

완벽한 UI를 구현하기 위해서는 사용자 디바이스의 정확한 크기를 알 필요가 있습니다. 전체 앱에 적용되는 전역 테마를 만들 때, 폰트 크기처럼 화면의 높이와 폭을 전역 변수에 설정하면 사용자 디바이스의 크기와 상관없이 앱 전체에 일관된 스타일을 적용할 수 있습니다. 디바이스의 넓이를 이용해서 일관된 그리드 방식의 요소를 만들면, 일관된 사용자 경험을 쉽게 제공할 수 있습니다. 디바이스 화면의 높이와 폭을 알려면, Dimensions API를 이용하면 됩니다.

Dimensions API를 사용하는 예제

먼저 Dimensions API를 가져옵니다. 이후에 get() 메서드를 호출하고 window나 screen을 인수로 전달합니다. 이 메서드는 width나 height 또는 width와 height 둘 다를 반환합니다.

예제 9.6 | **Dimensions API를 이용해서 디바이스의 width와 height 알아내기**

```
import React, { Component } from 'react'          'react-native'에서 Dimensions API 가져오기
import { View, Text, Dimensions, StyleSheet } from 'react-native'  ◄
let styles = {}


const { width, height } = Dimensions.get('window')  ◄  width와 height 비구조화하기


const windowWidth = Dimensions.get('window').width  ◄  width 객체 속성
                                                       (object property)을
                                                       직접 참조
const App = () => (
  <View style={styles.container}>  ◄  View 컴포넌트에서 Dimensions.get
    <Text>{width}</Text>              메서드로 확인한 디바이스 정보를 포함한
    <Text>{height}</Text>            변수에 저장된 디바이스 크기 정보를
    <Text>{windowWidth}</Text>       뷰에 렌더링
  </View>
)

styles = StyleSheet.create({
  container: {
    flex: 1,
    justifyContent: 'center',
    alignItems: 'center'
  }
})

export default App
```

Dimensions.get 메서드를 호출하고 window를 인수로 전달해서 반환되는 값을 비구조화해
디바이스 화면의 크기를 참조할 수 있습니다. 이 방법을 사용하면, width와 height가 반환됩
니다. 또한 Window의 크기를 알아낼 수도 있습니다. Dimensions.get 메서드를 호출하는 또
다른 방법으로 Dimensions.get 메서드에 .width를 붙여서 호출해 객체의 속성을 직접 참조
할 수도 있습니다.

Geolocation API를 이용해서 사용자의 현재 위치 확인하기

리액트 네이티브에서는 앱 전체에서 사용할 수 있는 `navigator.geolocation` 전역 변수를 이용해서 사용자의 위치 정보를 알아낼 수 있습니다. 웹 브라우저에서 사용하는 것과 똑같은 API를 사용합니다. 전역 변수로 기본 제공되므로 이 API를 사용하기 전에 이 API를 가져올 필요가 없습니다.

Geolocation API 활용 예

사용자의 경도와 위도를 사용하는 앱을 개발하려면, Geolocation API를 이용하면 됩니다. react-native-maps는 Airbnb에서 만들고 오픈소스로 운영되는 지도 컴포넌트이며 Geolocation API를 이용하는 좋은 예입니다. 사용자의 현재 위치에 맞는 지도를 화면에 표시할 필요가 있을 때 정확한 경도와 위도만 전달하면 됩니다. Geolocation API를 이용해서 사용자 디바이스의 경도와 위도를 알아낼 수 있습니다.

> 옮긴이 - React Native 내의 Geolocation은 0.60버전부터는 사용할 수 없습니다. 사용하기 위해서는 'npm install @react-native-community/geolocation -save'와 같이 커뮤니티 모듈을 이용해야만 합니다.

Geolocation API를 사용하는 예제

안드로이드에서 Geolocation API를 이용하려면, 다음과 같이 먼저 이 API를 활성화해야 합니다. iOS는 기본적으로 활성화되어 있습니다(안드로이드의 경우에는 프로젝트 내에 android 폴더에 AndriodManifest.xml을 수정합니다. 기존에 실행 중인 앱을 중지하거나 제거한 후에 다시 실행해야만 적용 가능합니다).

```
<uses-permission android:name="android.permission.ACCESS_FINE_LOCATION" />
```

표 9.4 Geolocation API의 메서드

메서드	인수	설명
getCurrentPosition	successcallback, errcallback, optionsobject{enableHighAccuracy: Boolean,timeout: number, maximumAge: number}	현재 위치를 가져오는 데 성공하면, coords 객체와 타임스탬프를 포함한 객체를 반환
watchPosition	successcallback, errcallback, optionsobject{enableHighAccuracy: Boolean,timeout: number, maximumAge: number}	현재의 위치를 가져오고 디바이스의 위치가 변경되면 자동으로 호출
clearWatch	watchId	위치 정보 추적(watch)을 중단. 위치를 추적하는 watchPosition 메서드를 변수에 저장하고 watchId 인자로 접근
stopObserving	None	설정된 모든 위치 정보 추적(watch)을 취소

getCurrentPosition과 watchPosition은 **그림 9.2**처럼 현재 사용자의 위치 좌표를 객체로 반환합니다. 반환된 위치 정보에는 위도와 경도, 속도, 고도 등의 정보가 담겨 있습니다.

```
▼ coords: Object
    accuracy: 5
    altitude: 0
    altitudeAccuracy: -1
    heading: -1
    latitude: 37.785834
    longitude: -122.406417
    speed: -1
  ▶ __proto__: Object
  timestamp: 1478031770993.89
```

그림 9.2 반환된 좌표 객체의 모습

위치 정보를 확인하려면 Geolocation의 인스턴스를 생성하고 getCurrentPosition과 watchPosition 메서드를 이용하면 됩니다. clearWatch 메서드를 호출하는 버튼 하나가 있는데 이 버튼을 누르면, watchPosition 메서드를 호출해서 활성화된 위치 추적 기능을 취소합니다.

위치가 물리적으로 변경되면 watchPosition도 바뀝니다. 예로, 이 앱을 실행하고 주위를 걸어 다니면, 좌표가 변경되는 것을 볼 수 있습니다. `navigator.geolocation.clearWatch(id)`를 호출하고 위치 추적 ID를 전달해서 위치 추적을 중단할 수 있습니다. 원위치와 최신 위치의 위도와 경도를 화면에 표시합니다.

예제 9.7 **Geolocation API를 이용해서 사용자의 좌표 알아내기**

```
import React, { Component } from 'react'
import { TouchableHighlight, View, Text, StyleSheet } from 'react-native'
import Geolocation from '@react-native-community/geolocation'

let styles = {}

export default class App extends Component {
  constructor () {
    super()

    this.state = {                      originalCoords, updatedCoords, id로 구성된 초기 state를 만들고
      originalCoords: {},               originalCoords와 updatedCoords는 빈 객체, id에는 빈 문자열을 지정
      updatedCoords: {},
      id: ''
    }

    this.clearWatch = this.clearWatch.bind(this)
  }
  componentDidMount() {

    Geolocation.getCurrentPosition(     geolocation.getCurrentPosition을 호출
      (info) => {
        this.setState({originalCoords: info.coords})    originalCoords state에
      },                                                success.coords를 지정
      (err) => console.log('err:', err)
    )

    let id = Geolocation.watchPosition(    watchPosition을 호출하고 함수의 결과를 id라는
                                           변수에 저장. 위치 추적을 중단할 때 id를 이용
      (success) => {
        this.setState({        id state의 값을 재지정
          id,
          updatedCoords: success.coords
```

```
        })
      },
      (err) => console.log('err:', err)
    )
  }
```

위치 추적을 중단(clear)하는
clearWatch 메서드를 만듦

```
  clearWatch () {
    Geolocation.clearWatch(this.state.id)
  }

  render () {
    const { originalCoords, updatedCoords } = this.state
    return (
      <View style={styles.container}>
        <Text>Original Coordinates</Text>
        <Text>Latitude: {originalCoords.latitude}</Text>
        <Text>Longitude: {originalCoords.longitude}</Text>
        <Text>Updated Coordinates</Text>
        <Text>Latitude: {updatedCoords.latitude}</Text>
        <Text>Longitude: {updatedCoords.longitude}</Text>
        <TouchableHighlight
          onPress={this.clearWatch}
          style={styles.button}>
          <Text>Clear Watch</Text>
        </TouchableHighlight>
      </View>
    )
  }
}
```

원 위치와 최신 위치의 위도와
경도를 화면에 표시

```
styles = StyleSheet.create({
  container: {
    flex: 1,
    justifyContent: 'center',
    padding: 20,
  },
  button: {
    height: 60,
    marginTop: 15,
    backgroundColor: '#ededed',
    justifyContent: 'center',
```

```
        alignItems: 'center'
    }
})
```

 ## 9.7 Keyboard API를 이용해서 네이티브 키보드의 위치와 기능 조정하기

Keyboard API를 이용해서 네이티브 키보드를 조작할 수 있습니다. API로 키보드 이벤트를 탐지해서 이벤트에 따라 메서드를 호출하거나 화면에서 키보드를 사라지게 할 수도 있습니다. Keyboard API의 메서드는 **표 9.5**와 같습니다.

표 9.5 Keyboard API의 메서드

메서드	인수	설명
addListener	event, callback	다음 네이티브 키보드 이벤트에 따라 호출될 이벤트 리스너 추가 keyboardWillShow,keyboardDidShow, keyboardWillHide,keyboardDidHide, keyboardWillChangeFrame, keyboardDidChangeFrame
removeAllListeners	eventType	eventType에 지정된 모든 이벤트 리스너 해제
dismiss	없음	키보드를 화면에서 사라지게 함

Keyboard API 활용 예

대부분은 텍스트 입력과 키보드는 예상한 것처럼 동작하지만, 항상 그렇지는 않습니다. 일부 컴포넌트에서 텍스트 입력을 테스트해 보면, 키보드가 화면에 나타나지 않는 경우가 간혹 있습니다. 이런 경우에 Keyboard API를 이용해서 언제 키보드를 표시하고 숨길지를 수동으로 세밀하게 조작할 수 있습니다.

텍스트 입력에 포커스가 있는 경우에도 키보드를 사라지게 할 필요가 있을 수도 있습니다. 예를 들어 비밀번호PIN number에 네 개의 숫자를 입력하고 비밀번호가 맞는지 확인하려는 경우에 마지막 비밀번호 값이 입력되면 맞는 비밀번호가 입력됐는지 자동으로 확인하는 UI를 만들 수 있습니다. 이런 경우에 Keyboard API를 이용해서 키보드를 숨길 필요가 있습니다.

Keyboard API를 사용하는 예제

다음 예제에서 텍스트 입력을 만들고 모든 이벤트를 탐지하게 합니다. 이벤트가 발생하면, 발생한 이벤트를 콘솔에 표시합니다. 두 개의 버튼이 있는데 버튼 하나는 키보드를 화면에서 사라지게 하고 다른 버튼은 componentWillMount에서 설정한 모든 이벤트 리스너를 해제합니다.

예제 9.8 | **Keyboard API를 이용해서 디바이스의 키보드 조작(control)하기**

```
import React, { Component }  from 'react'
import { TouchableHighlight, Keyboard, TextInput, View, Text, StyleSheet }
from 'react-native'        ◀──── 'react-native'에서 Keyboard API 가져오기

let styles = {}

export  default  class App extends Component {

  componentWillMount () {  ◀──
    this.keyboardWillShowListener =
      Keyboard.addListener('keyboardWillShow', () => this.logEvent('keyboardWillShow')) ◀──
    this.keyboardDidShowListener =
      Keyboard.addListener('keyboardDidShow', () => this.logEvent('keyboardDidShow'))  ◀──
    this.keyboardWillHideListener =
      Keyboard.addListener('keyboardWillHide', () => this.logEvent('keyboardWillHide')) ◀──
    this.keyboardDidHideListener =
      Keyboard.addListener('keyboardDidHide', () => this.logEvent('keyboardDidHide'))  ◀──
    this.keyboardWillChangeFrameListener =
      Keyboard.addListener('keyboardWillChangeFrame', () => this.logEvent('
                                  keyboardWillChangeFrame'))  ◀──
    this.keyboardDidChangeFrameListener =
      Keyboard.addListener('keyboardDidChangeFrame', () => this.logEvent('
                                  keyboardDidChangeFrame'))  ◀──
  }
```

모든 키보드 이벤트에 이벤트 리스너를 설정하고 해당 이벤트가 발생한 경우에 logEvent 메서드를 호출해서 콘솔에 이벤트 이름을 표시

```
        logEvent(event) {
          console.log('event: ', event)
        }
        dismissKeyboard () {
          Keyboard.dismiss()
        }
        removeListeners () {
          Keyboard.removeAllListeners('keyboardWillShow')
          Keyboard.removeAllListeners('keyboardDidShow')
          Keyboard.removeAllListeners('keyboardWillHide')
          Keyboard.removeAllListeners('keyboardDidHide')
          Keyboard.removeAllListeners('keyboardWillChangeFrame')
          Keyboard.removeAllListeners('keyboardDidChangeFrame')
        }
```

이벤트 이름을 인수로 전달받아 콘솔에 이벤트 이름을 표시

키보드를 화면에서 사라지게 함

Keyboard.removeAllListeners를 호출하고 componentWillMount에서 선언한 각 이벤트를 인수로 전달

```
        render () {
          return (
            <View style={styles.container}>
              <TextInput style={styles.input} />
              <TouchableHighlight
                onPress={this.dismissKeyboard}
                style={styles.button}>
                <Text>Dismiss Keyboard</Text>
              </TouchableHighlight>
              <TouchableHighlight
                onPress={this.removeListeners}
                style={styles.button}>
                <Text>Remove Listeners</Text>
              </TouchableHighlight>
            </View>
          )
        }
      }

      styles = StyleSheet.create({
        container: {
          flex: 1,
          marginTop: 150,
        },
```

UI의 버튼에 dismissKeyboard 메서드를 연결

UI의 버튼에 removeListener 메서드를 연결

```
  input: {
    margin: 10,
    backgroundColor: '#ededed',
    height: 50,
    padding: 10
  },
  button: {
    height: 50,
    backgroundColor: '#dddddd',
    margin: 10,
    justifyContent: 'center',
    alignItems: 'center'
  }
})
```

NetInfo API를 이용해서 사용자의 온라인 연결 상태 확인하기

NetInfo API를 이용해서 디바이스의 온라인/오프라인 상태를 확인할 수 있습니다. 안드로이드에서 NetInfo API를 이용하려면 다음과 같이 AndroidManifest.xml 파일에 필요한 권한 permission을 추가해야 합니다.

```
<uses-permission android:name="android.permission.ACCESS_NETWORK_STATE"/>
```

NetInfo API는 별도로 분리되었기 때문에 @react-native-community/netinfo를 추가적으로 설치하고 링크 작업을 실행한 후에 실습할 수 있습니다. 좀 더 자세한 정보는 https://github.com/react-native-community/react-native-netinfo를 통해서 확인할 수 있습니다.

```
npm install --save @react-native-community/netinfo
```

리액트 네이티브 버전 0.60 미만의 경우에는 추가적으로 link 작업이 필요합니다.

```
react-native link @react-native-community/netinfo
```

@react-native-community/netinfo 버전	Required React Native 버전
4.x.x	>= 0.60 or >= 0.59 if using Jetifier
3.x.x	>= 0.59
2.x.x	>= 0.57
1.x.x	>= 0.57

iOS와 안드로이드는 **표 9.6**에 나열된 것처럼 다른 타입으로 연결 방식 정보를 제공합니다.

어떤 타입으로 연결을 할것인가에 대해서는 사용자의 현실적인 연결 상황에 따라 결정됩니다. 연결 방식을 결정하였다면 **표 9.7**의 메서드를 이용합니다.

표 9.6 크로스 플랫폼과 안드로이드의 연결 방식 정보 비교

크로스 플랫폼(iOS와 안드로이드)	안드로이드
none	bluetooth
wifi	ethernet
cellular	wimax
unknown	

표 9.7 NetInfo API의 메서드

메서드	인수	설명
isConnectionExpensive	없음	네트워크 연결상태가 좋은지 또는 좋지 않은지 부울 값의 Promise를 반환
isConnected	없음	디바이스의 연결 상태를 알려주는 부울 값의 Promise를 반환
addEventListener	eventName, callback	특정 이벤트에 이벤트 리스너를 추가함. @react-native-community/netinfo에서는 eventName은 사용할 수 없고, callback만 존재
removeEventListener	eventName, callback	특정 이벤트에 이벤트 리스너를 해제(remove) @react-native-community/netinfo는 addEventLister를 호출 결과로 반환된 함수를 다시 호출하는 방식
getConnectionInfo	없음	Type과 effectiveType을 갖는 객체의 promise를 반환

NetInfo API 활용 예

NetInfo API는 다른 API 호출을 방지하거나, 디바이스의 연결 상태가 오프라인일 때 온라인 애플리케이션의 일부 기능을 지원하는 오프라인 UI를 제공할 때 사용합니다. 예로, 콘텐츠 목록을 보여주는 앱이 있고 각 콘텐츠를 눌렀을 때 해당 콘텐츠의 자세한 내용을 네트워크 연결을 통해 가져와서 새로운 뷰에 보여줍니다. 디바이스의 연결 상태가 오프라인일 때 오프라인 표시를 하고 콘텐츠를 누르더라도 콘텐츠의 세부 내용으로 이동하지 않게 합니다. NetInfo API를 이용해서 이런 형태의 디바이스 정보를 얻을 수 있고 사용자와 효과적으로 소통할 수 있습니다.

NetInfo API의 또 다른 활용 예는 네트워크 연결 형태에 따라 다른 API 설정을 지정하는 것입니다. 예로, 와이파이로 연결됐을 때는 주고받는 데이터의 양을 좀 더 여유 있게 허용할 수 있습니다. 가령 디바이스가 모바일 데이터를 이용하는 경우에는 한 번에 10개의 콘텐츠만 가져오고 와이파이로 연결됐을 경우에는 한 번에 20개까지 가져오도록 지정할 수 있습니다. NetInfo API를 이용하면, 디바이스가 어떤 방식으로 연결되었는지 알 수 있습니다.

NetInfo API를 사용하는 예제

NetInfo.getConnectionInfo 메서드를 이용해서 디바이스의 초기 연결 상태 정보를 확인해 보겠습니다. 그 이후 이벤트 리스너를 추가해서 NetInfo에 변화가 있을 때, 현재의 NetInfo를 콘솔에 표시합니다.

예제 9.9 | **NetInfo API를 이용해서 사용자의 연결 상태를 알아내서 표시하기**

```
import React, { Component }  from 'react'
import { View, Text, StyleSheet } from 'react-native'
import NetInfo from "@react-native-community/netinfo";    ← 'react-native-community'에서
                                                             NetInfo 가져오기
export default class App extends Component {
  constructor () {
    super()
```

```
      this.state = {                    connectionInfo의 초기 state에 빈 객체 지정
        connectionInfo: {}
      }
    }

    componentDidMount () {              초기 연결 상태를 파악하고 state에 저장

      NetInfo.fetch().then(connectionInfo => {
        console.log("Connection type", connectionInfo.type)
        console.log("Is connected?", connectionInfo.isConnected)
        this.setState(connectionInfo)
      })
                                        새로운 연결 상태를 파악하고 state에 저장
      NetInfo.addEventListener(connectionInfo => {
        console.log("Changed Connection type", connectionInfo.type);
        console.log("Is connected?", connectionInfo.isConnected);
        this.setState(connectionInfo)
      });

    }

    render () {        ◀──  연결 상태를 화면에 렌더링
      return (
        <View style={styles.container}>
          <Text>{this.state.type}</Text>
        </View>
      )
    }
  }

const styles = StyleSheet.create({
  container: {
    flex: 1,
    justifyContent: 'center',
    alignItems: 'center'
  }
})
```

PanResponder API를 이용해서 touch와 gesture 이벤트의 정보 알아 내기

PanResponder API를 이용해서 touch 이벤트 정보를 얻을 수 있습니다. PanResponder API로 스와이프^{swiping}, 탭^{tapping}, 핀치^{pinching}, 스크롤링^{scrolling} 등의 싱글 터치 또는 멀티 터치에 따라 앱 상태를 조작할 수 있습니다.

PanResponder API 활용 예

PanResponder API의 주요 기능은 디바이스에 발생하는 현재 터치 이벤트를 알려주는 것이어서 그 활용 예는 무수히 많습니다. 저자의 경우에는 이 API를 다음과 같은 경우에 자주 사용합니다.

- 스와이프 기능을 갖는 카드 스택을 만드는 경우. 카드를 화면 밖으로 스와이프하면 카드가 스택으로부터 없어짐

- 버튼을 클릭하거나 아래쪽으로 스와이프해서 화면 밖으로 이동시켜 종료할 수 있는 애니메이션 오버레이를 만드는 경우

- 목록에 있는 항목 중 일부를 눌러서 다른 위치로 이동시켜서 목록 내 항목을 재배치할 수 있는 기능을 제공하는 경우

PanResponder API를 활용할 수 있는 경우는 많지만, 가장 자주 이용되는 경우는 항목을 누르거나 스와이프한 위치를 기준으로 항목을 이동하는 것입니다.

onPanResponderMove(event, gestureState)를 이용해서 기본적인 gesture 이벤트에 대해서 알아보도록 하겠습니다. 이 이벤트는 현 위치, 현 위치와 원래 위치 사이의 거리 등의 현 위치에서의 touch 이벤트에 대한 정보를 제공합니다.

```
onPanResponderMove(evt, gestureState) {
  console.log(evt.nativeEvent)
  console.log(gestureState)
}
```

이 API를 이용하려면, 먼저 componentWillMount 메서드에 PanResponder 인스턴스를 생성합니다. 이 인스턴스에서 PanResponder의 모든 설정과 콜백 메서드를 지정합니다. 여기서 지정된 메서드를 이용해서 state와 View를 조작할 수 있습니다.

PanResponder에서 사용할 수 있는 메서드는 create 메서드 하나입니다. 이 메서드는 PanResponder 인스턴스의 설정을 만듭니다. 표 9.8은 create 메서드의 설정 옵션을 보여줍니다.

표 9.8 PanResponder create 메서드의 Configuration 인수

Configuration 속성	설명
onStartShouldSetPanResponder	PanResponder의 활성화 여부를 지정함. 요소를 터치하면 호출됨
onMoveShouldSetPanResponder	PanResponder의 활성화 여부를 지정함. 초기 터치가 움직임이면 호출됨
onPanResponderReject	PanResponder가 등록되지 않으면 호출됨
onPanResponderGrant	PanResponder가 등록되면 호출됨
onPanResponderStart	PanResponder가 등록된 이후에 호출됨
onPanResponderEnd	PanResponder가 완료되면 호출됨
onPanResponderMove	PanResponder가 움직이면 호출됨
onPanResponderTerminationRequest	다른 요소를 Reponder가 되도록 할 때 호출함
onPanResponderRelease	Touch가 릴리스되면 호출됨
onPanResponderTerminate	Responder가 종료될 때 호출됨

각 설정 옵션은 네이티브 event와 gesture state로 지정됩니다. 표 9.9는 evt.nativeEvent와 gestureState에서 사용할 수 있는 모든 속성을 보여 줍니다.

표 9.9 evt와 gestureState의 속성

evt.nativeEvent 속성	설명
changedTouches	마지막 이벤트 발생 후 변경된 모든 터치 이벤트의 배열
identifier	터치의 ID
locationX	요소 기준으로 터치의 X 위치
locationY	요소 기준으로 터치의 Y 위치
pageX	루트 요소 기준으로 터치의 X 위치
pageY	루트 요소 기준으로 터치의 Y 위치
target	터치 이벤트를 전달 받는 요소
timestamp	터치의 시간. 속도 계산에 유용함
touches	화면에 발생하는 모든 현재 터치 이벤트의 배열
gestureState 속성	**설명**
stateID	gestureState의 ID. 화면에 한 번의 터치만 있으면 유지됨
moveX	최근 이동한 터치의 화면내 X 위치
moveY	최근 이동한 터치의 화면내 Y 위치
x0	이동한 요소의 화면내 X 위치
y0	이동한 요소의 화면내 Y 위치
dx	터치 시작 후 gesture의 누적된 X 거리
dy	터치 시작 후 gesture의 누적된 Y 거리
vx	gesture의 X축 속도
vy	gesture의 Y축 속도
numberActiveTouches	화면에 발생한 현재 터치의 개수

PanResponder API를 사용하는 예제

다음 예제에서 드래그 가능한 정사각형을 만들고 화면에 X, Y 위치를 표시합니다. 결과는 그림 9.3과 같습니다.

 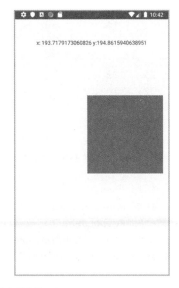

그림 9.3 PanResponder를 이용해서 정사각형을 드래그할 수 있게 한 모습

예제 9.10 　　**PanResponder를 이용해서 드래그할 수 있는 요소 만들기**

```
import React, { Component }  from 'react'

import {
  Dimensions,
  TouchableHighlight,
  PanResponder,
  TextInput, View, Text, StyleSheet } from 'react-native'
```
'react-native'에서
Dimensions,
PanResponder 등
가져오기

```
const { width, height } = Dimensions.get('window')
let styles = {}
```
window의 width와 height
정보를 변수에 저장

```
export default class App extends Component {


  constructor () {
    super()
    this.state = {
      oPosition: {
```
oPosition 객체를 생성해서
정사각형의 원래 위치의 x 축과
y축의 정보를 state에 저장, 화면의
정 중앙에 위치하도록 설정

```
        x: (width / 2) - 100,
        y: (height / 2) - 100,
      },
      position: {
        x: (width / 2) - 100,
        y: (height / 2) - 100,
      },
    }
    this._handlePanResponderMove = this._handlePanResponderMove.bind(this)
    this._handlePanResponderRelease = this._handlePanResponderRelease.
bind(this)

    this._panResponder = PanResponder.create({
      onStartShouldSetPanResponder: () => true,
      onPanResponderMove: this._handlePanResponderMove,
      onPanResponderRelease: this._handlePanResponderRelease
    })
  }

  _handlePanResponderMove (evt, gestureState) {
    let ydiff = gestureState.y0 - gestureState.moveY
    let xdiff = gestureState.x0 - gestureState.moveX
    this.setState({
      position: {
        y: this.state.oPosition.y - ydiff,
        x: this.state.oPosition.x - xdiff
      }
    })
  }

  _handlePanResponderRelease () {
    this.setState({
      oPosition: this.state.position
    })
  }

  render () {
    return (
      <View  style={styles.container}>
        <Text style={styles.positionDisplay}>
```

position 객체를 생성해서 정사각형의 실제(actual) 위치의 x축과 y축의 정보를 state에 저장, 화면의 정 중앙에 위치하도록 설정

PanResponder를 생성하고, onStartShouldSetPanResponder에 true 값을 반환하고, onPanResponderMove와 onPanResponderRelease 메서드를 설정

움직임이 시작된 위치와 시작 위치에서 현재 위치까지의 거리를 계산해 전체 이동 거리의 x와 y를 알아내고 알아낸 x와 y 값을 position state에 업데이트

oPosition state에 뷰에 업데이트된 위치를 지정

```
        x: {this.state.position.x} y:{this.state.position.y}
      </Text>
                              │ x와 y의 값을 뷰에 연결하고 마진을 업데이트해서
                              │ 정사각형(item)을 드래그할 수 있게 만듦
      <View  ◄────
        {...this._panResponder.panHandlers} // ①
        style={[styles.box, { marginLeft: this.state.position.x,
marginTop: this.state.position.y } ]} />
      </View>
    )
  }
}

styles = StyleSheet.create({
  container: {
    flex: 1,
  },
  positionDisplay: {
    textAlign: 'center',
    marginTop: 50,
    zIndex: 1,
    position: 'absolute',
    width
  },
  box: {
    position: 'absolute',
    width: 200,
    height: 200,
    backgroundColor: 'red'
  }
})
```

정리

- Alert API를 이용해서 앱의 중요 정보나 이벤트를 사용자에게 알릴 수 있습니다.

- AppState API를 이용해서 현재 앱이 사용 중인지 알아내서 앱의 기능에 활용할 수 있습니다.

- AsyncStorage API를 이용해서 데이터를 사용자 디바이스에 저장하고 앱을 종료한 경우에도 계속 저장된 데이터를 사용할 수 있습니다.

- Clipboard API를 이용해서 데이터를 사용자 디바이스의 클립보드에 복사하고 이후에 사용할 수 있습니다.

- Dimensions API를 이용해서 화면의 폭이나 높이 등의 사용자 디바이스의 화면 정보를 알아낼 수 있습니다.

- Geolocation API를 이용해서 사용자 디바이스의 위치 관련 정보를 알아낼 수 있으며 사용자의 움직임을 확인할 수 있습니다.

- NetInfo API를 이용해서 디바이스의 연결 종류와 네트워크 연결 여부를 포함한 현재 연결 상태 정보를 확인할 수 있습니다.

- PanResponder API를 이용해서 디바이스에 발생한 현재 터치의 위치를 알아낼 수 있으며 이 정보를 이용해 UX와 UI를 향상하는 데 활용할 수 있습니다.

iOS용 컴포넌트와 API 구현하기

이 장에서 다루는 내용

- ☑ 플랫폼별 코드를 효과적으로 사용하는 전략
- ☑ DatePickerIOS, PickerIOS의 Picker 컴포넌트 사용하기
- ☑ ProgressViewIOS를 이용해서 로딩 진행 과정 보여주기
- ☑ SegmentedControlIOS와 TabBarIOS를 이용해서 뷰 선택하기
- ☑ ActionSheetIOS를 이용해서 액션 시트의 항목 호출하고 선택하기

리액트 네이티브로 만드는 프로젝트의 최종 목적 중 하나는 최소한의 플랫폼별 로직과 코드를 사용하는 것입니다. 대부분의 플랫폼별 코드는 프레임워크로 추상화되어 쉽게 크로스 플랫폼 기능으로 구현할 수 있습니다.

하지만, 크로스 플랫폼 방식으로 추상화할 수 없는 플랫폼별 API들도 있으므로 일부 플랫폼별 API와 컴포넌트를 사용해야 할 수도 있습니다.

이 장에서는 iOS용 API와 컴포넌트를 다루고, 각 API와 컴포넌트의 props와 메서드를 살펴보고, 이를 적용해서 최소한의 기능과 로직들을 빠르게 배울 수 있는 예제를 만들어 보도록 하겠습니다.

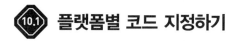

플랫폼별 코드 지정하기

플랫폼별 코드를 사용한다는 의미는 사용자 디바이스의 플랫폼에 따라 iOS용 또는 안드로이드 용 코드를 렌더링하는 컴포넌트나 파일을 작성하는 것입니다. 특정 플랫폼에 실행 중인 앱에 컴포넌트를 화면에 표시하는 방법은 몇 가지 있으나 여기서는 가장 유용한 두 가지 방법만을 배워 보도록 하겠습니다. 정확한 파일 확장자를 사용하는 방법과 Platform API를 이용하는 방법입니다.

iOS와 안드로이드 파일 확장자

플랫폼별 코드를 지정하는 첫 번째 방법은 사용하려는 플랫폼별로 정확한 파일 확장자와 파일명을 정하는 것입니다. 예로, iOS와 안드로이드 간에 차이가 많이 나는 컴포넌트 중 하나는 DatePicker입니다. 이 컴포넌트에 플랫폼별 스타일을 적용하려고 다른 핵심적인 컴포넌트 내에 코드를 작성하는 것은 코드도 길어지고 유지 관리도 어렵습니다. 대신, DatePicker.ios.js와 DatePicker.android.js의 두 개 파일을 만들고 메인 컴포넌트에 가져옵니다. 프로젝트를 실행하면, 리액트 네이티브는 사용하는 플랫폼에 따라 자동으로 정확한 파일을 선택해서 렌더링합니다. 예제 10.1~10.3의 예제를 확인해 봅니다. 이 예제를 실행하면 "DatePicker requires both props and methods to function correctly."라는 오류가 발생합니다.

| 예제 10.1 | iOS용 코드 |

```
import React from 'react'
import { View, Text, DatePickerIOS } from 'react-native'

export default () => (
  <View>
    <Text>This is an iOS specific component</Text>
    <DatePickerIOS />
  </View>
)
```

```
import React from 'react'
import { View, Text, DatePickerAndroid } from 'react-native'
export default () => (
  <View>
    <Text>This is an Android specific component</Text>
    <DatePickerAndroid />
  </View>
)
```

```
import React from 'react'
import DatePicker from './DatePicker'
const MainComponent = () => (
  <View>
    ...
    <DatePicker />
    ...
  </View>
)
```

코드에서는 특정 파일 확장자를 별도로 지정하지 않고 DatePicker를 가져옵니다. 리액트 네이티브는 플랫폼에 따라 플랫폼에 맞는 컴포넌트를 가져오며, 플랫폼과 상관없이 앱에서 컴포넌트를 이용할 수 있습니다.

Platform API를 이용해서 플랫폼 확인하기

Platform API를 이용해서 플랫폼에 따라 다르게 동작하는 로직을 구현할 수도 있습니다. 이 API는 두 개의 속성을 갖습니다. 첫 번째 속성은 플랫폼에 따라 ios 또는 android인지를 알려주는 OS 키OS key입니다.

Platform.OS 속성을 이용해서 플랫폼 확인하기

```
import React from 'react'
import { View, Text, Platform } from 'react-native'
const PlatformExample = () => (
  <Text
    style={{ marginTop: 100, color:
Platform.OS === 'ios' ? 'blue' : 'green'
    }}
  >
    Hello { Platform.OS }
  </Text>
)
```

이 예제에서 Platform.OS의 값이 문자열, 'ios'와 같은지 확인합니다. 그 값이 같으면 'blue' 색상을 반환하고 그렇지 않으면 'green'을 반환합니다.

Platform API의 두 번째 속성은 select입니다. 이 메서드는 Platform.OS 문자열을 키(ios 또는 android)로 갖는 객체를 인수로 전달하고 앱이 실행되는 플랫폼의 값을 반환합니다.

Platform.select를 이용해서 플랫폼에 따라 컴포넌트 렌더링하기

```
import React from 'react'
import { View, Text, Platform } from 'react-native'

const ComponentIOS = () => (
  <Text>Hello from IOS</Text>
)

const ComponentAndroid = () => (
  <Text>Hello from Android</Text>
)

const Component = Platform.select({
  ios: () => ComponentIOS,
  android: () => ComponentAndroid,
})();
```

```
const PlatformExample = () => (
  <View style={{ marginTop: 100 }}>
    <Text>Hello from my App</Text>
    <Component />
  </View>
)
```

ES2015 spread 구문을 이용해서 객체를 반환하고, 반환된 객체를 이용해 스타일을 적용할 수 있습니다. 4장의 몇몇 예제에서 Platform.select 함수를 사용했습니다.

예제 10.6 | Platform.select를 이용해서 플랫폼에 따라 스타일 적용하기

```
import React from 'react'
import { View, Text, Platform } from 'react-native'

let styles = {}

const PlatformExample = () => (
  <View style={styles.container}>
    <Text>
      Hello { Platform.OS }
    </Text>
  </View>
)
styles = {
  container: {
    marginTop: 100,
    ...Platform.select({
      ios: {
        backgroundColor: 'red'
      }
    })
  }
}
```

DatePickerIOS

DatePickerIOS를 이용하면 iOS에서 동작하는 네이티브 데이트 피커를 쉽게 구현할 수 있습니다. DatePickerIOS에는 **그림 10.1**에서 볼 수 있는 것처럼 날짜와 시간을 선택하는 세 가지 모듈(date, time, dateTime)이 있습니다.

4:21			⋯ 📶 🔋	1:26			⋯ 📶 🔋	1:27			⋯ 📶 🔋

그림 10.1 date, time, datetime 모드를 지정한 각 DatePickerIOS의 모습

DatePickerIOS는 **표 10.1**에 나열된 속성들을 사용할 수 있습니다. 날짜(시작일 또는 현재 날짜 선택)와 onDateChange 메서드는 꼭 전달해야 하는 props입니다. 날짜 값이 변경되면, onDateChange가 호출되고 새 날짜 값을 갖는 함수를 전달합니다.

표 10.1 DatePickerIOS의 props와 메서드

Prop	형태(Type)	설명
date	Date	현재 선택된 날짜
maximumDate	Date	최대 허용 날짜
minimumDate	Date	최소 허용 날짜
minuteInterval	Enum	분 선택 간격
mode	문자열(String): date 또는 time 또는 datetime	데이트 피커 모드
onDateChange	함수(Function): on DateChange(date) { }	날짜가 변경될 때 호출되는 함수
timeZoneOffsetInMinutes	Number	타임 존 오프셋. 기본 디바이스 타임 존(the device time zone)을 오버라이드함

DatePickerIOS를 사용하는 예제

다음 예제에서 DatePickerIOS 컴포넌트를 이용해서 뷰에 시간을 표시합니다. mode props의 기본값이 datetime이므로 따로 mode props는 전달하지 않았습니다. 결과는 **그림 10.2**와 같습니다.

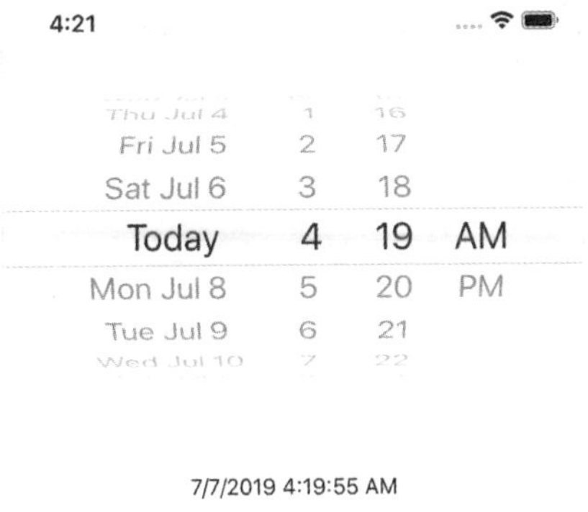

그림 10.2 선택된 날짜와 시간을 화면에 표시하는 DatePickerIOS

예제 10.7 | **DatePicker를 이용해서 날짜와 시간을 화면에 표시하고 업데이트하기**

```
import React, {Component} from 'react';     ◀──┐ 'react-native'에서 DatePickerIOS 가져오기
import {
  Platform,
  View,
  Text,
  DatePickerIOS
} from 'react-native';

class App extends Component {

  constructor(){     ◀── date 값을 생성하고 state에 저장
    super()
    this.state =  {date: new Date()}
```

```
    this.onDateChange = this.onDateChange.bind(this)
  }
                          ┌ 새로운 date 값으로 state를 업데이트하는
  onDateChange(date) {  ◄─┘ onDateChange 메서드 만들기
    this.setState({date: date})
  }

  render() {
    return (
        <View style={{ marginTop: 50 }}>        ┌ DatePickerIOS 컴포넌트를 반환하고
          <DatePickerIOS  ◄───────────────────┘ date와 onDateChange를 props로 전달
              date={this.state.date}
              onDateChange={this.onDateChange}
          />
          <Text style={{ marginTop: 40, textAlign: 'center' }}>
            { this.state.date.toLocaleDateString() } { this.state.date.
            toLocaleTimeString() }  ◄──┐ date 값(date value)을 텍스트로 화면에 표시
          </Text>
        </View>
    )
  }
}

export default App;
```

 ## PickerIOS로 데이터 목록 처리하기

PickerIOS를 이용해서 네이티브 iOS Picker 컴포넌트를 사용할 수 있습니다. 이 컴포넌트는
그림 10.3에서와 같이 네이티브 UI를 이용해서 데이터의 목록을 스크롤하고 선택할 수 있도
록 합니다. PickerIOS는 표 10.2에 나열된 메서드와 props를 갖습니다.

표 10.2 PickerIOS의 메서드와 props

Props	형태(Type)	설명
itemStyle	객체(style)	컨테이너 내 항목의 텍스트 스타일
onValueChange	함수(value)	PickerIOS의 값이 변경되면 호출
selectedValue	숫자 또는 문자열	현재 선택된 PickerIOS의 값

PickerIOS는 렌더링할 항목들을 자식으로 감쌉니다. 각 자식 항목은 PickerIOS.Item이어야만

합니다.

```
import { PickerIOS } from 'react-
native'
const PickerItem = PickerIOS.Item
<PickerIOS>
 <PickerItem />
 <PickerItem />
 <PickerItem />
</PickerIOS>
```

앞선 코드와 같이 각 PickerIOS.Item을 개별적으
로 선언할 수도 있지만, 대부분은 배열의 각 요
소를 매핑해서 배열의 각 항목에 PickerIOS.Item
를 반환합니다. 다음 예제는 그 예를 보여줍니다.

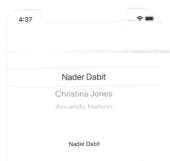

그림 10.3 인물 목록을 렌더링하는 PickerIOS

예제 10.8 │ PickerIOS.Items을 이용해서 배열로

PickerIOS 이용하기

```
const people = [ #an array of people ];
render() {
 <PickerIOS>
 {
 people.map((p, i) =>(
 <PickerItem key={i} value={p} label={p}/>
```

```
    ))
  }
<PickerIOS>
```

PickerIOS와 PickerIOS.Item은 각각에 맞는 props를 전달받습니다. PickerIOS의 주요 props는 onValueChange와 selectedValue입니다. picker의 값이 변경되면 onValueChange 메서드가 호출됩니다. selectedValue는 picker가 선택된 값을 UI에 표시하는 값입니다.

PickerIOS.Item의 주요 props는 key와 value와 label입니다. key는 고유 식별자이고, value는 PickerIOS 컴포넌트의 onValueChange 메서드에 전달되고, label은 PickerIOS.Item의 라벨로 UI에 표시됩니다.

PickerIOS를 사용하는 예제

다음 예제에서 PickerIOS 내에 people 배열을 렌더링합니다. 값이 변경되면, 변경된 값을 표시하는 UI를 업데이트합니다.

예제 10.9 **PickerIOS를 이용해서 배열을 렌더링**

```
import React, { Component } from 'react'
import { Text, View, PickerIOS } from 'react-native'  ◄─┐ 'react-native'에서 PickerIOS 가져오기

const people = [  ◄─┐ PickerItem 값을 채울 people 배열을 만듦
  {
    name: 'Nader Dabit',
    age: 36
  },
  {
    name: 'Christina Jones',
    age: 39
  },
  {
    name: 'Amanda Nelson',
    age: 22
  }
```

```
    ];

    const PickerItem = PickerIOS.Item

    class App extends Component {

      constructor() {                                    선택된 picker 값을 state에
        super()                                          초깃값으로 지정
        this.state = {
          value: 'Christina Jones'
        }
        this.onValueChange = this.onValueChange.bind(this)
      }
                                         onValueChange 메서드를 만들고 PickerIOS의 새로
      onValueChange(value) {             변경된 값으로 state 값을 업데이트
        this.setState({ value });
      };

      render() {
        return (
            <View style={{ marginTop: 50 }}>
              <PickerIOS                        PickerIOS를 렌더링하고
                  onValueChange={this.onValueChange}  onValueChange와
                  selectedValue={this.state.value}    selectedValue를 props로 전달
              >
                {
                  people.map((p, i) => {    ◄    people 배열의 각 사람에 해당하는
                    return (                      PickerIOS.Item를 렌더링
                        <PickerItem
                            key={i}
                            value={p.name}
                            label={p.name}
                        />
                    )
                  })
                }
              </PickerIOS>
              >
              <Text style={{ marginTop: 40, textAlign: 'center' }}>
                {this.state.value}   ◄    this.state.value의 값을 UI에 렌더링
              </Text>
```

```
        </View>)
    }
}

export default App
```

 ## ProgressViewIOS로 로딩 인디케이터 표시하기

ProgressViewIOS를 이용해서 네이티브 **UIProg-**
ressView를 UI에 렌더링할 수 있습니다. 네이티브
에서는 **그림 10.4**에서와 같이 로딩률 표시, 다운로
드율 표시, 완료 중인 작업의 진행률을 표시합니
다. ProgressViewIOS의 props는 **표 10.3**에 나오는 것
과 같습니다.

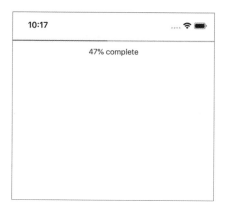

그림 10.4 ProgressViewIOS를 UI에 렌더링하기

표 10.3 ProgressViewIOS의 메서드와 props

Props	형태(Type)	설명
progress	숫자	progress 값(0과 1사이)
progressImage	이미지 소스	progress bar로 표시되는 늘릴 수 있는 이미지
progressTintColor	문자열(color)	progress bar의 틴트 색(tint color)
progressViewStyle	Enum(기본 또는 bar)	progress bar의 스타일
trackImage	이미지 소스	progress bar의 뒤에 표시되는 늘릴 수 있는 이미지
trackTintColor	문자열	progress bar 트랙의 틴트 색(tint color)

ProgressViewIOS 활용 예

ProgressViewIOS를 활용하는 가장 흔한 예는 네트워크로부터 데이터를 가져오거나fetch 포스팅posting할 때, 로컬 API를 이용해서 데이터 작업을 할 때, 전달된 데이터 양을 알려주는 외부 API로 작업하는 것입니다. 예로, 사용자의 카메라 롤에 비디오 파일video을 저장할 때, ProgressViewIOS를 이용해서 내려받는 시간이 얼마나 걸릴지와 진행률을 표시할 수 있습니다.

ProgressViewIOS를 사용하는 예제

이 기능을 구현할 때 필요한 주요 props는 progress입니다. progress는 0과 1사이의 숫자를 전달받아 ProgressViewIOS를 0%와 100% 사이의 퍼센트로 보여줍니다.

다음 예제에서 setInterval 메서드를 지정해서 데이터 로딩을 시뮬레이션해 보도록 하겠습니다. 이 메서드는 componentDidMount에서 호출됩니다. 0.01초마다 state 값을 0부터 시작해서 0.01만큼 증가시킵니다.

예제 10.10 │ ProgressViewIOS를 이용해서 **progress bar**를 0%부터 100%까지 증가시키기

```
import React, { Component } from 'react'
import { Text, View, ProgressViewIOS } from 'react-native'    ◀── 'react-native'에서
                                                                  ProgressViewIOS
                                                                  가져오기
class App extends Component {

  constructor() {
    super()
                              progress 상태 초깃값을 0으로 지정
    this.state = {
      progress: 0,
    }
  }

  componentDidMount() {
```

```
      this.interval = setInterval(() => {
        if (this.state.progress >= 1) {
          return clearInterval(this.interval)
        }
        this.setState({
          progress: this.state.progress + .01
        })
      }, 10)
    }
    render() {
      return (
          <View style={{ marginTop: 50 }}>
            <ProgressViewIOS
                progress={this.state.progress}
            />
            <Text style={{ marginTop: 10, textAlign: 'center' }}>
              {Math.floor(this.state.progress * 100)}% complete
            </Text>
          </View>)
    }
  }

  export default App
```

setInterval 메서드를 저장하고, 매 1/100초마다 progress 상태를 0.01만큼 증가, this.state.progress가 1보다 크거나 같으면, clearInterval를 호출해서 interval을 취소

ProgressViewIOS를 렌더링하고 progress 속성으로 this.state.progress를 전달

this.state.progress의 값을 반올림이나 반내림하고(round) UI에 렌더링

 ## 10.5 SegmentedControlIOS로 수평 탭 바 만들기

SegmentedControlIOS를 이용해서 네이티브 iOS의 UISegmentedControl 컴포넌트를 사용할 수 있습니다. 이 컴포넌트는 **그림 10.5**에서 보는 것처럼 각 버튼으로 구성된 수평 탭 바입니다.

옮긴이 - SegmentedControlIOS는 deprecated되었으므로 사용하려면 @react-native-community/react-native-segmented-control 모듈을 추가해야만 합니다.

SegmentedControlIOS는 **표 10.4**에 나열된 메서드와 속성들props를 갖습니다. SegmentedControlIOS는 컨트롤 하는 값들(세그먼트)의 배열, 컨트롤되는 값의 인덱스인 selectedIndex, 컨트롤된 항목을 누르면 호출되는 onChange 메서드를 필요로 합니다.

그림 10.5 두 개의 값(one과 two)을 갖는
SegmentedControlIOS의 모습

표 10.4 SegmentedControlIOS의 메서드와 props

Prop	형태(type)	설명
enabled	부울 값	false면 컨트롤을 작동할 수 없다. 기본값은 true
momentary	부울 값	true면 세그먼트 선택이 시각적으로 유지되지 않는다. onValueChange 메서드는 그대로 동작
onChange	함수(이벤트)	사용자가 세그먼트(segment)를 탭 할 때 호출되는 콜백 메서드. 이벤트를 인수로 전달
onValueChange	함수(값)	사용자가 세그먼트를 탭 할 때 호출되는 콜백 메서드. 세그먼트 값을 인수로 전달
selectedIndex	숫자	선택된 또는 사전 선택된 세그먼트의 props.values의 인덱스 값
tintColor	문자열(색상)	control의 강조 색
values	문자열 배열(array of strings)	순서대로 control의 세그먼트 버튼 라벨

SegmentedControlIOS 활용 예

SegmentedControlIO를 이용하면 필터링하고 분류할 수 있는 데이터를 구분해서 UI에 표시할 수 있습니다. 예로, 앱에 달력의 주별로 나열되고 볼 수 있는 데이터가 있다면, SegmentedControlIOS를 이용해서 요일별로 데이터를 구분해서 각 요일별로 데이터를 화면에 표시할 수 있을 것입니다.

SegmentedControlIOS를 사용하는 예제

다음 예제에서는 세 개의 항목을 갖는 배열을 SegmentedControlIOS로 렌더링합니다. 선택된 항목에 따라 UI에 값을 표시합니다.

예제 10.11 | 세 개의 값을 렌더링하는 SegmentedControlIOS

```
import React, { Component } from 'react'
import { Text, View } from 'react-native'
import SegmentedControlIOS from "@react-native-community/segmented-control";
const values = ['One', 'Two', 'Three']

class App extends Component {

  constructor() {
    super()
    this.state = {
      selectedIndex: 0,
    }
  }

  render() {
    const { selectedIndex } = this.state

    let selectedItem = values[selectedIndex]

    return (
      <View style={{ marginTop: 40, padding: 20 }}>
```

'react-native'에서 SegmentedControlIOS 가져오기

SegmentedControlIOS에서 사용할 값의 배열(array of values) 만들기

selectedIndex state의 값을 0으로 지정

selectedItem 변수를 만들고 values 배열의 selectedIndex의 값을 지정

SegmentedControlIOS 컴포넌트를 렌더링, values 배열을 values 속성값으로 전달 this.state.selectedIndex를 selectedIndex 속성값으로 전달 selectedIndex state의 값을 선택된 항목의 인덱스로 갱신하는 onChange 메서드를 전달

```
        <SegmentedControlIOS
          values={values}
          selectedIndex={this.state.selectedIndex}
          onChange={(event) => {
            this.setState({selectedIndex:
              event.nativeEvent.selectedSegmentIndex});
          }}
        />
        <Text>{selectedItem}</Text>  ◄──┐  selectedItem의 값을 UI에 렌더링
      </View>)
  }
}

export default App
```

 ## TabBarIOS로 UI 아래에 탭 보여주기

TabBarIOS를 이용해서 네이티브 iOS의 탭 바를 사용할 수 있습니다. TabBarIOS(It)는 **그림 10.6**에서 보는 것처럼 UI의 하단에 탭을 표시하며 앱을 섹션 별로 쉽게 구분할 수 있게 합니다. TabBarIOS의 메서드와 props는 **표 10.5**에 나열되어 있습니다.

옮긴이 - TabBarIOS는 리액트 네이티브 0.59버전부터 아예 삭제된 API라 실습이 불가하므로 대안으로
'react-navigation'을 이용해야만 합니다. 다른 예제와 달리 이전 장에서 react-navigation을 다루었기 때문에
여기서는 원문 그대로의 번역만 싣도록 합니다.
https : //github.com/react-native-community/releases/blob/master/CHANGELOG.md#ios-specific-14

표 10.5 TabBarIOS의 props

Prop	형식(type)	설명
barTintColor	문자열(color)	탭 바의 배경색
itemPositioning	Enum ("fill", "center", "auto")	탭 바 항목의 위치. fill은 탭 바 전체 폭에 걸쳐서 항목을 배치. center는 탭 바 공간에 항목을 중앙 배치. auto(기본값)는 UI idiom에 따라 항목을 동적으로 배치. 가로가 좁은 환경이면, fill이 기본값이고, 그렇지 않으면 center가 기본값.
style	객체(style)	TabBarIOS의 스타일
tintColor	문자열(color)	현재 선택된 탭 아이콘의 색상
translucent	부울 값	탭 바의 투명 여부를 지정
unselectedItemTintColor	문자열(color)	선택되지 않은 탭 아이콘의 색상(iOS 10 이후에만 적용)
unselectedTintColor	문자열(color)	선택되지 않은 탭의 텍스트 색상

TabBarIOS는 자식으로 TabBarIOS.Item 컴포넌트를 갖습니다.

```
const Item = TabBarIOS.Item
<TabBarIOS>
 <Item>
   <View> #some content here </View>
 </Item>
 <Item>
   <View> #some other content here </View>
 </Item>
</TabBarIOS>
```

TabBarIOS.Item의 내용을 표시하려면, TabBarIOS.Item의 selected prop의 값이 반드시 true 이어야 합니다.

```
<Item
 selected={this.state.selectedComponent === 'home'}
>
 #your content here
</Item>
```

TabBarIOS 활용 예

그림 10.6 History와 Favorites, 두 개의 탭을 포함한 TabBarIOS의 모습

TabBarIOS는 주로 내비게이션에 활용됩니다. 모바일 환경에서 대부분 가장 좋은 형태의 내비게이션은 탭 바입니다. UI를 구분해서 탭으로 분리된 섹션에 콘텐츠를 표시하는 게 일반적인 형태이며 권장되기도 합니다. 이렇게 하면 좋은 사용자 경험을 제공할 수 있습니다.

TabBarIOS를 사용하는 예제

다음 예제에서 'History'와 'Favorites', 두 개의 뷰를 갖는 앱을 만듭니다. TabBarIOS.Item을 누르면, onPress 메서드를 호출해서 state를 업데이트하고 두 개의 뷰 사이를 이동합니다.

예제 10.12 | **TabBarIOS를 이용해서 탭 렌더링하기**

```
import React, { Component } from 'react'  ◄─── 'react-native'에서 TabBarIOS 가져오기
import { Text, View, TabBarIOS } from 'react-native'

const Item = TabBarIOS.Item  ◄─── TabBarIOS.Item 컴포넌트를 저장하는 Item 변수를 만든다.


class App extends Component {

  constructor() {
    super()
    this.state = {
```

```javascript
      selectedTab: 'history',          ← selectedTab sate의 초기 값을 history로 지정
    }
    this.renderView = this.renderView.bind(this)
  }

  renderView(tab) {          ← 재사용 가능한 renderView 메서드를
    return (                     만들고, 이 메서드는 tab을 인수로 전달
        <View style={{
          flex: 1, justifyContent: 'center',
          alignItems: 'center'
        }}>
          <Text>Hello from {tab}</Text>
        </View>
    )
  }

  render() {
    return (          TabBarIOS를 UI에
        <TabBarIOS>   ←  렌더링하고 두 개의
          <Item          Item 컴포넌트를
                         자식으로 전달
              systemIcon="history"     systemIcon prop을 history로 지정, onPress 메서드를 Item에 연결하고
              onPress={() => this.setState({selectedTab: 'history'})}   state의 selectedTab 값을 this.setState 값으로 업데이트
              selected={this.state.selectedTab === 'history'}
          >
            {this.renderView('History')}     ← this.renderView를 호출해서 뷰를 렌더링
          </Item>
          <Item
              systemIcon='favorites'
              onPress={() => this.setState({selectedTab: 'favorites'})}
              selected={this.state.selectedTab === 'favorites'}
          >
            {this.renderView('Favorites')}
          </Item>
        </TabBarIOS>
    )
  }
}

export default App
```

시스템 아이콘이나 로컬 이미지를 icon prop으로 전달해 아이콘을 지정할 수 있습니다. 모든 시스템 아이콘 목록은 여기(http://mng.bz/rYNJ)를 참고하기 바랍니다.

ActionSheetIOS로 액션 시트나 공유 시트 만들기

ActionSheetIOS를 이용해서 네이티브 iOS의 UIAlertController를 사용할 수 있으며 **그림 10.7**에서 보는 것처럼 네이티브 iOS의 액션 시트나 공유 시트를 표시할 수 있습니다.

ActionSheetIOS에서 사용할 수 있는 주요 메서드는 showActionSheetWithOptions와 showShareActionSheetWithOptions 입니다. 이 두 메서드의 옵션은 각각 **표 10.6**과 **표 10.7**에 서 확인할 수 있습니다. showActionSheetWithOptions는 버튼의 배열을 전달하고 각 버튼에 메서드를 연결합니다. 이 메서드에는 options 객체와 콜백 함수, 이 두 개의 인수를 전달합니 다. showShareActionSheetWithOptions는 네이티브 iOS의 공유 시트를 표시하며 URL, 내용, 공유 제목을 전달합니다. 이 메서드에는 options 객체, 실패 할 때 실행될 콜백 함수, 성공 할 때 실행될 콜백 함수 이 세 개의 인수를 전달합니다.

표 10.6 ActionSheetIOS의 showActionSheetWithOptions 메서드의 옵션

옵션(option)	형식(Type)	설명
options	문자열 배열	버튼 제목 목록(필수)
cancelButtonIndex	Integer	options의 Cancel 버튼 인덱스
destructiveButtonIndex	Integer	options의 Destructive 버튼 인덱스
title	문자열	액션 시트 위에 표시할 제목
message	문자열	제목 아래 표시할 내용(message)

그림 10.7 ActionSheetIOS를 이용해 만든 액션 시트(왼쪽)와 공유 시트(오른쪽)의 모습

표 10.7 ActionSheetIOS의 showShareActionSheetWithOptions 메서드의 옵션(options)

옵션(Option)	형식(Type)	설명
url	문자열	공유할 URL
message	문자열	공유할 내용(message)
subject	문자열	공유할 내용(message)의 제목
excludedActivityTypes	배열	액션 시트에서 배제할 액티비티(Activities)

ActionSheetIOS 활용 예

ActionSheetIOS는 주로 사용자에게 선택할 옵션을 제시하고 선택된 옵션에 따라 함수를 호출하는 데 활용합니다. 예로, 트위터 앱에서 리트윗 버튼을 누를 때 액션 시트가 사용되며 리트윗retweet, 인용 리트윗quote retweet, 취소cancel 옵션을 보여줍니다. 버튼을 누르면 액션 시트를 표시하고 선택할 옵션을 제시하는 게 ActionSheetIOS의 일반적인 활용 예입니다.

ActionSheetIOS를 사용하는 예제

다음 예제에서 두 개의 버튼을 갖는 뷰를 만듭니다. 버튼 중 하나를 누르면 showAction-SheetWithOptions를 호출하고 다른 버튼을 누르면 showShareActionSheetWithOptions를 호출합니다.

예제 10.13 ActionSheetIOS를 이용해서 액션 시트와 공유 시트 만들기

```
import React, { Component } from 'react'
import { Text, View, ActionSheetIOS,
  TouchableHighlight } from 'react-native'    ◄── 'react-native'에서 ActionSheetIOS 가져오기

const BUTTONS = ['Cancel', 'Button One', 'Button Two', 'Button Three']    ◄──
                                                    액션 시트에서 사용할 버튼의 배열 만들기

class App extends Component {
  constructor() {
    super()
    this.state = {              ─── clicked state를 만들고 그 값으로 null을 지정
      clicked: null
    }

    this.showActionSheet = this.showActionSheet.bind(this)
    this.showShareActionSheetWithOptions =
        this.showShareActionSheetWithOptions.bind(this)
  }

  showActionSheet() {    ◄── showActionSheet 메서드 만들기
    ActionSheetIOS.showActionSheetWithOptions({
        options: BUTTONS,
        cancelButtonIndex: 0,
      },
      (buttonIndex) => {
        if (buttonIndex > 0) {
          this.setState({ clicked: BUTTONS[buttonIndex] });
        }
      });
  }

  showShareActionSheetWithOptions() {    ◄── showShareActionSheetWithOptions 메서드 만들기
```

```
    ActionSheetIOS.showShareActionSheetWithOptions({
        url: 'http://www.reactnative.training',
        message: 'React Native Training',
      },
      (error) => console.log('error:', error),
      (success, method) => {        success 콜백 함수는 성공과 실패를 의미하는 부울
        if (success) {               값과 공유 방법을 표시하는 문자열을 인수로 사용
          console.log('successfully shared!', success)
        }
      });
  };
  render() {
    return (
      <View style={styles.container}>
        <TouchableHighlight onPress={this.showActionSheet}
                            style={styles.button}>
          <Text style={styles.buttonText}>
            Show ActionSheet
          </Text>
        </TouchableHighlight>
        <TouchableHighlight onPress={this.showShareActionSheetWithOptions}
                            style={styles.button}>
          <Text style={styles.buttonText}>
            Show ActionSheet With Options
          </Text>
        </TouchableHighlight>
        <Text>
          {this.state.clicked}              뷰에 두 개의 버튼을 만들고 showActionSheet와
        </Text>                         showShareActionSheetWithOptions를 연결
      </View>
    )
  }
}

styles = {
  container: {
    flex: 1,
    justifyContent: 'center',
    padding: 20,
  },
  button: {
```

```
      height: 50,
      marginBottom: 20,
      justifyContent: 'center',
      alignItems: 'center',
      backgroundColor: 'blue'
    },
    buttonText: {
      color: 'white'
    }
  }
}

export default App
```

showActionSheet 메서드에서 options로 버튼을 전달합니다. cancelButtonIndex를 0으로 지
정해서 Cancel을 액션 시트의 하단에 위치시킵니다. 콜백 메서드는 버튼의 인덱스를 인수로
전달받습니다. 버튼 인덱스가 0보다 크면, clicked state의 값이 새로운 버튼의 값으로 지정됩
니다. showShareActionSheetWithOptions 메서드를 만들 때 공유할 url과 message를 전달합
니다. 첫 번째 콜백 함수는 오류가 있는지 확인하고 두 번째 함수는 success가 true 값을 갖
는지 확인합니다.

⋮ 정리

- 크로스 플랫폼 파일을 가져오려면 플랫폼별로 android.js와 ios.js 파일 확장자를 사용하면 됩니다.

- 플랫폼별 코드를 렌더링하려면 Platform API를 사용하면 됩니다.

- 앱에서 날짜를 선택하거나 저장할 때 DatePickerIOS를 이용하면 됩니다.

- 목록을 렌더링하거나 목록에서 값을 저장하려면 PickerIOS를 이용하면 됩니다.

- ProgressViewIOS를 이용해서 로딩 진행률을 표시할 수 있습니다.

- SegmentedControlIOS를 이용해서 옵션 배열에서 값을 선택하게 할 수 있습니다.

- TabBarIOS를 이용해서 앱에 탭을 만들고 탭 사이를 이동(switch)할 수 있습니다(0.59이상에서는 사용 불가).

- ActionSheetIOS를 이용해서 네이티브 iOS의 액션 시트나 공유 시트를 앱에서 사용할 수 있습니다.

11장

안드로이드 용 컴포넌트와 API 구현하기

이 장에서 다루는 내용

☑ DrawerLayoutAndroid로 사이드 메뉴 만들기

☑ ToolbarAndroid로 네이티브 툴바(toolbar) 만들기

☑ ViewPagerAndroid로 페이징 뷰(paging views) 만들기

☑ DatePickerAndroid와 TimePickerAndroid로 날짜/시간 피커 만들기

☑ ToastAndroid로 토스트 메시지 만들기

이 장에서는 가장 자주 사용되는 안드로이드 용 API와 컴포넌트를 구현하고 이 API와 컴포넌트에서 사용하는 속성props과 메서드를 배워 보도록 하겠습니다. 개발할 때 빠르게 적응할 수 있게 해주는 기능과 로직을 구현하는 예제들도 다룹니다. 안드로이드 용 API와 컴포넌트가 동작하는 것을 확인하기 위해 메뉴, 툴바, 스크롤 가능한 페이징, 날짜/시간 피커, 타임 피커를 포함한 데모 앱demo app을 만듭니다. 이 데모 앱에서는 안드로이드 토스트 메시지 기능 toasts도 구현합니다. 각 기능을 구현해 보면서 가장 자주 사용되는 안드로이드 용 API와 컴포넌트의 기능들을 배우게 됩니다.

10.1절에서는 플랫폼별 코드를 지정하는 방법에 대해서 다뤘습니다. 아이폰용 컴포넌트와 API를 배웠던 10장을 건너뛰었거나 플랫폼별 코드를 지정하는 방법을 모르면, 먼저 10.1절을 다시 읽고 진행하도록 합니다.

 DrawerLayoutAndroid로 메뉴 만들기

그림 11.1에서와 같이 슬라이드 메뉴를 만들어 보겠습니다. 이 메뉴는 앱의 각 기능과 연결되며 기본적으로 컴포넌트 사이를 이동하는 역할을 합니다. DrawerLayoutAndroid 컴포넌트를 이용해서 이 기능을 만들 것입니다.

먼저 새로운 안드로이드 앱을 만듭니다. 작업하려는 폴더에서 커맨드 라인을 통해 새로운 앱을 만듭니다. 다음 명령어에서 YourApplication 부분을 여러분의 앱에 맞는 이름으로 변경하도록 합니다.

```
(npx) react-native init YourApplication
```

이제 각 기능을 구현할 때 사용할 파일을 만듭니다. 앱의 루트에 app이라는 이름의 폴더와 App.js, Home.js, Menu.js, Toolbar.js, 이 네 개의 파일을 추가합니다.

첫 번째 안드로이드 용 컴포넌트인 DrawerLayoutAndroid를 이용할 index.js를 수정합니다. 여기에 추가할 컴포넌트는 화면의 왼쪽에서 나오는 슬라이드 메뉴입니다. index.js 파일을 수정해서 컴포넌트를 추가한 뒤 구현해 보도록 합니다.

그림 11.1 DrawerLayoutAndroid를 이용하는 앱의 초기 모습. 첫 번째 화면 위쪽의 버튼(Open Drawer)으로 드로어를 보여주는 메서드를 호출. 두 번째 화면은 오픈된 드로어

예제 11.1 | DrawerLayoutAndroid 컴포넌트 구현하기

```
import React from 'react'
import {
  AppRegistry,          'react-native'에서
  DrawerLayoutAndroid,  DrawerLayoutAndroid 가져오기
  Button,
  View
} from 'react-native'

import App from './app/App'     App 컴포넌트 가져오기(아직 만들기 전)
import Menu from './app/Menu'   Menu 컴포넌트 가져오기(아직 만들기 전)

import {name as appName} from './app.json';
```

```
class mycomponent extends React.Component {
  constructor () {
    super()
    this.state = {
      scene: 'Home'        ◀── scene state를 만들고 초깃값으로 'Home'을 지정
    }

    this.jump = this.jump.bind(this)
    this.openDrawer = this.openDrawer.bind(this)
  }

  openDrawer () {
    this.drawer.openDrawer()   ◀── 드로어를 실행(open)하는 메서드 만들기
  }

  jump (scene) {
    this.setState({              scene state를 업데이트하는 메서드를 만들고
      scene                      closeDrawer( )를 호출
    })
    this.drawer.closeDrawer()
  }

  render () {  ◀── DrawerLayoutAndroid 컴포넌트를 구현
    return (
                                                    드로어의
                                                    참조(reference)를
                                                    만들어 컴포넌트의
      <DrawerLayoutAndroid                          메서드를 호출
        ref={drawer => this.drawer = drawer} ◀──
        drawerWidth={300}  ◀── 드로어의 폭에 300을 지정
        drawerPosition={DrawerLayoutAndroid.positions.Left} ◀── 드로어의 위치를 왼쪽으로 지정
        renderNavigationView={() => <Menu onPress={this.jump} />}>
        <View style={{ margin: 15 }}> ◀──
          <Button onPress={() => this.openDrawer()} title='Open Drawer' />
        </View>     App 컴포넌트를 자식으로
                    감싸고(passes) openDrawer,    메뉴(menu)에 jump 메서드를 연결하고 드로어를
                    jump, scene을 props로 전달      실행(open)하는 데 사용하는 버튼 만들기
        <App ◀──
          openDrawer={this.openDrawer}
          jump={this.jump}
          scene={this.state.scene} />               Menu 컴포넌트인
      </DrawerLayoutAndroid>                        내비게이션 뷰(navigation
                                                    view)를 화면에 표시
```

```
    )
  }
}
AppRegistry.registerComponent(appName, () => mycomponent)
```

다음으로 드로어에서 사용할 메뉴를 app/Menu.js에 만들겠습니다.

| 예제 11.2 | DrawerLayoutAndroid Menu 컴포넌트 만들기 |

```
import React from 'react'
import { View, StyleSheet, Button } from 'react-native'

let styles

const Menu = ({onPress }) => {
  const {
    button
  } = styles
  return (
    <View style={{ flex: 1 }}>        ◀──── 'react-native'에서
      <View style={button} >                ToolbarAndroid
        <Button onPress={() => onPress('Home')} title='Home' />    컴포넌트 가져오기
      </View>
      <View style={button} >
        <Button onPress={() =>
onPress('Toolbar')} title='Toolbar Android' />
      </View>
    </View>
  )
}

styles = StyleSheet.create({
  button: {
    margin: 10,
    marginBottom: 0
  }
})

export default Menu
```

이제 app/App.js 파일에 다음 컴포넌트를 만듭니다. 이 컴포넌트는 scene을 prop으로 전달받아 전달받은 prop에 따라 컴포넌트를 반환합니다.

예제 11.3 | DrawerLayoutAndroid **App 컴포넌트 만들기**

```
import React from 'react'
import Home from './Home'
import Toolbar from './Toolbar'

function getScene (scene) {
  switch (scene) {
    case 'Home':
      return Home
    case 'Toolbar':
      return Toolbar
    default:
      return Home
  }
}

const App = (props) => {
  const Scene = getScene(props.scene)

  return (
    <Scene openDrawer={props.openDrawer} jump={props.jump} />
  )
}
export default App
```

다음으로 메뉴와 연결되는 컴포넌트를 만들 차례입니다. 지금까지 만든 코드가 동작하려면, Home 컴포넌트와 Toolbar 컴포넌트를 만들어야 합니다. 이전 코드에서 이 컴포넌트를 가져왔지만, 아직 만들지는 않았습니다. app/Home.js 파일에서 다음 컴포넌트를 만듭니다. 이 컴포넌트는 기본적인 소개 페이지입니다.

```
import React, { Component } from 'react'
import {
  View,
  Text,
  StyleSheet
} from 'react-native'

let styles

class Home extends Component {
  render () {
    return (
      <View style={styles.container}>
        <Text style={styles.text}>
          Hello, this is an example application showing off some
          android-specific APIs and Components!
        </Text>
      </View>
    )
  }
}
styles = StyleSheet.create({
  container: {
    flex: 1,
    justifyContent: 'center',
    alignItems: 'center'
  },
  text: {
    margin: 20,
    textAlign: 'center',
    fontSize: 18
  }
})

export default Home
```

app/Toolbar.js 파일에서 다음 컴포넌트를 만듭니다. 이 컴포넌트는 "Hello from Toolbar"라는 메시지를 표시해 현재 툴바에 있다는 것을 알려 줍니다.

| 예제 11.5 | DrawerLayoutAndroid **Toolbar** 컴포넌트 |

```
import React from 'react'
import {
  View,
  Text
} from 'react-native'

class ToolBar extends React.Component {
  render () {
    return (
      <View style={{ flex: 1 }}>
        <Text>Hello from Toolbar</Text>
      </View>
    )
  }
}
export default ToolBar
```

이제 앱을 실행하면, **그림 11.1**에서의 메뉴가 화면에 표시된 것을 볼 수 있습니다.

 ToolbarAndroid로 툴바 만들기

새 컴포넌트인 ToolbarAndroid를 추가해 보겠습니다. ToolbarAndroid는 네이티브 안드로이드 툴바를 감싸는 리액트 네이티브 컴포넌트입니다. 이 컴포넌트는 제목, 부제, 로그, 내비게이션 아이콘, 액션 버튼 등을 화면에 표시할 수 있습니다.

다음 예제에서 제목, 부제, 두 개의 액션 버튼(Options과 Menu. **그림 11.2** 참조)을 갖는 ToolbarAndroid를 구현합니다. Menu를 누르면, openDrawer 메서드가 호출됩니다. 이 메서드는 메뉴를 보여줍니다.

app/Toolbar.js 파일에서 툴바를 구현하는 다음 코드로 업데이트합니다.

예제 11.6 ToolbarAndroid **구현하기**

```
import React from 'react'
import {

  ToolbarAndroid,
  View
} from 'react-native'

class Toolbar extends React.Component {

  render () {

    const onActionSelected = (index) => {          ← onActionSelected 메서드를 만든다.
      if (index === 1) {                              이 메서드는 index를 전달받아 값이 1이면,
        this.props.openDrawer()                       this.props.openDrawer를 호출, actions의 배열을
      }                                               갖고 각각의 action은 자신이 눌리면 이 메서드를
    }                                                 호출하고 자신의 인덱스를 전달

    return (
      <View style={{ flex: 1 }}>
        <ToolbarAndroid    ◄─── ToolbarAndroid를 반환
          subtitleColor='white'
          titleColor='white'
          style={{ height: 56, backgroundColor: '#52998c' }}
          title='React Native in Action'
          subtitle='ToolbarAndroid'
          actions={[ { title: 'Options', show: 'always' },
            { title: 'Menu', show: 'always' } ]}    ◄─── actions 배열을 전달, action을 누르면
          onActionSelected={onActionSelected}    ◄───     자신의 배열 인덱스(array index)를
        />                     onActionSelected 속성에       인수로 각 액션을 호출
      </View>              onActionSelected 함수를 전달
```

```
      )
    }
  }

export default Toolbar
```

디바이스를 새로 고침하면 `ToolbarAndroid`를 볼 수 있고 Menu 버튼을 누르면
DrawerLayoutAndroid 메뉴를 보이도록 할 수 있습니다.

그림 11.2 제목, 부제, 두 개의 액션 버튼(Options과 Menu)을 갖는 ToolbarAndroid.
이 메뉴의 설정을 변경할 수 있으나 이 예제에서는 기본 설정만으로 작업

ViewPagerAndroid로 스크롤 가능한 페이지 구현하기

ViewPagerAndroid를 이용해서 새로운 예제 페이지와 컴포넌트를 만들어 보겠습니다. 이 컴포넌트는 왼쪽 또는 오른쪽으로 스와이프해서 뷰를 쉽게 이동할 수 있게 합니다. ViewPager-Android의 모든 자식은 **그림 11.3**에서와 같이 별도로 분리된 스와이프 가능한 뷰입니다.

옮긴이 - ViewPagerAndroid는 차기 리액트 네이티브 버전에서는 사라질 것이므로
'react-native-옮긴이|community/react-native-viewpager'를 이용해서 사용하는 것이 좋습니다. 책의
원문에서는 ViewPagerAndroid를 이용했으나 예제코드에서는 react-natvie-viewpager를 이용하도록 합니다.
다음 그림의 오른쪽을 보면 ViewPagerAndroid를 이용하는 경우 경고 메시지가 출력되는 것을 볼 수 있습니다.

app/ViewPagerComponent.js 파일을 만들고 `ViewPager` 컴포넌트를 구현하는 예제 11.7의 코드를 추가합니다.

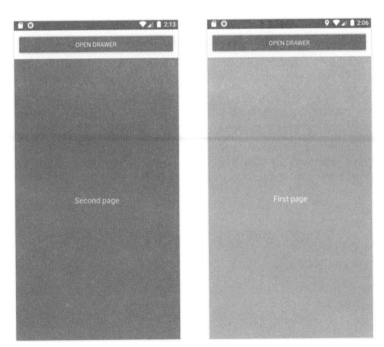

그림 11.3 두 개의 자식 뷰를 갖는 ViewPagerAndroid. 페이지를 스와이프하면, 왼쪽 또는 오른쪽으로 스크롤해서 다음 페이지를 보여준다.

```
import React, { Component } from 'react'
import {
  View,
  Text
} from 'react-native'
import ViewPager from "@react-native-community/viewpager"

let styles

class ViewPagerComponent extends Component {
  render () {
    const {
      pageStyle,
      page1Style,
      page2Style,
      textStyle
    } = styles

    return (
      <ViewPager
        style={{ flex: 1 }}
        initialPage={0}>
        <View style={[ pageStyle, page1Style ]}>
          <Text style={textStyle}>First page</Text>
        </View>
        <View style={[ pageStyle, page2Style ]}>
          <Text style={textStyle}>Second page</Text>
        </View>
      </ViewPager>
    )
  }
}
styles = {
  pageStyle: {
    justifyContent: 'center',
    alignItems: 'center',
    padding: 20,
    flex: 1,
  },
```

'react-native-community'에서 viewpager 가져오기

두 개의 자식 뷰를 갖는 ViewPager를 반환.
하나는 오렌지색 배경이고 다른 하나는 빨강

```
    page1Style: {
      backgroundColor: 'orange'
    },
    page2Style: {
      backgroundColor: 'red'
    },
    textStyle: {
      fontSize: 18,
      color: 'white'
    }
  }
}
export default ViewPagerComponent
```

다음으로 Menu.js 파일을 업데이트해서 위에서 새로 만든 컴포넌트를 볼 수 있는 버튼을 추가합니다. Menu.js 파일에서 Toolbar Android라는 이름의 버튼 아래 이 버튼을 추가합니다.

```
<View style={button} >
  <Button onPress={() => onPress('ViewPager')} title='ViewPager Android' />
</View>
```

마지막으로 이 컴포넌트를 렌더링할 수 있도록 App.js 파일에서 이 컴포넌트를 가져오고 switch 구문을 업데이트합니다.

| 예제 11.8 | 새로운 ViewPager 컴포넌트를 추가한 App.js 파일 |

```
import React from 'react'
import Home from './Home'
import Toolbar from './Toolbar'
import ViewPagerComponent from './ViewPagerComponent'

function getScene (scene) {
  switch (scene) {
    case 'Home':
      return Home
    case 'Toolbar':
      return Toolbar
```

```
      case 'ViewPager':
        return ViewPagerComponent
      default:
        return Home
  }
}

const App = (props) => {
  const Scene = getScene(props.scene)
  return (
    <Scene openDrawer={props.openDrawer} jump={props.jump} />
  )
}

export default App
```

앱을 실행하면, 사이드 메뉴에 ViewPager Android라는 새로운 버튼이 추가된 것과 이 컴포넌트 동작을 확인해 볼 수 있습니다.

 DatePickerAndroid API로 네이티브 날짜 선택하기

DatePickerAndroid를 이용해서 **그림 11.4**에서와 같이 네이티브 안드로이드의 date-picker 다이얼로그를 사용할 수 있습니다. `DatePickerAndroid` 컴포넌트를 이용하려면, DatePickerAndroid를 가져와서 DatePickerAndroid.open()를 호출합니다. 다음의 예제 11.9와 같이 app/DatePicker.js 파일을 만들고 `DatePicker` 컴포넌트를 추가합니다.

그림 11.4 버튼이 있는 DatePickerAndroid. 이 버튼을 누르면 데이트 피커가 열리고 화면에 선택된 날짜를 표시한다.

예제 11.9 ｜ DatePicker 컴포넌트 구현하기

```
import React, { Component } from 'react'
import { DatePickerAndroid, View, Text } from 'react-native'   ◄───┐
                                                        'react-native'에서 DatePickerAndroid 가져오기
let styles

class DatePicker extends Component {
  constructor() {
    super()   ◄─────────────── state를 만들고 초깃값으로 new Date( )를 지정
    this.state = {
      date: new Date()
    }
    this.openDatePicker = this.openDatePicker.bind(this)
  }

  openDatePicker () {   ◄────── 버튼을 누르면 실행될 openDatePicker 메서드
```

```
      DatePickerAndroid.open({
          date: this.state.date
      })
        .then((date) => {
          const { year, month, day, action } = date

          if (action === 'dateSetAction') {
            this.setState({ date: new Date(year, month, day) })
          }
        })
  }

      render() {

      const { container, text} = styles

      return (
        <View style={container}>
          <Text onPress={this.openDatePicker} style={text}>
            Open Datepicker
          </Text>
          <Text style={text}>{this.state.date.toString()}</Text>
        </View>
      )
    }
}
styles = {
  container: {
    flex: 1,
    justifyContent: 'center',
    alignItems: 'center'
  },
  text: {
    marginBottom: 15,
    fontSize: 20
  }
}

export default DatePicker
```

DatePickerAndroid.open은 promise를 반환. promise는 선택된 날짜(day)/월(month)/연도(year)와 선택된 액션(action)을 갖는 객체를 포함

날짜를 선택하면, action이 dateSetAction이 되고 모달 대화 상자(modal)가 화면에서 사라지면(dismiss), action은 dismissedAction이 된다.

openDatePicker 메서드를 호출하고 선택된 날짜를 뷰에 표시하는 버튼 만들기

컴포넌트를 완성했으므로 app/App.js 파일을 업데이트해서 이 컴포넌트를 추가합니다.

예제 11.10 　새로운 DatePicker 컴포넌트가 추가된 **app/App.js 파일**

```
import React from 'react'
import Home from './Home'
import Toolbar from './Toolbar'
import ViewPagerComponent from './ViewPagerComponent'
import DatePicker from './DatePicker'

function getScene (scene) {
  switch (scene) {
    case 'Home':
      return Home
    case 'Toolbar':
      return Toolbar
    case 'ViewPager':
      return ViewPagerComponent
    case 'DatePicker':
      return DatePicker
    default:
      return Home
  }
}

const App = (props) => {
  const Scene = getScene(props.scene)
  return (
    <Scene openDrawer={props.openDrawer} jump={props.jump} />
  )
}

export default App
```

마지막으로 Menu를 업데이트해서 DatePicker 컴포넌트를 실행하는 새 버튼을 추가합니다. app/Menu.js 파일에서 ViewPager Android 버튼 아래에 다음 코드를 추가합니다.

```
<View style={button} >
  <Button onPress={() => onPress('DatePicker')} title='DatePicker Android' />
</View>
```

TimePickerAndroid로 타임 피커 만들기

DatePickerAndroid와 마찬가지로 TimePickerAndroid를 사용하려면 먼저 TimePickerAndroid를 가져온 후에 open 메서드를 호출하면 됩니다. 이 컴포넌트는 그림 11.5에서와 같이 앱에서 시간을 선택하고 사용할 수 있도록 타임 피커 다이얼로그를 실행합니다.

시간을 보여주는 포맷을 표준화하려고 moment.js라는 서드 파티 라이브러리를 이용합니다. 먼저 moment.js 라이브러리를 설치합니다. 프로젝트의 루트 디렉터리에 npm이나 yarn을 이용해 moment 라이브러리를 설치합니다. npm이나 yarn 어떤 것을 사용해도 똑같은 결과를 얻을 수 있습니다.

```
npm install moment --save 혹은  yarn add moment
```

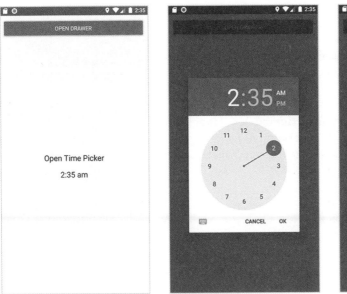

그림 11.5 시간과 분을 표시하는 뷰(hour and minute views)를 갖는 TimePickerAndroid

app/TimePicker.js 파일에 다음 예제처럼 TimePicker 컴포넌트를 만들어 봅니다.

예제 11.11   **moment.js 라이브러리를 이용하는** `TimePickerAndroid`

```
import React, { Component } from 'react'

import { TimePickerAndroid, View, Text } from 'react-native'
import moment from 'moment'      ◀─── moment.js에서 moment 가져오기

let styles

class TimePicker extends Component {
  constructor () {
    super()

    this.state = {      ◀─── time state를 만들고 초깃값으로 'h:mm a'
      time: moment().format('h:mm a')      시간 형식을 지정, 시간:분:오전 또는
    }      시간:분:오후(hour:minutes a.m. or p.m)
    this.openTimePicker = this.openTimePicker.bind(this)
```

```
  }

  openTimePicker () {          ◄──┐ openTimePicker 메서드
    TimePickerAndroid.open({   ◄──
        time: this.state.time         TimePickerAndroid.open 메서드는 promise를 반환, promise는
    })                                시간(hour)/분(minute)과 액션(action)을 포함한 time 객체를 포함
    .then((time) => {                                  ┌─ action이 timeSetAction이면 새로운 시간을
      const { hour, minute, action } = time  ◄──       반영할 수 있도록 state의 값을 업데이트
      if (action === 'timeSetAction') {
        const time = moment().minute(minute).hour(hour).format('h:mm a')
        this.setState({ time })
      }
    })
  }

  render () {
    const { container,text} = styles

    return (                        ┌─ openTimePicker 메서드를 호출하고
      <View style={container}>  ◄──   뷰에 시간을 표시하는 버튼 만들기
        <Text onPress={this.openTimePicker} style={text}>Open Time Picker</
          Text>
        <Text style={text}>{this.state.time.toString()}</Text>
      </View>
    )
  }
}

styles = {
  container: {
    flex: 1,
    justifyContent: 'center',
    alignItems: 'center'
  },
  text: {
    marginBottom: 15,
    fontSize: 20
  }
}
export default TimePicker
```

다음 예제와 같이 app/App.js 파일을 수정해서 새 컴포넌트를 추가합니다.

예제 11.12 　TimePicker 컴포넌트를 추가한 app/App.js 파일

```
import React from 'react'
import Home from './Home'
import Toolbar from './Toolbar'
import ViewPagerComponent from './ViewPagerComponent'
import DatePicker from './DatePicker'
import TimePicker from './TimePicker'

function getScene (scene) {
  switch (scene) {
    case 'Home':
      return Home
    case 'Toolbar':
      return Toolbar
    case 'ViewPager':
      return ViewPagerComponent
    case 'DatePicker':
      return DatePicker
    case 'TimePicker':
      return TimePicker
    default:
      return Home
  }
}

const App = (props) => {
  const Scene = getScene(props.scene)
  return (
    <Scene openDrawer={props.openDrawer} jump={props.jump} />
  )
}

export default App
```

마지막으로 Menu를 업데이트해서 `TimePicker` 컴포넌트를 실행하는 버튼을 추가합니다. app/
Menu.js 파일을 열고 DatePicker Android라는 버튼 아래 다음 코드를 추가합니다.

```
<View style={button} >
  <Button onPress={() => onPress('TimePicker')} title='TimePicker Android' />
</View>
```

ToastAndroid로 안드로이드 토스트 메시지 구현하기

ToastAndroid를 이용해서 리액트 네이티브 앱에서 네이티브 안드로이드의 토스트 메시지를
쉽게 호출할 수 있습니다. 안드로이드의 **toast**는 그림 11.6에서와 같이 일정 시간이 지나면 사
라지는 메시지를 포함한 팝업 알림입니다. 다음 예제에 나오는 것처럼 app/Toast.js 파일에 이
컴포넌트를 만들어 보도록 하겠습니다.

예제 11.13   **ToastAndroid 구현하기**

```
import React from 'react'
import { View, Text, ToastAndroid } from 'react-native'

let styles

const Toast = () => {
  let { container, button} = styles

  const basicToast = () => {                                    ToastAndroid.show( )를 호출하는
    ToastAndroid.show('Hello World!', ToastAndroid.LONG)        basicToast 메서드 만들기
  }
                                            ToastAndroid.showWithGravity( )를
  const gravityToast = () => {  ◀            호출하는 gravityToast 메서드 만들기
    ToastAndroid.showWithGravity('Toast with Gravity!',
      ToastAndroid.LONG, ToastAndroid.CENTER)
```

```
    }

  return (                                  ┌─ View에 두 개의 버튼(Open basic toast,
    <View style={container}>  ◄─────────────┤  Open gravity toast) 만들기
      <Text style={button} onPress={basicToast}>  ◄──┐
        Open basic toast                               │ 버튼을 누르면, basicToast 팝업
      </Text>                                           │ (basicToast popup) 표시하기
      <Text style={button} onPress={gravityToast}>  ◄──┐
        Open gravity toast                                │ 버튼을 누르면, gravityToast
      </Text>                                             │ 팝업(gravityToast popup)
    </View>                                               │ 표시하기
  )
}

styles = {
  container: {
    flex: 1,
    justifyContent: 'center',
    alignItems: 'center'
  },
  button: {
    marginBottom: 10,
    color: 'blue'
  }
}
export default Toast
```

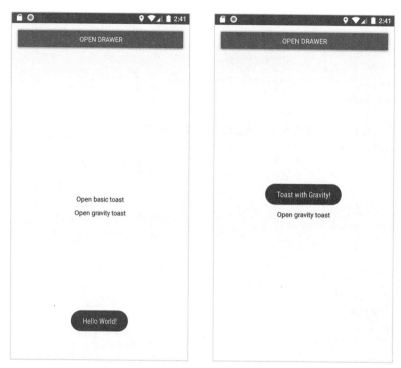

그림 11.6 ToastAndroid로 토스트 메시지를 기본 위치와 중간에 표시한 모습

ToastAndroid.show()는 내용과 토스트 메시지의 지속 시간, 이 두 개의 인수를 전달받습니다. 토스트 메시지의 지속 시간은 SHORT(약 2초) 또는 LONG(약 4초)이며 이 예제에서는 LONG을 사용했습니다. ToastAndroid.showWithGravity() 메서드는 ToastAndroid.show()와 똑같은 인수를 사용하고 추가로 세 번째 인수를 전달합니다. 이 세 번째 인수는 토스트 메시지를 뷰의 상단, 중간, 하단 중 어디에 위치할지를 지정합니다. 여기서는 ToastAndroid.CENTER를 세 번째 인수로 전달해 토스트 메시지를 화면의 중간에 표시합니다.

이제 app/App.js 파일을 업데이트해서 새로운 컴포넌트를 추가합니다.

```
import React from 'react'
import Home from './Home'
import Toolbar from './Toolbar'
import ViewPagerComponent from './ViewPagerComponent'
import DatePicker from './DatePicker'
import TimePicker from './TimePicker'
import Toast from './Toast'

function getScene (scene) {
  switch (scene) {
    case 'Home':
      return Home
    case 'Toolbar':
      return Toolbar
    case 'ViewPager':
      return ViewPagerComponent
    case 'DatePicker':
      return DatePicker
    case 'TimePicker':
      return TimePicker
    case 'Toast':
      return Toast
    default:
      return Home
  }
}

const App = (props) => {
  const Scene = getScene(props.scene)
  return (
    <Scene openDrawer={props.openDrawer} jump={props.jump} />
  )
}

export default App
```

마지막으로 Menu 컴포넌트를 업데이트해서 Toast 컴포넌트를 여는 새 버튼을 추가합니다. app/Menu.js 파일에 TimePicker Android 버튼 아래 다음 버튼을 추가합니다.

```
<View style={button} >
  <Button onPress={() => onPress('Toast')} title='Toast Android' />
</View>
```

정리

- DrawerLayoutAndroid를 이용해서 앱의 메인 메뉴를 만들 수 있습니다.

- ToolbarAndroid를 이용해서 인터랙티브한 툴바를 만들 수 있습니다.

- ViewPagerAndroid를 이용해서 스와이프 가능한 뷰를 만들 수 있습니다.

- DatePickerAndroid를 이용해서 앱 내에서 날짜 데이터를 만들거나 조작할 수 있는 네이티브 date picker를 사용할 수 있습니다.

- TimePickerAndroid를 이용해서 앱 내에서 시간 데이터를 만들거나 조작할 수 있는 네이티브 time picker를 사용할 수 있습니다.

- ToastAndroid를 이용해서 안드로이드 네이티브 토스트 알림을 만들 수 있습니다.

Part 04

모든 기능을 모아
앱 개발하기

이 파트에서는 스타일링, 내비게이션, 애니메이션, 크로스 플랫폼 컴포넌트 등의 이전 장에서 배운 모든 내용을 종합하여 하나의 앱으로 만들어 보겠습니다. 앱의 최종 디자인과 기본적인 기능을 먼저 살펴보기로 합니다.

12장에서는 새로운 리액트 네이티브 앱을 만들고 리액트 내비게이션 라이브러리(React Navigation library)를 설치합니다. 컴포넌트와 내비게이션 UI에 스타일을 적용하고 Fetch API를 이용해서 외부 네트워크의 리소스로부터 데이터를 가져오는 작업을 합니다. 최종으로 사용자가 자신이 좋아하는 **스타워즈** 캐릭터를 볼 수 있는 앱을 만들게 됩니다.

12장

크로스 플랫폼 컴포넌트를 이용해서
StarWars 앱 만들기

이 장에서 다루는 내용

☑ Fetch API로 데이터를 가져오기

☑ Modal 컴포넌트를 이용해서 뷰를 보여주거나 숨기기

☑ FlatList 컴포넌트를 이용해서 목록 만들기

☑ ActivityIndicator를 이용해서 로딩 상태(loading state) 보여주기

☑ 실제 프로젝트(real-world project)에서 리액트 내비게이션을 이용해서 내비게이션 처리하기

리액트 네이티브는 앱에서 바로 사용할 수 있는 다수의 컴포넌트를 지원합니다. 이들 컴포넌트 중 일부는 크로스 플랫폼으로 동작합니다. 즉, 이 컴포넌트들은 여러분이 만든 앱이 iOS 또는 안드로이드 환경에서 실행되는 것과 상관없이 동작한다는 의미입니다. 일부 컴포넌트는 플랫폼별에 특화되기도 합니다. 예를 들어 `ActionSheetIOS`는 iOS에서만 실행되고 `ToolbarAndroid`는 안드로이드에서만 실행됩니다. 크로스 플랫폼 컴포넌트에 대해서는 10장과 11장에서 배웠습니다.

이 장에서는 데모 앱을 만들면서 가장 자주 사용되는 크로스 플랫폼 컴포넌트 중 일부와 각 컴포넌트를 구현하는 것을 배웁니다. 크로스 플랫폼 스타워즈 영화 정보 제공 앱을 만들며 다음의 크로스 플랫폼 컴포넌트와 API를 구현하게 됩니다.

- Fetch API
- Modal
- ActivityIndicator
- FlatList
- Picker
- React-Navigation

이 앱은 **그림 12.1**과 같이 SWAPI(StarWars API, https://swapi.co)를 이용해서 스타워즈 영화의 characters, starships, home planets 등의 정보를 제공받을 수 있습니다. 앱에서 People 메뉴를 누르면, 앱은 https://swapi.co/api/people로부터 영화의 주요 인물 정보를 가져와서 그 정보를 표시합니다. 이 과정에서 앱은 리액트 네이티브의 크로스 플랫폼 컴포넌트를 이용합니다. 이 장에서는 다음 작업을 처리하는 과정에서 이 컴포넌트를 이용하는 방법을 배웁니다.

1 새로운 리액트 네이티브 앱을 만들고 의존성 라이브러리 설치하기

2 People 컴포넌트를 가져오고 Container 컴포넌트 만들기

3 Navigation 컴포넌트를 만들고 라우트 등록하기

4 뷰의 주요 클래스 만들기

5 People 컴포넌트 만들기

6 크로스 플랫폼 컴포넌트인 FlatList, Modal, Picker를 이용해서 state를 만들고, 데이터를 가져오는 fetch 메서드 연결하기

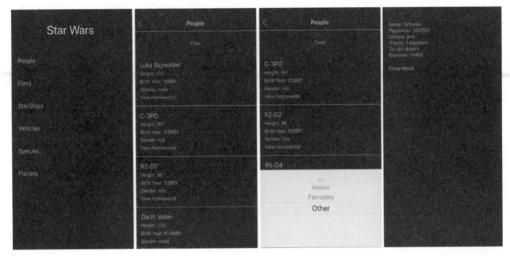

그림 12.1 완성된 스타워즈 앱의 모습. 리액트 네이티브 크로스 플랫폼 컴포넌트로 만들었으며 첫 번째 링크인 People을 중점적으로 다룸

 ## 앱 만들고 의존성 라이브러리 설치하기

제일 먼저 할 일은 새 리액트 네이티브 앱을 만들고 이 앱을 만들 때 필요한 의존성 라이브러리를 설치하는 것입니다. 명령 줄command line에서 다음과 같이 입력하고 새 리액트 네이티브 앱을 만듭니다.

```
(npx) react-native init StarWarsApp
```

다음 명령을 입력해서 새로 만든 StarWarsApp 디렉토리로 이동합니다.

```
cd StarWarsApp
```

이 앱에 필요한 유일한 의존성 라이브러리는 react-navigation입니다. 다음과 같이 npm 또는 yarn을 이용해서 이 라이브러리를 설치합니다(추가로 npm install --save react-native-gesture-handler도 같이 설치하도록 합니다.).

```
npm install react-native-gesture-handler react-native-reanimated
npm install react-navigation
npm install react-navigation-stack
```

이제 앱을 만들었으니 App.js 파일을 열고 **그림 12.2**에 나오는 화면에 필요한 컴포넌트를 만듭니다. 다음 예제에 나오는 것처럼 컴포넌트를 가져옵니다.

예제 12.1 **컴포넌트 가져오기**

```
import React, { Component } from react;
import {
 StyleSheet,
 Text,
 FlatList,
 TouchableHighlight
} from react-native;

import { createAppContainer } from react-navigation
import { createStackNavigator} from react-navigation-stack
```

앞선 예제에서 필요한 리액트 네이티브 컴포넌트와 react-navigation의 createStackNavi-gator, createAppContainer를 가져옵니다. FlatList는 앱에서 데이터 배열을 이용해서 목록을 렌더링하는 컴포넌트입니다. createStackNavigator는 react-navigation의 내비게이터이며 각 화면 사이를 이동하는 쉬운 방법을 지원합니다. 각 화면은 라우트의 스택 상단에 추가됩니다. 기본적인 iOS와 안드로이드의 느낌과 전환 효과를 주고자 애니메이션을 사용했습니다.

People 컴포넌트를 가져오고 Container 컴포넌트 만들기

다음으로 앱에서 사용할 두 개의 뷰를 가져옵니다. 그림 12.2에서 앱의 첫 번째 화면을 다시 한번 확인해 보도록 하겠습니다. People, Films 등의 링크를 볼 수 있습니다. 사용자가 People 링크를 누르면, 스타워즈 영화의 주요 인물을 보여주는 컴포넌트로 이동합니다. 이 기능을 구현하기 위해서 12.2절에서 People 컴포넌트를 만듭니다. 여기서는 People 컴포넌트를 가져오기만 하고 실제 만드는 것은 이후에 진행합니다. 예제 12.1의 마지막 import 아래에 다음과 같이 아직 만들기 전인 People 컴포넌트를 가져옵니다.

```
import People from ./People
```

그림 12.2 앱의 초기 뷰

앱의 디자인에서 검정 배경을 사용합니다. 컴포넌트에 검정 배경을 적용하는 스타일 코드를 반복해서 사용하지 않기 위해서 Container 컴포넌트를 만들어서 뷰의 래퍼 컨테이너wrapper로 사용하겠습니다. Container 컴포넌트는 스타일링을 위해서만 사용합니다. 앱의 루트에서 Container.js라는 새 파일을 만들고 다음 예제의 코드를 입력합니다.

예제 12.2 | **재사용 가능한 Container 컴포넌트 만들기**

```
import React from react
import { StyleSheet, View } from react-native

const styles = StyleSheet.create({       ◀━━ 4장에서 배운 스타일시트로 재사용
  container: {                                가능한 스타일 세트 만들기
    flex: 1,
    backgroundColor: black,
  },
})
                                         Container 컴포넌트는 children 하나의
                                         속성을 전달받고 children 속성으로
const Container = ({ children }) => (  ◀━ Container가 감쌀 컴포넌트가 전달됨

                                         View로 children 컴포넌트를 감싸고 container
  <View style={styles.container}>        스타일을 적용, 컴포넌트의 배경색을 검정색으로
    {children}                           지정하고 flex 속성에 1을 지정
  </View>
)

export default Container
```

다음과 같이 App.js 파일에서 People 컴포넌트를 가져온 다음에 Container를 가져오게 합니다.

```
import Container from ./Container
```

Container를 가져온 다음에 링크에 사용할 항목들을 배열로 만듭니다. 배열의 항목을 FlatList 컴포넌트에 전달해서 링크 목록을 만들게 됩니다. 다음 배열은 객체를 포함하며 각 객체는 title 키를 갖습니다. 링크의 제목을 표시할 때 title 키가 필요합니다.

```
const links = [
  { title: People },
  { title: Films },
  { title: StarShips },
  { title: Vehicles },
  { title: Species },
  { title: Planets }
]
```

내비게이션 컴포넌트를 만들고 라우트 등록하기

App.js 파일의 하단에 메인 내비게이션 컴포넌트를 만들고 AppRegistry에 전달합니다.
createStackNavigator와 createAppContainer를 이용해서 내비게이션 컴포넌트를 만들고 앱
에서 사용할 라우트를 등록합니다.

createStackNavigator를 초기화하고 내비게이터를 AppRegistry 메서드에 전달합니다. 다
음 예제에 나오는 것처럼 기본 StarWars 컴포넌트를 내비게이션 컴포넌트로 바꿉니다.
createStackNavigator는 크로스 플랫폼 컴포넌트로 앱에서 화면 간 전환이 가능하도록 합
니다. 각각 새 화면은 스택의 위쪽에 위치하게 됩니다.

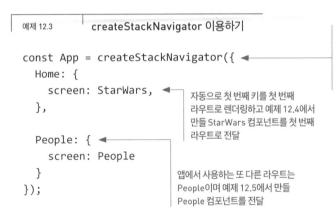

예제 12.3 　createStackNavigator 이용하기

```
const App = createStackNavigator({
  Home: {
    screen: StarWars,
  },

  People: {
    screen: People
  }
});
```

createStackNavigator의 첫 번째
인수는 라우트를 포함한 객체인 route
설정, 키를 라우트 이름으로 사용하며
키에 전달된 값은 해당 라우트에
사용되는 컴포넌트를 지정

자동으로 첫 번째 키를 첫 번째
라우트로 렌더링하고 예제 12.4에서
만들 StarWars 컴포넌트를 첫 번째
라우트로 전달

앱에서 사용하는 또 다른 라우트는
People이며 예제 12.5에서 만들
People 컴포넌트를 전달

첫 번째 뷰의 메인 클래스 만들기

App.js 파일을 열고 예제 12.4와 같이 뷰의 메인 클래스를 앞절에서 만든 링크의 배열 아래에 추가합니다. 이 클래스는 Fetch API로 가져온 모든 영화 캐릭터를 렌더링하는 목록을 반환합니다. navigationOptions 객체를 static으로 지정해서 헤더의 제목과 헤더 안에 로고도 지정합니다. 리액트 네이티브의 FlatList를 이용해서 이 목록을 렌더링합니다. FlatList는 리액트 네이티브 앱에서 간단한 목록을 렌더링하는 내장 컴포넌트입니다.

예제 12.4   StarWars 컴포넌트 만들기

navigationOptions 객체를 static 으로 생성하고 headerTitle 컴포넌트와 headerStyle 객체를 전달

```
class StarWars extends Component {

  static navigationOptions = {
    headerTitle: <Text style={{fontSize: 34, color:
                                rgb(255,232,31)}}>StarWars</Text>,
    headerStyle: { backgroundColor: black, height: 110 }
  }

  navigate = (link) => {       ← link를 인수로 전달받는 navigate 메서드 만들기
    const { navigate } = this.props.navigation
    navigate(link)
  }

  renderItem = ({ item, index }) => {    ← 배열을 루프로 처리해서 목록의 항목과
    return (                                각 항목의 인덱스를 반환
      <TouchableHighlight
        onPress={() => this.navigate(item.title)}
        style={[styles.item, { borderTopWidth: index === 0 ? 1 : null }]}>
        <Text style={styles.text}>{item.title}</Text>
      </TouchableHighlight>
    )
  }

  render() {
    return (
      <Container>
```

```
      <FlatList
        data={links}
        keyExtractor={(item) => item.title}
        renderItem={this.renderItem}
      />
    </Container>
  );
}
}

const styles = StyleSheet.create({
  item: {
    padding: 20,
    justifyContent: center,
    borderColor: rgba(255,232,31, .2),
    borderBottomWidth: 1
  },
  text: {
    color: #ffe81f,
    fontSize: 18
  }
});
```

FlatList 컴포넌트를 감싸는 Container를 반환.
FlatList 컴포넌트에 links, keyExtractor 메서드,
renderItem 메서드를 전달

react-navigation의 createStackNavigator를 이용하므로 각 라우트에 라우트 설정을 전달할 수 있습니다. 기본 헤더 설정과 스타일을 변경하기 위해 static한 navigationOptions 객체를 생성하고, 이 객체에 제목을 포함한 headerTitle 컴포넌트와 스타일링 정보를 포함한 headerStyle 객체를 전달합니다. headerTitle은 로고로 사용할 텍스트이고 headerStyle은 배경색을 검정으로 지정하고 텍스트가 잘 표현될 수 있도록 헤더의 높이를 지정합니다.

navigate 메서드는 link를 인수로 전달받습니다. StackNavigation이 렌더링하는 모든 컴포넌트는 속성으로 navigation 객체를 전달받습니다. 이 속성prop을 이용해서 구조 분해 할당해서 전달된 링크로 이동합니다. 여기서 이 링크는 links 배열의 title 속성이며 createStackNavigator에 전달되는 키와 연결되어 있습니다.

FlatList는 renderItem 메서드를 전달받습니다. 이 메서드는 data 속성으로 전달된 데이터 배열을 루프로 처리해서 배열에 포함된 각 항목의 item과 항목의 index를 포함한 객체를 반환합니다. Item은 모든 속성을 포함한 실제 목록에 표현될 항목이고 index는 각 항목의 인덱스입니다. renderItem( )의 반환된 객체를 인수로 각 항목을 navigate의 인수로 전달해서 제목으로 표시합니다. 또한 index를 이용해서 목록의 첫 번째 항목엔 borderTop 스타일을 적용합니다.

render()는 Container를 반환합니다. Container는 FlatList를 감싸고 data에 links와 renderItem 메서드와 keyExtractor 메서드를 전달합니다. 배열에 key로 이름 붙여진 항목이 없으면, FlatList에 어떤 항목을 키로 사용할지 지정해 주어야 하며 그렇지 않으면 오류가 발생합니다. 그림 12.3은 컴포넌트가 포함된 앱의 첫 화면을 보여줍니다.

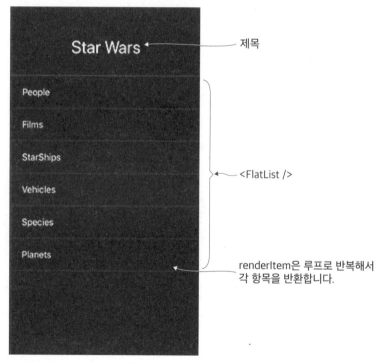

그림 12.3 StarWars 컴포넌트에 사용된 제목과 컴포넌트

FlatList, Modal, Picker로 People 컴포넌트 만들기

다음으로 People 컴포넌트를 만들어서 스타워즈에 출연한 배우들의 정보를 가져와서 표시합니다. 배우 정보는 StarWars API를 이용해서 가져오게 됩니다. 그림 12.4를 참고하시기 바랍니다. 이 컴포넌트의 일부에서 리액트 네이티브의 크로스 플랫폼 컴포넌트인 Modal과 Picker를 사용합니다. Modal은 현재 화면에 표시된 뷰 위에 요소를 표시합니다. Picker는 스크롤 가능한 옵션 또는 값의 목록을 표시합니다. 이 컴포넌트는 쉽게 사용자로부터 값을 입력받아 앱에서 사용할 수 있게 합니다.

People 컴포넌트가 로딩되면, 다음과 같은 state로 시작합니다. data는 빈 배열이고 loading state의 초깃값은 true입니다.

```
state = {
    data: [],
    loading: true,
    modalVisible: false,
    gender: all,
    pickerVisible: false
}
```

People 컴포넌트가 마운트되면, StarWars API(https://swapi.co/api/people)로 필요한 데이터를 가져옵니다. 데이터가 반환되면, 반환된 데이터로 배열을 채우고 loading state의 값을 false로 지정합니다.

modalVisble 속성은 Boolean 타입의 값을 이용해서 캐릭터의 home world 정보를 가져오는 Modal 컴포넌트를 표시하거나 숨깁니다. pickerVisible을 이용해서 보고 싶은 캐릭터의 성별을 선택하는 Picker 컴포넌트를 표기하거나 숨기고, 선택된 성별을 이용해서 필터링한 결과를 표시합니다.

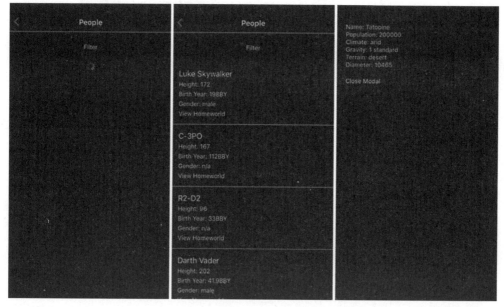

그림 12.4 People 컴포넌트. People.js 화면의 로딩 중(왼쪽), 로딩 후(중간) 모습. 각 캐릭터의 home world 정보를 볼 수 있음(오른쪽)

People.js 파일을 만들고 다음 예제의 코드를 작성합니다.

예제 12.5 | **People.js 파일의 import 부분**

```
import React, { Component } from react
import {              ◄──────── react-native에서 컴포넌트 가져오기
  StyleSheet,
  Text,
  View,
  Image,
  TouchableHighlight,
  ActivityIndicator,
  FlatList,
  Modal,
  Picker
} from react-native

import _ from lodash  ◄──────── lodash 유틸리티 라이브러리 가져오기
```

```
import Container from ./Container     ◄──  App.js에서 사용된 Container 컴포넌트 가져옴. 똑같은 스타일을 적용
import HomeWorld from ./Homeworld     ◄──  아직 만들기 전인 HomeWorld 컴포넌트를 가져오고 이 컴포넌트는
                                            View Homeworld를 누르면, 캐릭터의 정보를 표시
```

lodash 유틸리티 라이브러리는 다수의 편리한 함수들을 제공합니다. 이 라이브러리를 사용하려면 앞선 예제에서 import 하기 전에 npm 또는 yarn으로 미리 설치해야 합니다.

다음으로 `People` 컴포넌트의 메인 클래스를 만들고 `navigationOptions`를 설정해서 헤더의 제목과 스타일을 지정합니다. People.js 파일의 마지막 import 아래에 다음 예제의 `People` 클래스를 만듭니다.

| 예제 12.6 | People 클래스를 만들고 페이지의 제목 설정하기 |

```
export default class People extends Component {

  static navigationOptions = {    ◄──  static 한 navigationOptions 만들기
    headerTitle: People,

    headerStyle: {    ◄──  headerStyle은 헤더 제목에 사용되는 style 객체
    borderBottomWidth: 1,
    borderBottomColor: #ffe81f,
    backgroundColor: black
    },

    headerTintColor: #ffe81f,
    pressColorAndroid: white    ◄──  버튼을 눌렀을 때, material ripple
    }                                  애니메이션이 적용되도록 color를
  }                                    지정(안드로이드 5.0 이상만 지원)
```

App.js 파일에서와 마찬가지로 앞 예제에서도 `navigationOptions static` 속성을 만들었습니다. 앞선 예제에서는 `headerTitle`에 컴포넌트를 전달하는 대신 People이라는 문자열을 전달하고 일부 스타일을 추가했습니다.

state를 만들고 데이터를 가져오는 fetch() 설정하기

이제 state를 만들고 componentDidMount에 fetch 호출을 설정합니다. Fetch는 네트워크 리소스를 가져오는 크로스 플랫폼 API이며 XMLHttpRequest^Ajax를 대체합니다. Fetch는 모든 인터넷 브라우저와 100% 호환되지는 않지만, 리액트 네이티브는 폴리필(원래의 API 기능을 유사하게 지원하는 API을 제공합니다. Fetch API는 GET, POST, PUT, DELETE를 포함한 네트워크 요청 작업을 쉽게 처리할 수 있습니다. fetch는 promise를 반환하며 데이터 작업을 비동기식으로 쉽게 처리할 수 있게 해 줍니다.

fetch 요청은 보통 다음과 같습니다.

```
fetch(https://swapi.co/api/people/)
  .then(response => response.json())
  .then(json => { #do something with the returned data / json })
  .catch(err => {
    #handle error here
})
```

앞의 코드에서 fetch 호출은 StarWars API로 https://swapi.co/api/people 사이트에 접속해서 결괏값의 배열을 포함한 객체를 반환합니다. 결괏값의 배열은 페이지에 표시할 캐릭터를 포함합니다. 결과로 반환되는 데이터 세트을 보려면, 브라우저에서 URL(https://swapi.co/api/people/)을 열고 데이터 구조를 확인해 보기 바랍니다.

결과로 반환되는 데이터는 다음과 같이 영화 캐릭터를 포함한 배열입니다.

```
{
  count: 87,
  next: http://swapi.co/api/people/?page=2,
  previous: null,
  results: [
    {   name: Luke Skywalker,
        height: 172,
        mass: 77,
        ...
    },
    ...
}
```

API로부터 데이터가 반환되면, state에 있는 data를 반환된 데이터로 업데이트합니다.

People.js 파일의 navigationOptions 객체 아래에 다음 예제와 같이 state와 component-
DidMount의 fetch 호출을 작성합니다.

| 예제 12.7 | 초기 state를 설정하고 데이터 가져오기 |

```
state = {
    data: [],
    loading: true,
    modalVisible: false,
    gender: all,
    pickerVisible: false
}

componentDidMount() {
  fetch(https://swapi.co/api/people/)
    .then(res => res.json())
    .then(json => this.setState({ data: json.results, loading: false }))
    .catch((err) => console.log(err:, err))
}
```

componentDidMount에서 fetch()를 이용해서 API로부터 데이터를 가져옵니다. fetch는
promise를 반환합니다. 반환된 데이터를 가져와서 .json() 메서드를 호출하여 응답 결과 데이
터를 JSON 형식으로 변환합니다. .json()은 JSON 데이터를 포함한 promise를 반환합니다.
마지막으로 state를 다시 지정하고 data 배열과 loading 변수를 업데이트합니다.

기타 클래스 메서드 추가하기

이제 앱에서 이 링크를 열면, 컴포넌트의 상태state에 데이터가 채워져서 사용할 수 있게 됩
니다. 이제 render 메서드를 포함해서 이 데이터를 표시하는 기능의 나머지 부분을 만들
어 보겠습니다. 이 컴포넌트에서 사용하는 나머지 메서드를 만들기 위해 People.js 파일의
componentDidMount 다음에 다음 예제의 코드를 추가합니다.

｜ 컴포넌트의 기능을 담당하는 기타 메서드들

```
renderItem = ({ item }) => {          ◄──┐ FlatList 컴포넌트에 전달되는 renderItem 메서드
  return (
    <View style={styles.itemContainer}>
      <Text style={styles.name}>{item.name}</Text>
      <Text style={styles.info}>Height: {item.height}</Text>
      <Text style={styles.info}>Birth Year: {item.birth_year}</Text>
      <Text style={styles.info}>Gender: {item.gender}</Text>
      <TouchableHighlight style={styles.button} onPress={() => this.
                                    openHomeWorld(item.homeworld)}>
        <Text style={styles.info}>View Homeworld</Text>
      </TouchableHighlight>
    </View>
  )
}

openHomeWorld = (url) => {          ◄──┐ state의 url과 modalVisible를 업데이트해서
  this.setState({                       HomeWorld 모달을 실행
    url,
    modalVisible: true
  })
}
                                   ┌─ state의 modalVisible의 값을
closeModal = () => {          ◄──┘  false로 지정해서 모달을 종료
  this.setState({ modalVisible: false })
}

togglePicker = () => {          ◄──┤ pickerVisible의 값을 토글
  this.setState({ pickerVisible: !this.state.pickerVisible })
}

filter = (gender) => {          ◄──┐ 전달된 gender의 값으로 gender state의 필터 값을 업데이트,
  this.setState({ gender })        전달된 값은 render 메서드에서 데이터 필터링을 위해 사용
}
```

renderItem 메서드를 FlatList로 전달해서 state의 데이터들을 렌더링합니다. 이 메서드에 항목을 전달할 때마다 item과 key, 두 개의 키를 포함하는 객체를 전달받습니다. 이 메서드가

호출되면, 각 항목 객체를 구조 분해 할당하고 항목 객체의 속성(`item.name`, `item.height` 등)을 이용해서 데이터를 표시합니다. `onPress` 메서드가 `TouchableHighlight` 컴포넌트에 전달되는 점을 주목해서 보도록 합니다. 이 메서드는 `item.homeworld` 속성을 `openHomeWorld` 메서드에 전달합니다. `item.homeworld` 속성은 영화 캐릭터의 고향 행성 정보를 가져오는 데 사용할 URL입니다.

`togglePicker` 메서드는 `pickerVisible`의 부울 값을 토글합니다. `pickerVisible`은 캐릭터를 성별로 볼 수 있는 필터를 선택하는 피커를 표시하거나 숨깁니다. 성별로 필터링하는 필터에는 all, female, male, or other(robots 등)이 있습니다.

render 메서드 구현하기

필요한 메서드를 모두 작성했습니다. 마지막으로 필요한 작업은 render 메서드에 UI를 구현하는 것입니다. People.js 파일에서 `ActivityIndicator`라는 새 컴포넌트를 추가합니다. 이 컴포넌트는 크로스 플랫폼 원형 로딩 인디케이터이며 로딩 상태를 표시합니다. **표 12.1**에서 이 컴포넌트의 속성 목록을 확인할 수 있습니다. filter 메서드 아래에 다음 예제와 같이 render 메서드를 추가합니다.

예제 12.9 | render 메서드

```
render() {
    let { data } = this.state      쉽게 참조할 수 있도록
                                    state의 배열을 비구조화

    if (this.state.gender !== all) {
        data = data.filter(f => f.gender === this.state.gender)
    }

    return (
        <Container>

            <TouchableHighlight
                style={styles.pickerToggleContainer}
```

filter의 값이 all인지 확인, all이면 이 함수를 넘기고(skip) all이 아니면 캐릭터의 성별과 state의 gender 값을 비교해서 데이터를 필터링

this.state.pickerVisible의 값에 따라
필터를 열고 닫는 버튼 만들기

```
            onPress={this.togglePicker}>
          <Text style={styles.pickerToggle}>
            {this.state.pickerVisible ? Close Filter : Open Filter}
          </Text>
        </TouchableHighlight>

        {this.state.loading ? <ActivityIndicator color=#ffe81f /> : (
        <FlatList
          data={data}
          keyExtractor={(item) => item.name}
          renderItem={this.renderItem}
        />
        )}

      <Modal
        onRequestClose={() => console.log(onrequest close called)}
        animationType=slide
        visible={this.state.modalVisible}>
        <HomeWorld closeModal={this.closeModal} url={this.state.url} />
      </Modal>

        {this.state.pickerVisible && (
          <View style={styles.pickerContainer}>
          <Picker
            style={{ backgroundColor: #ffe81f }}
            selectedValue={this.state.gender}
            onValueChange={(item) => this.filter(item)}>
            <Picker.Item itemStyle={{ color: yellow }}
            label=All
            value=all />
          <Picker.Item label=Males value=male />
          <Picker.Item label=Females value=female />
          <Picker.Item label=Other value=n/a />
          </Picker>
          </View>
        )}
      </Container>
    );
  }
```

this.state.loading를 체크해서 데이터 로딩 상태를 확인하고 loading 값이 true면 ActivityIndicator를 표시해서 데이터를 로딩 중임을 알리고, false면 FlatList를 렌더링해서 data, this.renderItem, keyExtractor를 전달

onRequestClose는 필수 속성, 여기서는 별 다른 기능을 수행하지 않고 호출될 때 콘솔에 로그를 출력

Modal의 애니메이션 형태(Animation type), none 또는 fade

Modal 컴포넌트는 modalVisible 값이 true일 때까지 숨겨졌다가, 그 값이 true가 되면 뷰에 나타난다.

this.state.pickerVisible의 값이 true면 Picker 컴포넌트를 렌더링

Picker 컴포넌트를 렌더링하고 selectedValue(a value), style, onValueChange 메서드를 전달

Close Filter/Open Filter 버튼을 누르면, **togglePicker** 메서드가 호출되어 성별 선택을 표시하거나 숨깁니다. **onValueChange** 메서드는 선택된 값이 변경될 때마다 호출되며 state의 값을 업데이트해서 컴포넌트를 다시 렌더링하고 뷰에 필터링 된 목록을 표시합니다.

표 12.1 ActivityIndicator의 속성

속성	형식(type)	설명(일부는 공식 문서 참조, some from docs)
animating	부울 값	**ActivityIndicator** 아이콘을 애니메이션 처리(Animates)
color	색상	**ActivityIndicator**의 색상
size	문자열(small 또는 large)	**ActivityIndicator**의 크기

마지막으로 이 컴포넌트에 스타일을 적용해 보겠습니다. 다음 예제의 코드는 People.js 파일의 클래스 정의 아래에 들어 갑니다.

예제 12.10 ｜ People 컴포넌트에 스타일 적용하기

```
const styles = StyleSheet.create({
  pickerToggleContainer: {
    padding: 25,
    justifyContent: center,
    alignItems: center
  },
  pickerToggle: {
    color: #ffe81f
  },
  pickerContainer: {
    position: absolute,
    bottom: 0,
    right: 0,
    left: 0
  },
  itemContainer: {
    padding: 15,
    borderBottomWidth: 1, borderBottomColor: #ffe81f
  },
  name: {
    color: #ffe81f,
```

```
      fontSize: 18
  },
  info: {
    color: #ffe81f,
    fontSize: 14,
    marginTop: 5
  }
});
```

 ## HomeWorld 컴포넌트 만들기

이 앱의 마지막 컴포넌트인 HomeWorld를 만들어 보도록 하겠습니다. 다음과 같이 People.js 파일에서 Modal을 만들었고, 여기서 만들 HomeWorld 컴포넌트는 Modal의 내용이 됩니다.

```
<Modal
  onRequestClose={() => console.log(onrequest close called)}
  animationType=slide
  visible={this.state.modalVisible}>
  <HomeWorld closeModal={this.closeModal} url={this.state.url} />
</Modal>
```

HomeWorld 컴포넌트를 이용해서 캐릭터의 home planet 정보를 가져와서 **그림 12.5**와 같이 모달에 표시합니다.

이 컴포넌트는 componentDidMount에 위치한 fetch 호출을 통해서 모달이 열릴 때 전달되는 url 속성을 활용합니다. 모달의 visible 속성이 true로 지정될 때마다 componentDidMount가 호출되기 때문, 모달이 화면에 표시되면 이 컴포넌트를 재로딩하게 됩니다.

HomeWorld 클래스를 만들고 state 초기화하기

HomeWorld.js 파일을 새로 만듭니다. 그 이후 다음 예제와 같이 필요한 컴포넌트를 가져와서, 클래스 정의를 하고, 상태state를 만들어 초기화합니다.

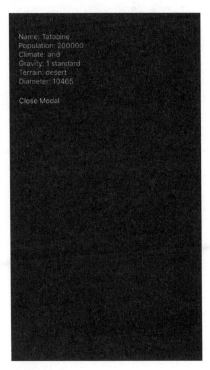

Name: Tatooine
Population: 200000
Climate: arid
Gravity: 1 standard
Terrain: desert
Diameter: 10465

Close Modal

그림 12.5 API로부터 가져온 데이터를 표시하는 HomeWorld 컴포넌트의 모습. Close Modal 버튼은 prop으로 전달된 closeModal 함수를 호출

예제 12.11 | HomeWorld 컴포넌트의 클래스, imports, 초기 상태(state)

```
import React from react
import {
  View,
  Text,
  ActivityIndicator,
  StyleSheet,
} from react-native

class HomeWorld extends React.Component {
  state = {
    data: {},
    loading: true
  }
  ...
```

state의 초기 상태에 두 가지를 지정합니다. 비어 있는 data 객체와 loading 값이며, loading
의 값은 true로 지정됩니다. 컴포넌트가 로딩될 때, 데이터가 API로부터 반환될 때까지 로딩
인디케이터가 표시됩니다. 데이터를 다 가져오면, loading 값을 false로 업데이트하고 API로
부터 가져온 데이터를 렌더링합니다.

url prop을 이용해서 API로부터 데이터 가져오기

componentDidMount의 url 속성을 이용해서 API를 호출합니다. 이 API는 컴포넌트가 로
딩될 때 호출됩니다. HomeWorld.js 파일의 state 선언 부분 아래에 다음 예제와 같이
componentDidMount 메서드를 작성합니다.

예제 12.12 | componentDidMount에서 데이터 가져오고 상태 변경하기

```
componentDidMount() {
    if (!this.props.url) return ◀─────  URL이 있는지 확인하고 URL이 없는 경우에
                                        오류를 발생시키지 않고 함수를 빠져나간다.
    const url = this.props.url.replace(/^http:\/\//i, https://) ◀──  HTTPS를 사용하도록
    fetch(url) ◀──┐ URL 데이터를 fetch                                API의 URL(API URL)을
      .then(res => res.json())                                       업데이트
      .then(json => {
        this.setState({ data: json, loading: false })
      })
      .catch((err) => console.log(err:, err))
}
```

리액트 네이티브가 기본적으로 안전하지 않은 HTTP 요청을 허용하지 않으므로 API의 URL
을 HTTPS로 바꿉니다. 물론, 필요한 경우에 HTTP 요청을 사용할 수 있도록 만들 수 있습
니다. URL에 fetch를 호출하고 response가 반환되면, 반환된 데이터를 JSON으로 변환합니
다. loading state의 값을 false로 지정하고 state의 data 값을 반환된 JSON 값으로 지정해서
state에 데이터를 추가합니다.

마지막으로 render 메서드를 만들고 스타일을 적용합니다. render 메서드에서 이름, 인구, 기

후 등의 캐릭터의 home world와 관련된 일부 속성을 표시합니다. 이 속성들은 같은 스타일을 반복해서 사용하기 때문에 TextContainer라는 컴포넌트를 만들어 재사용합니다. 리액트와 리액트 네이티브에서는 어떤 작업을 몇 번 이상 반복해야 할 때, 스타일을 만들어 재사용하는 것보다는 컴포넌트를 만들어 재사용하는 것이 더 나은 방법입니다.

여기서는 사용자 정의 TextContainer 컴포넌트를 만들고 render 메서드 내에서 이 컴포넌트를 사용해 데이터를 표시하는 것이 합리적입니다. HomeWorld.js 파일의 클래스 선언 위에 다음 예제와 같이 TextContainer 컴포넌트를 만듭니다.

예제 12.13 | 재사용 가능한 TextContainer 컴포넌트 만들기

```
const TextContainer = ({ label, info }) => <Text style={styles.
text}>{label}: {info}</Text>
```

이 컴포넌트는 기본적인 Text 컴포넌트를 반환하고 label과 info라는 두 개의 props를 전달받습니다. label은 항목에 대한 설명이고, info는 API가 home world 관련 데이터를 반환할 때 얻는 정보입니다.

HomeWorld 컴포넌트 감싸기

TextContainer 컴포넌트를 만들었으니 HomeWorld.js 파일에 render 메서드를 만들고 스타일을 적용해서 HomeWorld 컴포넌트를 완성하도록 하겠습니다.

```
class HomeWorld extends React.Component {
  ...

  render() {
    const { data } = this.state        ◀── state의 data 객체를 구조 분해 할당
    return (
      <View style={styles.container}>  ◀──────────────────────────── loading의 값을 확인해서 true면
        {this.state.loading ?                                         ActivityIndicator를 표시해서 로딩
          (<ActivityIndicator color=#ffe81f />) :                     중임을 알림
          (
          <View style={styles.HomeworldInfoContainer}>  ◀────────────
              <TextContainer label=Name info={data.name} />
              <TextContainer label=Population info={data.population} />
              <TextContainer label=Climate info={data.climate} />
              <TextContainer label=Gravity info={data.gravity} />
              <TextContainer label=Terrain info={data.terrain} />
              <TextContainer label=Diameter info={data.diameter} />
              <Text style={styles.closeButton} onPress={this.props.closeModal}>  ◀──
                Close Modal                          this.props.closeModal을 호출하는
              </Text>                                버튼을 만들어 사용자가 모달을 종료할
            </View>                                           수 있게 한다.
          )
        }
      </View>
    )                                              loading의 값이 true가 아니면,
  }                                                TextContainers를 감싼 메인 View
}                                                  컴포넌트를 반환, state의 data 객체에
...                                                저장된 API로부터 반환된 데이터를 표시

const styles = StyleSheet.create({
  container: {
    flex: 1,
    backgroundColor: #000000,
    paddingTop: 20
  },
  HomeworldInfoContainer: {
    padding: 20
  },
  text: {
```

```
    color: #ffe81f,
  },
  closeButton: {
    paddingTop: 20,
    color: white,
    fontSize: 14
  }
})

export default HomeWorld
```

정리

- 리액트 네이티브는 iOS와 안드로이드 플랫폼에서 동시에 동작하는 크로스 플랫폼 컴포넌트를 제공합니다.

- Moda 컴포넌트를 이용하고 visible prop의 값을 true 또는 false로 지정해 오버레이를 보이거나 숨길 수 있습니다.

- Picker 컴포넌트를 이용해서 사용자의 선택을 쉽게 처리할 수 있습니다. selectedValue prop은 사용자가 선택한 값입니다.

- Fetch API를 이용해서 네트워크 요청을 처리하고 반환된 response 데이터를 이용할 수 있습니다.

- FlatList 컴포넌트에 renderItem 메서드와 배열을 props로 전달해 데이터 목록을 쉽고 효율적으로 렌더링할 수 있습니다.

- ActivityIndicator는 앱에서 데이터의 로딩 상태를 표시하는 좋은 방법입니다. 로딩 상태에 따라 인디케이터를 보이거나 숨깁니다.

- 두 개의 리액트 네이티브 View 컴포넌트에서 children prop을 감싸서 재사용 가능한 컨테이너를 만듭니다.

찾아보기